Erlebte Kirche

PETER HENRICI

Erlebte Kirche

Von Löwen über Rom nach Zürich

Herausgegeben von Urban Fink
Mit einem Geleitwort von Christian M. Rutishauser SJ

EDITION NZN
BEI TVZ

Für meine lebenden und verstorbenen Zürcher Freunde, die mir geholfen haben, Kirche zu leben.

Der Theologische Verlag Zürich wird vom Bundesamt für Kultur mit einem Strukturbeitrag für die Jahre 2016--2018 unterstützt.

Die Deutsche Bibliothek – Bibliografische Einheitsaufnahme
Die Deutsche Bibliothek verzeichnet diese Publikation in der Deutschen Nationalbibliografie; detaillierte bibliografische Daten sind im Internet über www.dnb.de abrufbar.

Umschlaggestaltung: Mario Moths, Marl, unter Verwendung einer Fotografie von Christoph Wider/Forum
Satz und Layout: Mario Moths, Marl
Druck: AZ Druck und Datentechnik GmbH, Kempten

ISBN: 978-3-290-20163-0

2018 Theologischer Verlag Zürich
www.edition-nzn.ch

Geleitwort

2018 ist für Peter Henrici ein besonderes Jahr: 90. Geburtstag am 31. März, 25 Jahre Weihbischof am 31. Mai, und die Priesterweihe jährt sich am 23. Juli zum 60. Mal. Ich freue mich, dass anlässlich dieser Jubiläen Texte von Peter Henrici publiziert werden, die sich allesamt Erlebnissen und Erfahrungen mit der Kirche verdanken. Sie werden einer breiten Leserschaft ein anschauliches Zeugnis geben, wie er Kirche erlebt hat: in Begegnungen, in kirchlichen Ereignissen, in der täglichen Arbeit mit den kirchlichen Strukturen, in der theologischen Reflexion, in Liturgie und diakonischen Projekten usw. Seine biografisch geprägten Texte sind inspirierend und zugleich eine willkommene Korrektur für eine Zeit, in der das Christsein von Individualismus geprägt ist, das Gemeinschaftsleben vielen schwerfällt, man kirchlichen Strukturen mit Misstrauen begegnet und viele die Kirche nur noch über die Medien wahrnehmen. Das vorliegende Buch lässt die Lebensgeschichte eines Zürcher Katholiken sichtbar werden, der sich für Ordensleben und Priestertum entschieden, Weltkirche erlebt und mitgeprägt hat und sich mit reicher Erfahrungen in den Dienst der Kirche Schweiz stellt. Mit seinem 36 Jahre langen Wirken als Philosophieprofessor, als Dekan an der Universität Gregoriana, als Institutsgründer und als vatikanischer Berater ist Peter Henrici ein «intellektueller Römer» geworden. So spricht er gerne mit einem Augenzwinkern von «meiner Gregoriana». Doch gerade seine Gedanken zum dualen Kirchensystem in Zürich und seine sensiblen Ausführungen zur Ökumene in diesem Band zeigen, wie er die konkrete Situation in Zürich nach seiner Rückkehr in die Schweiz wahrnahm und auf sie angemessen reagieren konnte. Weltkirchliches und Lokalkirchliches finden bei ihm zusammen, ganz wie es dem Geist eines Jesuiten entsprechen soll.

Natürlich war die Ernennung von Peter Henrici zum Weihbischof in der Diözese Chur 1993 eine grosse Überraschung. Jesuiten sollten von der Gründungsidee des Ordens her nicht Bischöfe werden. Vielmehr war die Intention des Ignatius von Loyola, eine Gesellschaft zu gründen, die im Dienste des Papstes steht und ein fruchtbares Gegenüber der Bischöfe werden sollte. Jesuiten sollten nicht unter der Leitung der Bischöfe, sondern mit ihnen zusammen auf der ganzen Welt für die Einheit der Kirche wirken. Doch schon früh wurden Jesuiten als Bischöfe eingesetzt, brachten sie ja durch die Spiritualität ihres Ordens beste Voraussetzungen dafür mit. Dass eine solche Ernennung aber in der Schweiz möglich war, wo die Jesuiten erst gerade zwanzig Jahre zuvor, nämlich 1973, verfassungsrechtlich wieder zugelassen wurden, grenzte an ein kleines Wunder. Seitens der reformierten Kirche kamen auf alle Fälle keine Proteste. Dass die Zusammenarbeit zwischen Weihbischof Henrici und Ruedi Reich, dem reformierten Kirchenratspräsidenten des Kantons Zürich, besonders fruchtbar werden sollte, konnte ja noch niemand wissen. Mein Vorgänger im Provinzialsamt, Pater Pierre Emonet, schrieb denn auch angesichts der Bischofsernennung von Henrici allen Mitbrüdern der Schweizer Jesuitenprovinz, er sei «überrascht und erfreut». Vor allem aber sei dieser päpstlichen Wahl zuzustimmen, weil der Orden damit einen Beitrag zur Versöhnung im Bistum Chur leisten könne. Dazu zitiert er Petrus Canisius, den bedeutenden Jesuitentheologen der zweiten Generation: «Je schwieriger und verzweifelter die Ereignisse scheinen, umso mehr ist es unsere Aufgabe, eine Hilfe anzubieten, da wir der Gesellschaft Jesu angehören und uns für die Kirche einsetzen müssen.» Die Verfügbarkeit seiner Mitbrüder für den je grösseren, im Augenblick dringenden und selbstlosen Dienst an den Menschen und an der Kirche, war Ignatius von Loyola in der Tat ein Herzensanliegen.

So zeugt die Übernahme des Bischofsamts und dessen engagierte Gestaltung durch Peter Henrici von echtem jesuitischem Geist. Sie ist Frucht innerer Freiheit, die gerade in den Exerzitien des Ordens immer wieder eingeübt wird. Eine philosophische Laufbahn und Professur an der Gregoriana in Rom und alles, was damit zusammenhängt, loszulassen, um als Weihbischof in einer zerrissenen Diözese und in einer Reformationsstadt zu wirken, dürfte sich Henrici kaum je erdacht haben.

Inzwischen ist es nicht nur denkbar, sondern sogar Realität geworden, dass ein Jesuit auch Papst, Bischof von Rom, sein kann. Die Zeiten haben sich geändert. Umso wichtiger ist es, dass sich alle Glieder der Kirche ihrer tiefen geistlichen Berufung bewusst werden. Wenn aber ein Reich oder eine Familie in sich gespalten ist, wie Jesus lapidar in Erinnerung ruft (Mk 3,24f.), kann es oder sie keinen Bestand haben. Für Zusammenspiel und Einheit und, wo notwendig, für Versöhnung und Neuanfang, hat unser Jubilar als Jesuit und Weihbischof immer gelebt. Das wird auch die Aufgabe jedes neuen Bischofs sein, der der Diözese Chur vorsteht.

P. Christian M. Rutishauser SJ, Provinzial der Schweizer Jesuiten

Ein Wort zuvor

Vom Philosophiehistoriker mit theologischen Interessen wurde ich in einer schwierigen kirchlichen Situation völlig unerwartet zum Weihbischof und Generalvikar wegbefördert. Das führte mich dazu, mir Gedanken zu machen über mein Kirchenverständnis und meine Kirchenerfahrung. Als «Vertreter der Kirche» wurde ich öfters eingeladen, mich zu verschiedenen aktuellen Themen zu äussern. Und in der Verantwortung für ein Stück Kirche in der Schweiz musste ich mich mit der gegebenen komplexen Situation auseinandersetzen.

Als eine Art Rechenschaftsbericht wage ich es, hier einige Früchte meiner Kirchenerfahrungen vorzulegen. Es sind keine gelehrten Abhandlungen, nur schlichte Erlebnisberichte. Ich hatte sie seinerzeit «sine ira et studio» aufgezeichnet, ohne auf jemanden oder auf irgendetwas zornig zu sein, aber auch ohne dass ich die Zeit und die Musse gehabt hätte, die Fragen vertieft zu studieren.

Mein grösstes kirchliches Erlebnis war zweifellos das II. Vatikanische Konzil. Ich konnte es in Rom aus nächster Nähe beobachten. Es hat mir bestätigt und vertieft, was ich wenige Jahre zuvor im Theologiestudium in Eegenhoven-Löwen als zeitgemässe Theologie kennen gelernt hatte.

Ein noch lebendigeres Bild der Kirche zeigte sich mir in der Begegnung mit Menschen, die ihr Leben ganz in den Dienst der Kirche gestellt hatten. Einiges davon versuchte ich später stichwortartig festzuhalten.

Als neugebackener Generalvikar in Zürich wollte ich dann, dreissig Jahre nach dem Konzil, in einer Reihe kurzer Artikel im Zürcher Pfarrblatt mein Verständnis einer nachkonziliaren Kirche zeichnen. Es sollte als Grundlage dienen für die Verständigung mit den Priestern und Gläubigen in Zürich.

In den folgenden Zürcher Jahren war ich jedoch mehr lernend und empfangend als lehrend und gebend. Neue Arbeitsbedingungen und mancherlei Anfragen erweiterten den Horizont. Daraus ergaben sich Überlegungen über die Kirche heute.

Entscheidend und prägend war vor allem das doppelte Umfeld des schweizerischen staatskirchenrechtlichen Systems und die ökumenische Nachbarschaft mit der evangelisch-reformierten Zürcher Landeskirche. Es hat mich und meine Zürcher Zeit geprägt. Meine Versuche, dieses Umfeld zu würdigen, mögen hier als Dank für viele bereichernde Erfahrungen stehen.

Eine erlebte und erlebbare Kirche trägt viel Menschliches an sich. Das wirkt manchmal komisch, und gelegentlich ärgert es. Doch erst durch dieses Menschliche wird die Kirche wirklich liebenswert.

Auf freundschaftlichen Druck hin habe ich mich entschlossen, neben unveröffentlichten Texten auch bereits publizierte Beiträge in diesem Buch wiederabdrucken zu lassen, die ich aus einem zeitlichem Abstand heraus mit Einleitungen ergänzt und, wo nötig, überarbeitet habe.

Weil es sich um Artikel oder Vortragstexte handelt, die bei verschiedenen Gelegenheiten entstanden sind, liessen sich inhaltliche Wiederholungen nicht ganz vermeiden. Doch das bringt den Vorteil mit sich, dass jeder Beitrag, in beliebiger Reihenfolge, je für sich gelesen werden kann.

Für das Entstehen dieses Buches geht mein ganz herzlicher Dank an Markus Zimmer vom Verlag NZN bei TVZ und an meinen ehemaligen Sekretär Dr. Urban Fink für die grosse Mühe, die sie sich mit meinem Geschreibe und mit der Bildbeschaffung machten. Ich hoffe ihnen nicht allzu viel Ärger bereitet zu haben. Mein Dank gilt auch all den Vielen, die den Nachdruck dieser Texte und Bilder erlaubt haben, sowie der

Zürcher Kantonalkirche und dem Bistum St. Gallen für die gewährten Druckkostenzuschüsse.

Vielleicht können meine Berichte dazu anregen, selbst Kirche zu erleben, mit ihren schönen und ihren ärgerlichen menschlichen Seiten.

Brig, den 23. Juli 2018 + *Peter Henrici SJ*

INHALT

I. ERLEBNIS KONZIL

Das II. Vatikanische Konzil samt seiner Vorbereitungszeit war zweifellos mein grösstes und wichtigstes Kirchenerlebnis, aber beileibe nicht das einzige. Schon in meiner Jugend erlebte ich Kirche in der 1933 gegründeten Bruder-Klausen-Pfarrei. Ich wurde dort am 21. Februar 1937 gefirmt, woran ich mich noch lebhaft erinnere, und empfing am 4. April 1937 die erste Kommunion, worauf ich in den Ministrantendienst eintrat. Wenn wir nicht am Altar waren, versuchten wir älteren Ministranten, der Gemeinde die «liturgische Bewegung» nahezubringen: Richtiges Aufstehen, Hinsetzen und Niederknien, und wir brachten den Pfarrer auch dazu, die Kommunion nicht nur vor, während und nach der Frühmesse auszuteilen, sondern auch im Hochamt und in der Spätmesse. Dort traf mich auch bei einer Predigt wie ein Blitz die Gewissheit meiner Berufung zum Dienst in der Kirche.

Als ich dies Jahre danach meinen Eltern mitteilte (es war, wie ich später bemerkte, der zehnte Jahrestag meiner Firmung), meinten sie, ich müsse zuerst ein Stück Welt sehen. Da gerade wieder Auslandsreisen möglich waren, reisten wir mit einer grossen Gruppe katholischer Studenten und Studentinnen auf Ostern hin für drei Wochen nach Florenz und Rom (eine Nachtreise von Mailand nach Florenz und eine weitere Nachtreise von Florenz nach Rom). Das öffnete meine Augen für die Kunst und die Geschichte der Kirche. Ein besonderes Erlebnis war die Karsamstagsfeier im Lateran mit einer frühmorgendlichen Prozession vom Baptisterium zur Kirche und Weihen von der Tonsur bis zur Priesterweihe, durchgestanden von morgens fünf Uhr bis nachmittags um zwei. Es war mein absolut längster Gottesdienst. Ende Juli fuhr ich dann mit meiner Mutter zur «Semaine Sociale» nach Paris, wo ich die für mein späteres Leben so wichtige Bekanntschaft mit P. Henri de Lubac und mit der Familie Maurice Blondels machte.

Der Eintritt ins Noviziat brachte eine neue Erfahrung. Zum ersten Mal lebte ich in einer ausschliesslich katholischen Umgebung, und wir verstanden uns selbst als Kirche, im Sinn von *Mystici Corporis*, unterstützt durch Balthasars *Augustinus. Das Antlitz der Kirche*. Die Kirche der Reformationszeit erlebte ich indirekt im *Memoriale* Peter Fabers, des ersten Jesuiten in Deutschland. Zehn Jahre später habe ich es dann aus den Manuskripten ins Deutsche übersetzt. Es wurde mein zweites Schicksalsbuch.

Der Übergang in das Philosophiestudium im nachkriegsgeprägten Pullach bei München war eine kalte Dusche. Wir wurden in Latein und in Thesenform in die damals übliche neuscholastische Philosophie eingezwängt, glücklicherweise in ihrer relativ aufgeschlossenen Form des «transzendentalen Thomismus» eines Joseph Maréchal. Was mich in jenen drei Jahren geistigerweise am Leben hielt, waren die zwölf Bände der Briefe des heiligen Ignatius, die ich durchackerte, und mehr noch die *Action* von Maurice Blondel, die mir P. Johann Baptist Lotz in einer hektografierten zweibändigen Ausgabe in die Hände drückte, die noch schwerer durchzuackern war. Sie wurde zu meinem ersten und wichtigsten Schicksalsbuch.

Von der Weltkirche drang nur wenig hinter die Mauern unserer geschlossenen Welt. Zunächst die etwas verstörende Botschaft der Enzyklika *Humani generis*, die manches, was wir gelernt oder gedacht hatten, unter Verdacht zu stellen schien. Zugleich aber erlebten wir auch, dass es in unserer alten Kirche unerwartet Neues geben konnte: Die Dogmatisierung der Aufnahme Marias in den Himmel, die uns P. Karl Rahner, tiefsinnig und überfliegend wie immer, nahezubringen suchte, und an Ostern 1951 konnten wir die Ostervigil in erneuerter Form und unter kundiger Anleitung durch P. Jungmann erstmals am Abend des Karsamstags feiern und nicht mehr wie bisher am frühen Karsamstagmorgen. Was das für die Zukunft bedeuten konnte, war uns allerdings nicht klar.

Nach dem philosophischen Lizentiat folgte ein Zwischenspiel in Rom als Studienbegleiter im Collegium Germanicum et Hungaricum. In jenen drei Jahren schrieb ich meine philosophische Doktorarbeit *Hegel und Blondel* und übersetzte das Buch von Jean Daniélou *Essai sur le Mystère de l'Histoire* ins Deutsche. Beides brachte mich, neben manchen römischen Erlebnissen, in Kontakt mit jener Theologie, die im Konzil wirksam werden sollte, und die ich dann in meinem Theologiestudium vertiefen konnte. Davon will der nachfolgende erste Beitrag berichten.

1. Das Heranreifen des Konzils in der Vorkonzilstheologie

Das Theologiestudium absolvierte ich 1955–1959 an der Jesuitenfakultät St. Albert de Louvain in Eegenhoven-Louvain. Den Geist, der dort herrschte, suche ich in den folgenden Seiten einzufangen.

Freund und Feind verstanden das II. Vatikanische Konzil als grossen Umbruch. Der einen Seite galt «vorkonziliar» als Tadel, der andern «nachkonziliar». Auf beiden Seiten nahm man an, dass sich in unserer Kirche und in unserer Theologie durch das Konzil etwas Grundlegendes geändert habe. An dieser landläufigen Sichtweise kann theologisch gesehen etwas nicht ganz stimmen. Ein Konzil soll seinem Wesen nach nicht grundstürzende Neuerungen in die Kirche einführen; es soll vielmehr den überkommenen Glauben neu bezeugen, wenn Irrlehren aufgetreten sind, oder es will in einer kirchlichen Notsituation entsprechende Verhaltensregeln geben. Das II. Vatikanum antwortete weder auf eine kirchliche Notsituation, noch formulierte es irgendwelche Verurteilungen oder neue Dogmen. In dieser Hinsicht nimmt es in der Geschichte der Konzilien eine Sonderstellung ein. Nach der programmatischen Eröffnungsrede Johannes' XXIII.

sollte es, zukunftsgerichtet, die Errungenschaften unserer Zeit nutzen, um «die sichere und beständige Lehre, der gläubig zu gehorchen ist, so zu erforschen und auszulegen, wie unsere Zeit es verlangt».

Die Konzilsväter mussten sich somit in ihrer Arbeit auf das abstützen, was der Kirche und der Theologie in den Jahrzehnten vor dem Konzil zugewachsen war. Meiner Wahrnehmung nach bestand die Leistung des Konzils vor allem darin, dass es diesen Entwicklungen einen offiziellen, lehramtlichen Status gab, und zwar nicht zuletzt auch jenen Entwicklungen, die noch kurz zuvor unter dem Verdacht gestanden hatten, vom rechten Glauben abgewichen zu sein. Darin bestand das für manche überraschend «Neue» des Konzils. Diese These möchte ich hier durch meine persönlichen Erlebnisse mit der Theologie der Vorkonzilszeit stützen.

I.

Allem voran: Die Aussagen des Konzils klangen für uns, die wir unsere theologischen Studien in der unmittelbaren Vorkonzilszeit und nicht in Rom gemacht hatten, keineswegs überraschend oder gar umwälzend neu. Ganz überraschend kam für uns dagegen am 25. Januar 1960 die Ankündigung eines II. Vatikanischen Konzils. Zwar war allen bewusst, dass das I. Vatikanum keinen geordneten Abschluss gefunden hatte und nur durch den Einmarsch der italienischen Truppen in Rom unterbrochen worden war. Nur wenige wagten zu hoffen, dass dieses offen gebliebene Konzil einmal vervollständigt und zu seinem Ende geführt würde. Die überwiegende Meinung ging dahin, dass die im I. Vatikanum definierte päpstliche Unfehlbarkeit die Einberufung eines Konzils für alle Zukunft überflüssig gemacht habe. Von der Absicht Papst Pius' XII., eine abschliessende zweite Sitzungsperiode des I. Vatikanums einzuberufen, wusste damals praktisch niemand.

Rückblickend müssen wir jedoch sagen, dass Pius XII. der erste Wegbereiter des II. Vatikanums war, einerseits durch die grosse Kardinalsernennung an Weihnachten 1946, die das Kollegium der Papstwähler erstmals wirklich international werden liess, und durch die Berufung von Erzbischof Giuseppe Roncalli, der keineswegs als hervorragende Figur im päpstlichen diplomatischen Corps galt, zum Nuntius in Paris, was ihn, folgerichtig, als Patriarchen nach Venedig und zum Kardinalat führte. Anderseits und noch entscheidender durch die Reformschritte, die der Papst mit seinen drei wichtigsten Enzykliken, *Mystici Corporis* für das Kirchenverständnis, *Divino afflante Spiritu* für die biblischen Studien und *Mediator Dei* für die Erneuerung der Liturgie vorgezeichnet und eingeleitet hat. Sie geben bereits die drei grundlegenden Stossrichtungen des Konzils an.

Die letzte dieser drei Enzykliken hat als erste sichtbare Auswirkungen gezeitigt. Auf die schon erwähnte Erneuerung der Osternacht folgten viele kleinere Neuerungen: die Erlaubnis, Abendmessen zu feiern, die Erleichterung der eucharistischen Nüchternheit (was den Kommunionempfang in Spätmessen ermöglichte), die neue, von P. Augustin Bea besorgte, viel verständlichere lateinische Psalmenübersetzung sowie mehrere Vereinfachungen des Breviergebets. Nach meiner Diakonatsweihe 1958 konnte ich das Brevier bereits in dieser neuen und kürzeren Form beten. Doch schon Mitte der fünfziger Jahre hatte uns der gleiche P. Bea versprochen, die Liturgiereform (die u.a. auch eine neue Leseordnung vorsah) werde in spätestens fünf bis sechs Jahren abgeschlossen sein. Sie war somit für uns Theologiestudenten so wenig etwas umwerfend Neues wie später für die Konzilsväter, die ihre Arbeit deshalb mit der Liturgiereform begannen.

II.

Neu und gewöhnungsbedürftig war für uns, die wir in einem traditionellen Katholizismus gross geworden sind, vielmehr etwas anderes, die Begegnung mit geschichtlichem Denken. Gleich zu Beginn der Studien wurden wir mit der Frage der Dogmenentwicklung konfrontiert. Sie war das zentrale Thema in der eng mit der Ekklesiologie verknüpften Fundamentaltheologie. Den theologisch tiefer Interessierten empfahl dann der Studienpräfekt, P. Léopold Malevez, als erste theologische Lektüre die ersten Kapitel von Henri de Lubacs *Surnaturel,* das damals für Jesuitenstudenten eigentlich ein verbotenes Buch war, und als nächstes de Lubacs *Corpus Mysticum,* um einen Sinn dafür zu bekommen, wie zu verschiedenen Zeiten und in verschiedenem Kontext scheinbar gleichlautende Aussagen theologisch einen ganz anderen, ja entgegengesetzten Sinn haben konnten. Noch verstörender war zu Beginn der Studien die Begegnung mit der historisch-kritischen Schriftauslegung. «Eine einzige Tatsache ist mehr wert als ein ganzer Himalaya von Syllogismen», pflegte unser Alttestamentler, P. Wilfried Lambert, zu wiederholen, und er führte uns in Abendvorträgen in die Archäologie des alten Orients ein. So lernten wir, die Bibel nicht als Geschichtsbuch zu lesen, sondern als eine Sammlung von literarischen Werken mit geschichtlichem Hintergrund. Diese Sicht hat mir später für meine Predigten viel geholfen. Mit dieser Einübung in geschichtliches Denken antwortete die Fakultät auf die dringendste theologische Frage der Zeit. Seit den noch nicht völlig abgeschlossenen Auseinandersetzungen um den Modernismus stand das Problem der Geschichtlichkeit und der historischen Methoden auf der Tagesordnung. Jene Schrift aus den ersten Kampfjahren, die auch heute immer wieder aufgelegt und übersetzt wird, trägt nicht von ungefähr den Titel *Geschichte und Dogma.*

Die Frage nach der Geschichtlichkeit wurde im katholischen Raum ausgelöst durch die Ergebnisse der intensiven historischen Forschungen seit der zweiten Hälfte des 19. Jahrhunderts: Durch die Wiederentdeckung der Geisteswelt des Mittelalters durch Kardinal Franziskus Ehrle, Arthur Landgraf, Martin Grabmann, Étienne Gilson, Marie-Dominique Chenu und nicht wenige andere. Dazu kam, etwa gleichzeitig, die Auseinandersetzung mit der historisch-kritischen Methode der Bibelauslegung. Für die katholischen Exegeten galt sie lange Zeit als tabu. Einen Durchbruch schaffte dann der Dominikaner P. Marie-Joseph Lagrange, seinerzeit gemassregelt, während wir jetzt auf seine Seligsprechung warten. Einen dritten Schritt bildete, etwas später, die Wiederentdeckung der Vätertheologie mit ihrem ganzen Reichtum und in ihrer ganzen Breite, was zu der so genannten *Nouvelle Théologie* führte. Parallel zu diesen «Neuerungen» lief die Entdeckung der verschiedenen geschichtlichen Ausformungen der römischen Liturgie, für die

Josef Andreas Jungmanns *Missarum sollemnia* stellvertretend für viele andere Forschungsarbeiten stehen kann.

Um was ging es in diesen Aufbrüchen? Um nicht weniger als um die Geschichtlichkeit wahrer Aussagen. Konnte man unerschüttert daran festhalten, wie das mancherorts noch bis in die fünfziger Jahre hinein der Fall war, dass die katholische Lehre in den Verlautbarungen des Lehramts ein für alle Mal festgeschrieben ist, und folglich auch in den massgeblichen, auf Latein abgefassten und deshalb weit verbreiteten theologischen Lehrbüchern? Musste man sich nicht vielmehr mit dem Gedanken einer Dogmenentwicklung anfreunden und mit der Reformierbarkeit auch dogmatischer Formulierungen? Während meiner philosophischen Studien stand die Frage nach der Geschichtlichkeit erst am Rande des Interesses. Unter der Leitung von P. Johann Baptist Lotz hatte ich eine scholastische Disputation (eine Auseinandersetzung mit Argumenten und Gegenargumenten) über dieses Thema zu halten hatte, die wesentlich inspiriert war durch Max Müllers Darstellung der Existenzphilosophie. Diese abstrakt-begrifflichen Überlegungen warfen jedoch für das Erfassen der wirklichen Probleme des geschichtlichen Seins wenig ab.

In der Theologie des Konzils zeigte sich dann ein neues Verständnis für die geschichtliche Bedingtheit wahrer Aussagen und für eine Dogmenentwicklung. Das geschah in doppelter Weise. Zum einen anerkannte man, dass die scheinbaren Neuerungen der *Nouvelle Théologie*, der Bibelbewegung und der liturgischen Bewegung vielmehr ein Zurück zu den Quellen waren. Der Name der im Rahmen der *Nouvelle Théologie* entstandenen Sammlung *Sources chrétiennes* spricht dafür in wörtlichsten Sinne Bände. Zum andern bemühten sich die Konzilsväter, wie von Papst Johannes XXIII. gewünscht, um ein echtes «aggiornamento», um eine Neuformulierung theologischer Aussagen, ohne damit einer Relativierung der Wahrheit das Wort zu reden. Wichtig, ja entscheidend für diese Neuorientierung war die Tatsache, dass einige der hervorragendsten Konzilstheologen, ein Henri de Lubac, Yves Congar und Karl Rahner, zugleich ausgewiesene Kenner der Dogmengeschichte waren.

Das alles ging nicht ohne Widerstand und harte Auseinandersetzungen ab. Kurz vor dem Konzil hatte in Rom Mgr Antonio Romeo einen Sturm gegen das Päpstliche Bibelinstitut entfacht, weil dort die historisch-kritische Methode der Bibelauslegung gelehrt wurde. Dieser Sturm hatte zur Folge, dass P. Maximilian Zerwick und P. Stanislas Lyonnet mit einem Lehrverbot belegt wurden, was Letzterem erlaubte, seine ganze Zeit für die Beratung der Konzilsväter und für die Vorbereitung der Dogmatischen Konstitution *Dei Verbum* einzusetzen. Diese fasst die Offenbarung Gottes, wie wir das schon in unserem Theologiestudium gelernt hatten, nicht als eine Übermittlung von Botschaften auf, sondern als eine Heilsgeschichte, eine Sichtweise, die auch anderen Konzilstexten zugrunde liegt. Einen entscheidenden Vermittler einer solchen heilsgeschichtlichen Schau hatten wir schon in unseren Studien kennengelernt, den späteren reformierten Konzilsbeobachter Oscar Cullmann, und von ihm beeinflusst katholischerseits Jean Daniélou. Der Sturm im römischen Wasserglas konnte allerdings im Konzil nicht beigelegt, aber wenigstens einigermassen zur Ruhe gebracht werden.

III.

Der Name Cullmann führt mich zu einer zweiten Beobachtung. Unser Theologiestudium in Belgien stand in ständigem Dialog mit Werken nichtkatholischer Theologen. Löwen lag da an einem bevorzugten Ort, einerseits intensiv von Frankreich her beeinflusst («Wenn es in Frankreich regnet, tröpfelt es in Belgien», pflegte man zu sagen), anderseits, und vielleicht zum Ausgleich, nahm es immer wieder Einflüsse von England und von Deutschland auf. War es ein Zufall, dass ein Löwener Theologe, Mons. Gérard Philips, zum Hauptredaktor der Kirchenkonstitution wurde?

In unserer Fakultät lag zumindest für die exegetischen und bibeltheologischen Belange der Bezug auf englische oder deutsche und somit meist nichtkatholische Autoren nahe. Sie waren in diesen Fächern führend, nicht zuletzt durch das bibeltheologische Standardwerk, den «Kittel», das *Theologische Wörterbuch zum Neuen Testament,* das damals noch nicht einmal abgeschlossen war. Seine

Artikel waren so sehr ständige Referenzpunkte, dass man sich als Student immer wieder bewusstmachen musste, dass sie nicht aus katholischer, sondern aus evangelisch-reformierter Sichtweise abgefasst waren. Karl Rahner pflegte in jenen Jahren öfters eine «Denzinger-Theologie» zu kritisieren, um darauf hinzuweisen, dass die katholische Lehrtradition bedeutend weiträumiger ist als die im «Denzinger» festgehaltenen Auszüge aus Dokumenten des Lehramts zeigen. In ähnlicher Weise hätte man bei uns wohl auch von einer «Kittel-Theologie» sprechen können, um ihr die umfassendere Sicht etwa der patristischen Bibelauslegung entgegenzuhalten.

Die ökumenischen Begegnungen beschränkten sich jedoch nicht auf die Bibeltheologie. Auch die von der evangelischen Dogmatik aufgeworfenen Fragen wurden wahrgenommen. Karl Barth war fast schon ein Kirchenvater, nahe gebracht durch die einfühlsamen Dialoge, die Hans Urs von Balthasar und Henri Bouillard mit ihm geführt hatten, aber auch durch seine Westschweizer Schüler, nicht zuletzt die Gründer von Taizé. Dagegen war der Dialog mit den Ostkirchen verhaltener, trotz der Nähe des Klosters Chevetogne mit seiner Zeitschrift *Irénikon*. Zumindest an einer Stelle war er für mich jedoch entscheidend. Unser Ekklesiologe, P. Georges Dejaifve, nachmaliger Rektor des Päpstlichen Orientalischen Instituts in Rom, hatte schon 1952 einen Artikel über *Sobornost oder Papsttum* veröffentlicht, in dem er die Vorzüge des ostkirchlichen Synodalsystems darstellte und aufzeigte, dass sich dies sehr wohl mit der Struktur der römisch-katholischen Kirche vereinbaren liesse, auch aufgrund der bischöflichen Kollegialität, wie sie, nach Ausweis der Konzilsakten, auch die Väter des I. Vatikanischen Konzils kannten.

Die ökumenische Bewegung selbst wurde in unseren Studien noch wenig thematisiert, obwohl die Bände der von Yves Congar betreuten Reihe *Unam sanctam* leicht greifbar in unserer Studentenbibliothek standen und auch gelesen wurden, in erster Linie sein *Vraies et fausses réformes dans l'Eglise,* damals ebenfalls ein verbotenes Werk, was wir jedoch nicht wussten. Doch diese ökumenische Offenheit, die ich im Theologiestudium kennengelernt habe, trug wohl weniger zur ökumenischen Prägung des

Konzils bei als die Anwesenheit zahlreicher hochqualifizierter Beobachter aus den anderen christlichen Kirchen. Sie konnten ihr theologisches Fachwissen mit viel Kenntnis und Gewicht in die Debatten einbringen, nicht zuletzt durch informelle Kontakte mit den Konzilsvätern und den Konzilstheologen. Das mag erklären, weshalb die ökumenische Prägung des Konzils weit über die ausdrücklich ökumenischen Texte hinausreicht.

Dazu wäre noch Folgendes zu bedenken. Ökumene ist immer auch ein sprachlich-kulturelles Problem. Die Kirchenspaltungen haben sich in aller Regel entlang sprachlich-kultureller Bruchlinien ereignet. Nun waren die deutsch- und englischsprachigen Theologen und Konzilsväter weit stärker vom ökumenischen Dialog geprägt als jene aus dem neulateinischen Raum. Die Theologie des Konzils aber erwuchs, wie allgemein bekannt ist, im Wesentlichen aus der Begegnung zwischen der französischen und der deutschen theologischen Tradition, das heisst, vereinfachend, aus der Begegnung zwischen der Auseinandersetzung mit evangelisch-reformierter Denkart und einer vertieften Beschäftigung mit der Theologie der Kirchenväter. Bei dieser interkulturellen Begegnung zwischen zwei theologischen Traditionen spielten theologisch gebildete Konzilsjournalisten eine nicht unbedeutende, wenn auch meist anonyme Vermittlerrolle. Schon seit 1946 hatte die in Offenburg von P. Jean Du Riveau begründete deutsch-französische Zeitschrift *Dokumente/Documents* zwischen französischer und deutscher katholischer Geisteswelt zu vermitteln versucht. Einer ihrer Mitherausgeber, P. Mario von Galli, war auch einer der grossen Vermittler im Hintergrund des Konzils, eine Vermittlung, die bis in die päpstliche Anticamera hineinreichte. Ähnliches liesse sich von den Theologen und Journalisten um das Pressezentrums *DOC* sagen, die täglich ein inoffizielles Konzilsbulletin veröffentlichten und Vorträge für die Konzilsväter veranstalteten. Von seinen niederländischen Wurzeln her war dieses Pressezentrum ebenfalls ausdrücklich ökumenisch ausgerichtet. Die Geschichte dieses «Konzils hinter dem Konzil» ist noch wenig erforscht. Es wäre dringlich, dies nachzuholen.

IV.

Eine dritte Einwirkung der Vorkonzilstheologie auf das Konzil ist die am wenigsten fassbare und zugleich die tiefstgreifende. Es ist die sogenannte «anthropologische Wende», für die exemplarisch die Theologie Karl Rahners stehen kann. Dabei handelt es sich nicht so sehr um eine Wende als vielmehr um eine notwendige Akzentsetzung in der Theologie. Sie sagt, dass bei allen theologischen Aussagen der Mensch mitberücksichtigt und einbezogen werden muss. Es geht, wie Gisbert Greshake formuliert, um eine «Verstehensausrichtung aller theologischen Aussagen auf den Menschen hin».

Eine solche anthropologische Ausrichtung war mir schon im Philosophiestudium als neuscholastischer «transzendentaler Thomismus» eines Karl Rahner und eines Johann Baptist Lotz begegnet. Angeregt vom Denken Martin Heideggers und von P. Joseph Maréchals thomistischer Relecture Kants, die vielleicht eher eine kantianische Relecture Thomas von Aquins war, unterstrichen diese Autoren die Rolle der sich selbst begreifenden Subjektivität nicht nur in der Erkenntnislehre, sondern auch und vor allem in der Metaphysik und damit in unserem ganzen Welt- und Gottesverständnis. Bei Karl Rahner hat dieses anthropologische Apriori später zu seiner anthropologisch akzentuierten Gnaden- und Sakramentenlehre geführt.

Im Theologiestudium in Belgien konnte ich dann nach dieser ersten, noch sehr scholastisch-formalen Begegnung mit einem anthropologisch bestimmten Denken die echte Maréchal-Schule kennenlernen. Dabei wurde deutlich, dass Maréchals Erkenntnismetaphysik vor dem Hintergrund seiner Mystik-Studien und einer augustinisch interpretierten Gnadenlehre entstanden ist, also aus einem ursprünglich theologischen und weniger aus anthropologischem Interesse. Es ging letztlich um die Ausrichtung eines jeden Menschen auf das übernatürliche Ziel der Gottesschau. Eine ähnliche Ausrichtung hatte ich schon bei meinen Blondel-Studien kennengelernt; jetzt kamen die Thomas-Interpretationen Henri de Lubacs und Henri Bouillards dazu. Neu war mir diese Sichtweise nicht. Schon vor meinem Ordenseintritt hatte uns Hans Urs von

Balthasar mit der Problematik der *Nouvelle Théologie* bekannt gemacht, und die Beschäftigung mit der *Action* Maurice Blondels hatte mich an die gemeinsamen Wurzeln von Maréchal und de Lubac herangeführt.

Gemeinsam ist allen drei Autoren, Rahner, de Lubac und Blondel, dass sie die strukturelle, von allem Anfang an gegebene Ausrichtung eines jeden Menschen auf die göttliche Selbstoffenbarung in Jesus Christus hervorheben. Rahner verstand diese jedoch als transzendentale Ausrichtung des menschlichen Geistes auf das unendliche Sein, die den Menschen als *Hörer des Wortes* für eine «kategoriale» Offenbarung empfänglich macht. Im Gegensatz zu diesem vorwiegend philosophischen und spekulativen Ansatz stützte sich de Lubac auf die theologische Tradition der Väterzeit, bis hin zu Thomas von Aquin. Diese sah das Geschöpf Mensch ausnahmslos auf seine einzig mögliche Vollendung in der übernatürlichen Teilhabe an Gott, in der «Theiosis» ausgerichtet. Blondel dagegen, der direkt oder indirekt am Anfang der Überlegungen de Lubacs und Rahners stand, wandte sich in seiner «Philosophie des Konkreten» an den einzelnen konkret existierenden Menschen und suchte ihm phänomenologisch und dialektisch die Einsicht zu vermitteln, dass sein Leben und Wirken nur gelingen kann, wenn ihm Gott in «übernatürlicher», vom Menschen nicht einforderbarer Weise zu Hilfe kommt. Mit solchen Lehrdifferenzen konnten sich die Konzilsväter natürlich nicht auseinandersetzen. Umso nachdrücklicher zeigt sich in ihren Aussagen das gemeinsame anthropologische Anliegen aller drei Richtungen. Es ist meines Erachtens ein Zweifaches:

Wenn die Ausrichtung auf die Gottesschau oder auf die Vergöttlichung oder auf eine übernatürliche Gnadenhilfe zum Grundbestand (Rahner sagt: «zum Existenzial») eines jeden Menschen gehört, dann gelten zum einen die theologischen Aussagen über den Menschen für alle Menschen und für jeden einzelnen Menschen. Das Konzil hat deshalb sehr oft nicht nur die Gläubigen, sondern alle Menschen im Auge. Jesus Christus, «der Sohn Gottes hat sich in seiner Menschwerdung in gewisser Weise mit jedem Menschen vereinigt», diese Aussage der Pastoralkonstitution *Gaudium et spes* (Nr. 22) zitierte Papst Johannes Paul II. unermüdlich. Zum anderen erhält mit der konstitutiven Ausrichtung eines jeden Menschen auf Gott auch die Welt der Menschen eine solche Ausrichtung und wird damit theologisch bedeutsam. In dieser Einholung auch der scheinbar profanen Welt in die Heilsgeschichte besteht nicht zuletzt die «anthropologische Wende» des Konzils.

Das lässt sich noch etwas weiter ausführen. Viele Konzilstexte wenden sich nicht nur, wie später manche Enzykliken, «an alle Menschen guten Willens»; sie betreffen auch ausdrücklich jene Menschen, die ausserhalb der Kirche leben. Gerade das sind die eigentlich neuen Aussagen des Konzils, für die es keine Vorbilder gab und die auch entsprechend umstritten waren: in erster Linie die Pastoralkonstitution *Gaudium et spes* und dann die Erklärungen über die Religionsfreiheit, über die nichtchristlichen Religionen, über die christliche Erziehung und über die Massenmedien. Sie alle sind aus der Sorge für den Menschen und damit für alle Menschen erwachsen. In ihnen findet die niemals ausdrücklich ausgesprochene, aber immer wieder spürbare Grundüberzeugung des II. Vatikanums ihren Ausdruck: dass Gottes Heilswille alle Menschen umfasst. Noch nie zuvor war der allgemeine Heilswille Gottes, der keinen Menschen ausschliesst, so sehr zum tragenden Gedanken kirchlicher Aussagen geworden wie hier.

Für mich war diese universalistische Sicht keineswegs neu. Schon Hans Urs von Balthasar war in meiner Zürcher Studentenzeit wegen seiner Auffassung von der hoffentlich leeren Hölle bekannt, und im Theologiestudium wurde dann die augustinisch-jansenstische Verengung des Heils auf wenige Auserwählte eindeutig als Irrlehre dargestellt. Ja, man hoffte heimlich darauf, dass die Kirche den allgemeinen Heilswillen Gottes einmal ausdrücklich definieren würde. Das Konzil hat es nicht getan; doch es setzt diese Wahrheit so selbstverständlich voraus, dass man sie zweifellos als zum allgemeinen Glaubensgut der Kirche gehörig betrachten muss.

Nochmals zurück zur theologischen Vorbereitung des Konzils. Die Sorge der Konzilsväter um den Menschen – und um den modernen Menschen – äusserte sich auch in ihrer Aufwertung der Laien und, damit verbunden, der später sogenannten weltlichen Welt. Beides war mir vom Theologiestudium her vertraut. Yves Congars monumentales Werk *Jalons pour une théologie du laïcat* (Der Laie. Entwurf einer Theologie des Laientums) gehörte zur Pflichtlektüre. Ich erinnere mich, wie ärgerlich ich den Titel einer Kleinschrift fand: *Les laïcs aussi sont de l'Église* (Die Laien gehören auch zur Kirche). Nein, die Laien *sind* die Kirche, und der Klerus ist für die Laien da. Diese Aufwertung der Laien war mir ebenfalls schon seit Langem vertraut durch Balthasars kleine, viel gelesene Schrift *Der Laie und der Ordensstand,* über die er sich mit Karl Rahner entzweite. Die Apostolische Konstitution *Provida Mater Ecclesia,* mit der 1947 die Säkularinstitute gutgeheissen worden waren, hatte auch eine Brücke geschlagen zwischen der Aufwertung der Laien und dem Weltauftrag der Kirche, den die zunächst umstrittenen Arbeiterpriester auf ihre Weise zu erfüllen versuchten. Von ihrem Vorbild angeregt beschäftigte man sich in unserem Theologiestudium mit einer Theologie der Arbeit und mit Gustave Thils' *Théologie des réalités terrestres* (Theologie der irdischen Wirklichkeiten), alles heimliche Vorarbeiten für die Pastoralkonstitution über die Kirche in der Welt von heute *Gaudium et spes.*

V.

So war das Konzil in einer gewissen Vorkonzilstheologie schon weitgehend vorbereitet. Man darf jedoch nicht übersehen, dass all das nicht *die* Vorkonzilstheologie schlechthin war, und gewiss nicht die in den meisten kirchlichen Lehranstalten vorgetragene Theologie. Gegen alle drei hier dargestellten Grundtendenzen regten sich deshalb auch massive Widerstände. Alle drei standen da und dort unter dem Verdacht mangelnder Rechtgläubigkeit. Das Bild der von mir erlebten Vorkonzilstheologie wäre nicht vollständig, wenn nicht auch diese Widerstände wenigstens kurz zur Sprache kämen.

Ich erinnere mich noch gut, wie wir im Winter 1946/47 in Zürich in einem kleinen Kreis von Studenten zusammensassen, um bei einer Tasse Nescafé, damals einer Kostbarkeit, angeregt über Gott und die Welt zu diskutieren. Völlig unerwartet, wie eine Geisterscheinung, tauchte plötzlich Hans Urs von Balthasar in unserem Kreis auf; wir wähnten ihn in Basel und nicht in Zürich. Er eröffnete uns, jetzt sei es soweit, er, P. Jean Daniélou und ihr gemeinsamer Lehrer P. Henri de Lubac seien zusammen mit andern der Häresie bezichtigt worden, keine harmlose Sache. Die Geschichte hatte indes auch ihre humorvolle Seite: Auch P. Karl Rahner wurde dieser häretischen Schule von Fourvière zugerechnet, während er sein Theologiestudium im erzkonservativen und erzscholastischen Studienhaus der deutschen Jesuiten in Valkenburg gemacht hatte.

Meine Studienjahre blieben dann von den Vorwürfen der Enzyklika *Humani generis* gegen die *Nouvelle Théologie* überschattet, nicht zuletzt weil ich sowohl Lizenz- wie Doktorarbeit Maurice Blondel gewidmet hatte. Wir waren zwar der Meinung, die Vorwürfe seien ungerechtfertigt und weder de Lubac noch Blondel, noch von Balthasar habe die echte Gratuität des Übernatürlichen geleugnet. Doch ein unerfreuliches Bücherverbot blieb bestehen und konnte nur mit Hilfe verständiger Studienpräfekten umgangen werden. Als ich dann Studienbegleiter im *Collegium Germanicum et Hungaricum* war, trennte dort eine kämpferische Front die «Naturalisten» von den «Supernaturalisten», d. h. die Verteidiger der Lehre von einer «natura pura» von den Anhängern der nicht immer richtig verstandenen *Nouvelle Théologie*. Der Anführer der Letzteren hat sich später einen Namen gemacht: Hans Küng.

Angesichts dieser Lage der Dinge kam die Berufung von Henri de Lubac, Jean Daniélou, Karl Rahner und Yves Congar als Konzilstheologen einer eigentlichen, wenn auch stillschweigenden Rehabilitation gleich. Tatsächlich waren diese angeblich revolutionären Theologen gar keine Revolutionäre, wie ihre ebenso angebliche konservative Wende nach dem Konzil zeigt. Es war gar keine Wende. Die Autoren der *Nouvelle Théologie* sind nur sich selbst treu geblieben, während eine angeblich nachkonziliare Theologie rund um sie herum neue Wege zu gehen versuchte.

VI.

Rückblickend und zusammenfassend kann man sagen, dass die Aufnahme der drei erwähnten Grundtendenzen, der Geschichtlichkeit, des Ökumenismus und der anthropologischen Wende durch das Konzil zur endgültigen Aufarbeitung der Modernismuskrise geführt hat. Die überkommenen antimodernistischen Tendenzen haben das Konzil und die Kirche noch über die Konzilszeit hinaus in Spannung gehalten. Auch die nachkonziliaren Widerstände der Lefebvre-Gruppe stützten sich immer noch auf die klassischen Argumente des Antimodernismus, wie sie in den Schulbüchern tradiert wurden. Die im Konzil rehabilitierte Theologie nahm dagegen die berechtigten Anliegen des Modernismus auf und beantwortete sie im Sinne der katholischen Tradition.

In einer abschliessenden Bilanz am Ende des Konzils bemerkt der Konzilstheologe Yves Congar, einer der berufensten Chronisten des Konzils: «Wenn wir die theologische Methode des Konzils mit einem Wort umschreiben müssten, würden wir auf das Erkenntnisideal Maurice Blondels hinweisen, das er gegen den ‹Monophorismus› durchsetzen wollte, wie er mit einem etwas ausgefallenen Wort sagte.» Monophoristen leiten alles nur von einer Seite her. Für Blondel waren das sowohl die Modernisten wie die Antimodernisten, weil sie alles entweder nur auf den Menschen oder nur auf Gott zurückführten. Blondel drängte dagegen auf eine konkrete, geschichtlich und menschlich realistische Erkenntnis, die einsieht, dass der göttliche und der menschliche Anteil bei jedem Tun untrennbar miteinander verbunden und aufeinander angewiesen sind. Das Konzil hat eine solche Theologie, die Gott und Mensch in ihrer engen Verknüpfung sieht und die deshalb vom Menschen nicht ohne Gott, aber auch von Gott nicht ohne den Menschen sprechen kann, gutgeheissen und weitergeführt. Die Auseinandersetzung zwischen Modernismus und Antimodernismus, die im vergangen Jahrhundert nahe an eine Kirchenspaltung herangeführt hatte, ist damit hoffentlich endgültig überwunden.

2. Wie ich das Konzil erlebt habe

Ich hatte als junger Priester die Gnade, das Konzil und die Konzilsvorbereitungen aus nächster Nähe miterleben zu dürfen. Miterleben, das betrifft nicht die Konzilstexte, sondern das Konzil als Ereignis. Ich war nie in der Konzilsaula, aber ich lebte in jenen Jahren im *Collegium Germanicum et Hungaricum*, zusammen mit nicht wenigen Konzilsvätern und Konzilstheologen, namentlich mit Kardinal Julius Döpfner, einem der vier Moderatoren des Konzils, und mit seinem Theologen Karl Rahner, der jede Woche für die Germaniker einen Diskussionsabend anbot. Auch P. Robert Leiber, ehemals Privatsekretär Pius' XII., wohnte im Kolleg, und als Gäste besuchten uns nach und nach alle Konzilsväter aus den deutschsprachigen Ländern und aus Ungarn. P. Sebastian Tromp, der Sekretär der theologischen Kommission, Joseph Ratzinger, Frère Roger Schutz und manche andere Konzilstheologen oder ökumenische Beobachter kamen zu uns zu Besuch und zu Vorträgen.

An einige dieser Besuche erinnere ich mich lebhaft. Erst spät, aber doch war einmal der melkitische Patriarch in das Kolleg zu Gast. Es war der umständlichste aller Besuche; denn er musste mit allen orientalisch-patriarchalen Ehrenbezeugungen empfangen werden. Schon an der Haustür wurde er von Kerzenträgern empfangen, die ihn in den Festsaal zu einem Podium mit zwei Sesseln und einem Tischchen geleiteten, auf dem Tee und einige Leckereien bereitstanden. Von dort aus geruhte der Patriarch dann das Wort an uns zu richten. Ein Papstbesuch im Kolleg war wesentlich einfacher.

Ganz anders als einer der wöchentlichen Vorträge des Spirituals war der Besuch von Roger Schutz, dem Gründer von Taizé. Er hielt uns einen tiefen geistlichen Vortrag über das Gebet und über die spirituelle Grundhaltung eines Priesters. Beim Hinausgehen sagte mir einer der älteren Studenten: «Jetzt habe ich zum erstenmal in meiner Kollegszeit etwas über den Sinn des Zölibats gehört.» Ich hörte auch, Kardinal Ottaviani, der erzkonservative Präfekt der Glaubenskongregation (sein Wahlspruch war: *Semper idem*) habe Roger Schutz freundschaftlich geschätzt. Er habe ihn kommen lassen und ihm gesagt: «Ich weiss, dass Sie ein Mann des Gebetes sind. Ich habe eine schwere Entscheidung zu treffen. Bitte, beten Sie zusammen mit mir.»

In der zweiten Sitzungsperiode durften auch die ungarischen Bischöfe zum Konzil kommen. Als «Deutsch-Ungarisches Kolleg» luden wir an einem Sonntag die ganze ungarische Bischofskonferenz zum Mittagessen ein. Nach dem Essen ging ich als der jüngste Pater voraus in den Empfangssaal, um Kaffee einzuschenken. Der erste Bischof kam. «Exzellenz, darf ich Ihnen einen Kaffee einschenken?» «Ja bitte, schenken Sie ihn mir ein, solange wir noch frei miteinander reden können.» Damit war alles gesagt.

I.

Doch nun zum Konzil selbst. Ich will mich auf zwei Hauptpunkte beschränken – auf den Eindruck, den die Ankündigung des Konzils auf uns machte; auf einige Hauptprobleme, die sich schon in der Vorbereitungszeit abzuzeichnen begannen –, um dann noch kurz etwas zum Konzilsverlauf zu sagen.

Die Ankündigung des Konzils im Januar 1959 erlebte ich noch in Frankreich. Sie traf uns wie ein Blitz aus heiterem Himmel und weckte vielerlei Erwartungen. Im Studium in Löwen war ich auf eine Reihe offengebliebener Fragen aus dem wegen des Deutsch-französischen Krieges nicht abgeschlossenen I. Vatikanischen Konzil und aus der Modernismuskrise gestossen, die letztlich nur ein Konzil verbindlich beantworten konnte. Doch an ein Konzil dachte damals niemand. Erst später erfuhr ich von P. Robert Leiber, dass sich schon Pius XII. mit dem Gedanken eines Abschlusses des I. Vatikanums beschäftigt hatte.

Ernüchternd wirkte auf uns die gleichzeitige Ankündigung einer römischen Diözesansynode, die dann offensichtlich recht hastig und oberflächlich vorbereitet und abgehalten wurde. Man rief den römischen Klerus in der Lateranbasilika zusammen und las ihm einfach einen langen Synodentext vor. Doch mein damaliger Oberer, ein altgedienter Jurist und Kanonist, beruhigte uns: «Wichtig ist nur, dass es überhaupt einen Text gibt; den kann man dann abändern.» Das dicke Buch der Synodentexte, das ich später ihn Rom zu Gesicht bekam, wurde allerdings nie abgeändert; man hat es einfach vergessen.

Als ich dann im Herbst 1960 nach Rom zurückkehrte, durfte ich einen Grossteil der Konzilsvorbereitungen miterleben.

Da war zunächst Frage der Liturgiereform. Bischof Otto Spülbeck von Meissen und P. Paul Pfister SJ aus Japan, die zur Liturgiekommission gehörten, lebten bei uns im Kolleg. Die Reform war, wie im vorigen Kapitel dargestellt, eigentlich schon spruchreif. Ein neuer Streitpunkt bei der Konzilsvorbereitung betraf die lateinische Liturgiesprache, näherhin das sogenannte Deutsche Hochamt mit deutschen Liedern statt mit gregorianischen Gesängen. Es war in der Kriegszeit als Ausnahme gestattet worden und wurde von römischer Seite heftigst bekämpft, wobei der Hauptgegner ein lateinisch-italienisches Kauderwelsch gesprochen haben soll, nach Art von «Maximamente in nostris paesibus …»

Um die Geister zu versöhnen, liess Papst Johannes XXIII. zu Beginn des Studienjahres 1961 die Apostolische Konstitution *Veterum sapientia* verkünden. Darin wurde das Latein als kirchliche Amts- und Unterrichtssprache bestätigt und ein Institut für Lateinische Sprache an der Salesianer-Universität gegründet; doch im Übrigen blieb der Text ohne Nachwirkung. P. Pfister kommentierte: «*Veterum sapientia,* das heisst für uns in Japan Laotse und Konfuzius.»

Schwererwiegend als dieses Sprachgeplänkel war die Polemik gegen die am Bibelinstitut gelehrte historisch-kritische Methode. Aus dem diffamierenden Artikel von Mgr Antonio Romeo, der das Bibelinstitut der Häresie bezichtigte, sind die «brume nordiche», die nordischen Nebel, die die römische Klarheit verdunkeln, lange sprichwörtlich geblieben. Die Polemik führte dann zu dem bereits erwähnten Lehrverbot für P. Maximilian Zerwick und P. Stanislaus Lyonnet.

Schon diese beiden Beispiele können auf die Spannung hinweisen, die die Konzilsvorbereitung und weitgehend auch noch das Konzil beherrschte: Die Spannung zwischen der römischen, traditionell-scholastischen und antimodernistischen Theologie und der Theologie in Frankreich und Deutschland. Diese war aufgeschlossen für die Auseinandersetzung mit den Zeitfragen, sie wurzelte aber auch in einer vertieften Kenntnis der Heiligen Schrift, der Kirchenväter und der unverkürzten Tradition. Ein Beispiel für die Starre der römischen Theologie konnten wir bei Heribert Schauf erleben, der rechten Hand des Sekretärs der vorbereitenden theologischen Kommission, P. Sebastian Tromp. Schauf erklärte mir einmal beim Mittagessen, wenn man einmal mittels einer Rakete auf einen anderen Stern gelangen könnte, auf dem vernunftbegabte Lebewesen lebten, könnte man diesen das ganze Credo erklären, und sie würden es verstehen, ohne dass sie deswegen in die christliche Heilsordnung hineingenommen würden. Mit meiner von der *Nouvelle Théologie* geprägten Ausbildung war mir eine solche Auslegung der «natura pura»-Lehre unverständlich. P. Tromp selbst erklärte uns dann in einem Vortrag die Aufgabe des Konzils zum Schrecken vieler Germaniker so, dass die Kirche einen Sack voll Wahrheiten habe, aus dem sie gelegentlich eine neue hervorhole.

Neben Heribert Schauf wohnte im Kolleg aber auch Matthias Thjissen, die rechte Hand des nachmaligen Kardinals Johannes Willebrands. Von ihm und von Willebrands selbst erfuhren wir von ihren Kontakten mit Moskau und mit den anderen christlichen Kirchen – wiederum sozusagen eine Gegenwelt zu Rom. Dass dann bei der Konzilsarbeit die Theologen der beiden grossen Theologienationen, Frankreich und Deutschland, bald zueinander fanden und dass sie in dieser Gemeinsamkeit auch die eher theologieferneren Konzilsväter anderer Nationen überzeugen konnten, aber auch dass die Beobachter anderer christlicher Kirchen einen bis dahin unbekannten Einfluss auf die Konzilstexte nehmen konnten: Das ist meines Erachtens das wichtigste theologische Ergebnis des Konzils. Das II. Vatikanum brach die Erstarrung der katholischen Theologie in einem neuscholastischen Antimodernismus endgültig auf.

II.

Damit komme ich zum Konzilsverlauf selbst. Nach einem kurzen Blick auf den Konzilsbeginn und auf das Werden der Konstitution *Lumen gentium* über die Kirche möchte ich mit ein paar

Stimmungsbildern etwas von der Atmosphäre der Konzilszeit in Rom wiedergeben.

Die Konzilseröffnung erlebte ich zuerst auf dem Petersplatz, beeindruckt von dem nicht enden wollenden weissen Zug der Konzilsväter, je vier und vier nebeneinander. Aus dem Bronzetor hörte ich den Zeremoniar schreien: «Avanti i vescovi, a quattro e quattro i vescovi!», «Vorwärts Marsch, ihr Bischöfe; die Bischöfe zu vier und vier!» Ein eher ungewohntes Erlebnis für die Bischöfe, wie es uns der Bischof von Trier einmal schilderte: «In Rom fühlt man sich auch als Bischof wieder einmal als Masse.» Als der lange Einzug beendet war, hörte ich während des Gottesdienstes am Radio die weite Horizonte öffnende Eröffnungsrede des Papstes. Diese weckte Hoffnung auf eine seelsorgerliche Neuausrichtung des Konzils.

Der Tag der ersten Konzilssitzung brachte dagegen eine grosse Überraschung, als die Konzilsteilnehmer viel zu früh wieder nach Hause kamen. Bald erfuhren wir, was geschehen war, nämlich wie zwei der Präsidenten des Konzils, Kardinal Paul-Émile Léger und Kardinal Joseph Frings, mit Beifall der Konzilsväter die fertig vorbereiteten Wahllisten für die Konzilskommissionen zurückwiesen. Das Konzil musste daraufhin vertagt werden, damit sich die Bischöfe untereinander besprechen und neue Listen aufstellen konnten. Dieser erste Handstreich hat das Konzil gerettet; die Rede- und Wahlfreiheit der Bischöfe war gewonnen, und der Austausch unter den Bischofskonferenzen begann sich einzuspielen.

Dieser Austausch, quer durch die Nationen und Kontinente, war vielleicht das wichtigste Konzilsereignis. Am seinem Zustandekommen hatten die Konzilstheologen und, wie weniger bekannt, die Konzilsjournalisten einen nicht geringen Anteil. Einen besonders folgenreichen Austausch durfte ich am 13. November 1962, dem Fest des hl. Stanislaus Kostka, in Sant'Andrea al Quirinale erleben. Traditionsgemäss hielten da die Germaniker mit den im Kolleg wohnenden Konzilsvätern die Abendandacht. Zum allgemeinen Erstaunen trafen auch die polnischen Bischöfe zu Feier ihres polnischen Heiligen ein. So ergab sich in der Sakristei jene Begegnung zwischen Kardinal Döpfner und Kardinal Stefan

Wyszynski, aus der dann das Versöhnungsschreiben zwischen dem deutschen und dem polnischen Episkopat hervorging.

Doch nun zum wichtigsten Dokument des Konzils, der Konstitution über die Kirche. Sie war keineswegs unumstritten, ganz im Gegenteil. Ein Streitpunkt war die Bezeichnung der Kirche als «Volk Gottes». Papst Paul VI. hat dieses Problem auf seine Weise gelöst, indem er die Konzilsväter zu einer Marienfeier nach Santa Maria Maggiore einlud. Beim langen Warten auf den Papst konnten die Bischöfe in aller Ruhe das Mosaik des Triumphbogens bestaunen, in dessen Mitte, deutlich lesbar, die Widmung prangte: «Xystus Episcopus Plebi Dei» (Bischof Sixtus dem Volk Gottes). Tags darauf waren alle überzeugt, dass die Bezeichnung «Volk Gottes» durchaus traditionell war.

Schwieriger war die andere Knacknuss: die Kollegialität der Bischöfe – eine Frage, die das unvollendete I. Vatikanum offengelassen hatte. Ein erster Einwand lautete, «Collegium» sei eine römische Rechtsform, die sich nicht auf die Apostel anwenden lasse und schon gar nicht auf die Bischöfe. Dieser Einwand wurde dadurch entkräftet, dass die entsprechende Arbeitsgruppe einmal am 24. Februar tagte, wo es in der Oration zum Fest des hl. Matthias heisst: «apostolorum collegio sociasti» (Du hast ihn zum Apostelkollegium hinzugefügt). Damit war die erste Frage gelöst, aber die grundlegende Schwierigkeit noch nicht behoben. Wie verhält sich die Bedeutung des Bischofskollegiums zum Primat des Papstes? Bei der Eröffnungsfeier zum Studienjahr 1964 unserer Universität legte P. Wilhelm Bertrams (natürlich auf Latein) eine lange Erklärung vor, wie Kollegialität und Primat zusammengehen können – ein Text, aus dem dann die berühmte und berüchtigte *Nota exlicativa praevia* hervorging, die beide Parteien zu versöhnen suchte. Dass dies nicht ganz gelungen ist, konnte ich am Abend nach der Verkündigung der Kirchenkonstitution erfahren. Da war ich zufällig mit einer Reihe nicht unbedeutender römischer Geistlicher zusammen. Ihre einstimmige Meinung lautete, die Konstitution werde wohl bald wieder aufgehoben, da sie der allgemeinen Lehre der Kirche widerspreche! In einem gewissen Sinn konnte ich diese römischen Priester verstehen: Die

Lehre von der Kollegialität der Bischöfe widersprach dem Kirchenbild, das sich seit ihrer Studienzeit in ihren Köpfen festgesetzt hatte: das Bild einer streng hierarchischen gegliederten Pyramide mit dem Papst an der Spitze. Das mag einige Verhaltensweisen erklären, die wir auch heute noch kennen.

Zum Schluss möchte ich noch einige Schlaglichter auf die Konzilsatmosphäre werfen. Für die Bischöfe und die Theologen war das Konzil keine Zeit jubelnder Festfreude; es bedeutete vielmehr anstrengende, manchmal auch enttäuschende oder einfach langweilige Arbeit: Am Vormittag hatten sie jeweils eine lange Reihe lateinischer Reden anzuhören, am Nachmittag waren Kommissionssitzungen oder Begegnungen vorgesehen, und dann galt es, oft bis tief in die Nacht hinein, Texte durchzusehen oder zu entwerfen. Und das neben der steten Sorge um ihre Diözesen, von denen sie so oft und so lange abwesend sein mussten.

Von manchmal gehässigen Polemiken ausserhalb und in der Konzilsaula, besonders bezüglich der Erklärungen über die Juden und über die Religionsfreiheit, bekamen wir Aussenstehenden nur die oft parallellaufenden Pressepolemiken mit. Als erste positive Auswirkung des Konzils durften wir dagegen von der dritten Konzilsperiode an täglich mit den Konzilsvätern und den Konzilstheologen konzelebrieren. Nur P. Rahner, der mit seiner Schrift über *Die vielen Messen und das eine Opfer* wesentlich zur Liturgiereform beigetragen hatte, wollte nie konzelebrieren.

Eine andere Auswirkung des Konzils, die ausserhalb Roms kaum wahrgenommen wurde, war ein neues und vertieftes Bewusstsein über die Bedeutung der katholischen Ostkirchen. Patriarch Maximos Saigh war einer der profiliertesten Konzilsväter. Und von der dritten Konzilsperiode an wurde die morgendliche Liturgie in der Konzilsaula in jeweils einem anderen katholischen Ritus gefeiert – ein praktischer Anschauungsunterricht über die Vielfalt der katholischen Kirche. Auch unter den Beobachtern waren die Ostkirchen gut vertreten, namentlich durch Erzpriester Vitali Borovoj aus Moskau, der uns einem privaten Gespräch einmal anvertraute: «Unser Problem besteht darin, dass unser Zar ein Atheist ist.» Jetzt ist der «Zar» wenigstens ein getaufter Christ.

Zum Schlussgottesdienst des Konzils am 7. Dezember 1965 hatte ich es, ich weiss nicht mehr wie, bis in die Vorhalle von St. Peter gebracht. So konnte ich aus nächster Nähe den Bruderkuss zwischen Papst Paul VI. und dem Sondergesandten des Patriarchen Athenagoras erleben. Eine Frau neben mir fragte mich: «Werden sie nun konzelebrieren?» Ich antwortete: «Ob sie konzelebrieren, weiss ich nicht. Aber das weiss ich: Wenn sie konzelebrieren, gibt es das griechische Schisma nicht mehr.» Sie haben nicht konzelebriert, aber immerhin die gegenseitige Exkommunikation aufgehoben.

III.

Auch zum Pontifikatswechsel nach der ersten Sitzungsperiode, den ich von Nahem miterleben durfte, ist noch ein Wort zu sagen. Man muss diesen Wechsel wohl als providenziell bezeichnen. Man hörte, Papst Johannes XXIII. sei mit der Zeit erschrocken über das, was er ausgelöst hatte, und er habe deshalb das Konzil möglichst bald beenden wollen. Kardinal Giovanni Battista Montini war da wohl der Einzige, der den konziliaren Aufbruch richtig zu Ende führen konnte. Kardinal Döpfner, einer der «Papstmacher», begab sich nach der Wahl direkt nach Sankt Paul vor den Mauern, um für den neuen Papst zu beten. «Bis jetzt haben wir gebetet, dass wir einen guten Papst erhalten», sagte er uns bei seiner Rückkehr, «jetzt müssen wir für den Papst beten».

Papst Paul VI. zeigte dann schon bei seiner Krönungszeremonie einen neuen, moderneren Stil des Papsttums. Viel altes Brauchtum hat er abgeschafft und sich eigens eine einfachere, modernere Tiara schenken lassen, die er dann bald, gegen ein Almosen für die Armen, an Kardinal Spellman von New York weiterschenkte. Seither trägt der Papst keine Tiara mehr, sondern nur eine Mitra, wie jeder andere Bischof. Mit seiner Liebe zu den Armen, seiner Geistesverwandtschaft mit der *Nouvelle Théologie*, seinem Hang zum Einfacheren und Moderneren wurde Paul VI. zum eigentlichen Papst des II. Vatikanischen Konzils.

3. Was brachte das II. Vatikanische Konzil Neues?

Ich bin weder Fachtheologe noch Kirchengeschichtlicher. Deshalb kann ich über das II. Vatikanische Konzil nur als Zeitzeuge, aber doch als Zeitzeuge berichten. Als junger Priester konnte ich das Konzil und seine Vorbereitung aus nächster Nähe mitverfolgen. So möchte ich hier die Frage, was das Konzil Neues brachte, aus damaliger römischer Sicht und aus katholischer Perspektive beantworten. Die Frage nach dem Neuen in einem Konzil ist allerdings zweischneidig. Ein Konzil dient ja in erster Linie dazu, den überlieferten Glauben zu bezeugen und ihn gegenüber neuen Irrtümern erneut zu bekräftigen. Doch schon das erforderte normalerweise auch eine Neuformulierung der alten Wahrheit.

Das II. Vatikanische Konzil dagegen war schon in seiner ganzen Anlage etwas Neues. Nach Wunsch von Papst Johannes XXIII. sollte es sich nicht mit Irrtümern befassen, obwohl es deren nicht wenige gegeben hätte; es sollte vielmehr als Pastoralkonzil Hilfe bieten für eine zeitgemässere Seelsorge. Das aber erforderte Anpassungen an eine neue Situation der Kirche in einer radikal veränderten, säkularisierten Welt, und das Konzil musste neue Antworten geben auf neu aufgetauchte Fragen. In seiner Eröffnungsansprache hat der Papst das als «aggiornamento» bezeichnet, mit einem Wort, das sprichwörtlich geworden ist und das man, neudeutsch, am besten mit «Update» übersetzen würde. Die Frage, was das II. Vatikanische Konzil Neues gebracht habe, ist deshalb durchaus berechtigt. Doch dieses Neue kann und darf nie einen Bruch mit der Vergangenheit bedeuten. Schon deshalb wird man sagen müssen, dass sowohl die Lefevrianer und manche sich progressiv Nennende das Konzil missverstehen.

Was war am II. Vatikanischen Konzil neu?

Als Erstes und grundlegend Neues ist schon die Einberufung des Konzils zu erwähnen: Als Papst Johannes XXIII. am 25. Januar 1959, am Fest Pauli Bekehrung, in Sankt Paul vor den Mauern ankündigte, er wolle ein Konzil als II. Vatikanisches Konzil einberufen, kam diese Ankündigung für die Zuhörer und auch für uns, die wir aus den Medien davon erfuhren, wie ein Blitz aus heiterem Himmel. Niemand dachte damals nur im Geringsten an ein Konzil. Als Theologen war uns zwar bewusst, dass das I. Vatikanische Konzil nicht regulär abgeschlossen werden konnte wegen der Besetzung Roms durch Truppen des Königreichs Italien und dem nachfolgenden Deutsch-Französischen Krieg. Besser Informierte erinnerten sich sogar, dass noch einige Texte vorlagen, namentlich über die Rolle der Bischöfe in der Kirche, die nicht mehr verabschiedet werden konnten. Doch nur ganz wenige Eingeweihte wussten, dass sich schon Papst Pius XII. mit dem Gedanken getragen hatte, das I. Vatikanische Konzil durch eine neue Einberufung zu Ende zu führen, und dass sogar vorbereitete Texte für dieses Konzil vorlagen.

Das am meisten Unerwartete am Konzil war somit seine Einberufung. Nach dem I. Vatikanum und seiner Lehre über den Primat und über die Unfehlbarkeit des Papstes herrschte fast überall die Meinung, ein Konzil müsse nun nie mehr stattfinden; der Papst allein könne ja alle hängigen Fragen in eigener Vollmacht regeln. Die Konzilsankündigung stiess denn auch gerade in Rom auf erbitterten Widerstand. Man versuchte den Papst zu überreden, eine Diözesansynode für das Bistum Rom sei vordringlicher als ein allgemeines Konzil. Der Papst erwiderte: «Dann halten wir eben zuerst eine Synode ab und dann das Konzil.» So wurde in aller Eile eine römische Diözesansynode vorbereitet und abgehalten. Ein dickes Buch mit Synodenbeschlüssen wurde in der Lateranbasilika dem versammelten römischen Klerus vorgelesen und dann veröffentlicht. Heute ist dieses Buch glücklicherweise völlig vergessen. Aber der Weg war damit frei für das Konzil.

Eine zweite, bereits erwähnte Neuheit bestand darin, dass das Konzil nur ein Pastoralkonzil sein sollte. Es sollte keine Irrtümer verurteilen und keine neuen Dogmen verkündigen, und es antwortete auch nicht auf eine Notsituation der Kirche. Es sollte vielmehr, so der Papst in seiner Eröffnungsansprache, die Errungenschaften unserer Zeit nutzen, um «die sichere und beständige Lehre, der gläubig zu gehorchen ist, so zu erforschen und auszulegen, wie unsere Zeit es verlangt», eben das bereits erwähnte «aggiornamento». Dennoch war das Konzil nicht überflüssig, und es traf die Kirche auch nicht unvorbereitet. Vieles war in den Jahrzehnten seit dem I. Vatikanischen Konzil gewachsen und wartete auf eine Bestätigung.

Wenn man unbedingt Irrtümer suchen will, die das Konzil verurteilt habe, dann wäre nicht nur der Atheismus zu nennen, auf den das Konzil in der Pastoralkonstitution *Gaudium et spes* mehrfach zu sprechen kam (GS Nr. 7, 13, 19–22, 36); doch weniger, um ihn zu verurteilen, was auch gar nicht nötig war, als um ihn zu verstehen und um die Haltung der Kirche ihm gegenüber zu klären.

Ein anderer Irrtum, den das Konzil nie ausdrücklich genannt, den es aber überwunden hat, war eine falsche, traditionalistische Reaktion auf den Modernismus. In der Vorkonzilszeit hatte die Angst vor modernistischen Irrtümern, die Pius X. 1904 und 1907 verurteilt hatte, einen Grossteil des theologischen Lehrbetriebs gelähmt. Wie der Hase auf eine Schlange starrte man wie versteinert vor allem auf diese Irrtümer. Doch glücklicherweise war dies nicht die einzige Reaktion gegenüber dem Modernismus. Es gab vielmehr zwei verschiedene Reaktionen. Die eine verdammte den Modernismus rundweg als Irrlehre, ja als «Zusammenfassung aller Irrlehren» (Enzyklika *Pascendi*), und verbarrikadierte sich in einer ungeschichtlichen Theologie der «traditionellen Wahrheit». Wobei man leider unter «traditioneller Wahrheit» oft nur das verstand, was in den theologischen Lehrbüchern der letzten fünfzig Jahre zu finden war. Karl Rahner sprach in diesem Zusammenhang gerne von «Schulbuchtheologie». Dagegen nahm eine andere Reaktion das berechtigte Anliegen des Modernismus ernst und gab zu, dass auch das Glaubens- und Bibelverständnis geschichtlich zu sehen ist und dass es sich folglich im Lauf der Jahrhunderte geändert haben konnte – wenn auch nicht immer zu seinem Vorteil. Deshalb galt es, «zurückzukehren zu den Quellen» und zu sehen, wie die Kirchenväter und die Theologen des Mittelalters den Glauben ausgelegt hatten. Das war das Anliegen der so genannten Neuen

Theologie in Frankreich, die in Wirklichkeit eine Rückkehr zu einer viel älteren Theologie war. Ihre Hauptvertreter, die dann alle Konzilstheologen und später Kardinäle wurden, waren Henri de Lubac, Yves Congar und Jean Daniélou, während andere wie Marie-Dominique Chenu und Henri Bouillard mehr im Schatten blieben. Im deutschen Raum wären, mit einer etwas anderen Ausrichtung, Karl Rahner, Otto Semmelroth, Aloys Grillmeier, Joseph Ratzinger und Hans Küng als Konzilstheologen zu nennen, während Hans Urs von Balthasar nicht zum Konzil berufen wurde. Allein die Tatsache, dass einige dieser Theologen vor dem Konzil ein Publikationsverbot hatten, kann zeigen, dass auf dem Konzil tatsächlich Neues zur Sprache kam.

Nach diesem Blick auf die Vorkonzilszeit wollen wir uns dem Konzil selbst zuwenden. Neu war da nicht so sehr die Einladung nichtkatholischer Beobachter zum Konzil, das hatte es auch bei früheren Konzilien schon gegeben, wohl aber, dass sie gerne und so zahlreich dieser Einladung Folge geleistet haben und dass sie dann auch auf die Entstehung der Konzilstexte mehr und mehr Einfluss nehmen konnten. Deren Entwürfe wurden auch ihnen zur Begutachtung vorgelegt, und sie konnten ihre Bemerkungen dazu machen, ähnlich wie die Konzilsväter selbst. Das Gleiche ist von den katholischen Laien zu sagen, Männern und Frauen, von denen im Lauf des Konzils mehr und mehr als Beobachter eingeladen wurden und die zum Teil sogar an den Arbeiten der Konzilskommissionen teilnehmen konnten. In die Konzilstexte gingen so auch Stimmen von aussen ein, erstmals wieder seit dem Konzil von Florenz.

Zu diesen Beiträgen von aussen wäre auch die Arbeit der Konzilsjournalisten zu erwähnen – nun wirklich etwas Neues. Nicht wenige dieser Journalisten waren selbst Theologen oder zumindest theologisch interessiert, und sie bemühten sich um theologische Hintergrundinformationen und um eine Vernetzung untereinander. So entstand neben oder hinter dem Konzil ein internationales theologisches Netzwerk, dessen Dynamik an die Bischöfe weitervermittelt wurde. Die Zeitschrift *Concilium* sucht etwas von diesem Netzwerk weiterzuführen.

Ein weiterer neuer Einfluss, der die Arbeit des Konzils mitbestimmte, kam von den katholischen Ostkirchen. Papst Roncalli, der den grössten Teil seiner Nuntiaturzeit in Belgrad und Konstantinopel verbracht hatte, kannte diese Kirchen aus eigener Anschauung und sympathisierte mit ihnen. Im Patriarchen Maximos Saigh von Antiochien hatten die katholischen Ostkirchen einen wortgewaltigen und viel beachteten Sprecher. Ausserhalb von Rom wurde und wird die Bedeutung dieser Ostkirchen allerdings kaum wahrgenommen.

Damit komme ich zur wichtigsten Neuerung, die das Konzil, beabsichtigt oder unbeabsichtigt, mit sich brachte. Es war ein neues Zusammengehörigkeitsgefühl der Bischöfe untereinander und ihr freundschaftlicher Austausch über alle Bischofskonferenzen und über alle nationalen und kulturellen Grenzen hinweg. Durch das jahrelange Zusammenarbeiten der über 3000 Bischöfe aus aller Welt wuchs eine effektive und affektive Kollegialität der Bischöfe heran, die weiterlebt, zunächst in den regionalen und nationalen Bischofskonferenzen, aber auch darüber hinaus in den kontinentalen Zusammenschlüssen dieser Konferenzen, wie im CCEE, dem Rat der Europäischen Bischofskonferenzen, dessen Sekretariat in St. Gallen seinen Sitz hat. Gegenüber dieser Kollegialität an der bischöflichen Basis spielen die vom Papst regelmässig einberufenen Bischofssynoden, ebenfalls eine Frucht des Konzils, eher eine untergeordnete Rolle.

Schliesslich ist noch eine deutlich sichtbare Neuerung, wenigstens für die lateinische Kirche, zu nennen: die Wiedereinführung des Diakonats als selbständige Weihestufe und als eigenständiger Dienst. Schon vor dem Konzil war das verschiedentlich gefordert worden; den Ausschlag aber haben dann wohl zwei Umstände gegeben. Einerseits das Beispiel der Ostkirchen, wo die Diakone, verheiratete Männer, im Gottesdienst und im Leben der Gemeinden eine wichtige, ja unentbehrliche Rolle spielen. Anderseits sagte mir Kardinal Döpfner einmal im Vorbeigehen: «Die ‹Viri probati› (die Priesterweihe verheirateter Männer) werden wir nicht durchbringen, deshalb müssen wir uns jetzt auf die Diakone konzentrieren.» So gesehen ist der ständige Diakonat gewissermassen ein Probelauf, um auch in der lateinischen Kirche Erfahrungen zu sammeln mit Familienvätern im kirchlichen Dienst.

Auch zu einer Erneuerung des Papsttums hat das Konzil beigetragen, was oft übersehen wird. Die Konzilspäpste haben das Erscheinungsbild des Papsttums entscheidend verändert. Mit der Einberufung eines Konzils hat Johannes XXIII. die Meinung Lügen gestraft, nach dem I. Vatikanum genüge der Papst allein, um die Kirche zu regieren und alle hängigen Fragen zu lösen. Als Pastoralkonzil hat er diesem Konzil auch ein neues, in der Konziliengeschichte nie dagewesenes Gesicht gegeben, und mit seinem Programm des *aggiornamento* hat er das Prinzip der Veränderung in das kirchliche Leben eingeführt.

Angelo Giuseppe Roncalli war ein Bergamasker, kein Römer, und ein Kirchenhistoriker, kein Kirchenrechtler. In seinen jungen Jahren war er mit der von Pius X. verurteilten Bewegung der italienischen Modernisten in enge Berührung gekommen und hatte ihre berechtigten Anliegen erkannt. Deshalb sah er es als normal und notwendig an, dass es auch in der Kirche Veränderung gibt. Zugleich aber hielt er, bei all seiner schlichten Menschlichkeit, am ganzen äusseren Pomp des päpstlichen Auftretens fest, den er offensichtlich genoss.

Doch um die Aufbrüche des Konzils aus der ersten Sitzungsperiode nicht abzuwürgen, sondern zu einem guten Ende zu führen, brauchte es dann die ganz andere Persönlichkeit Papst Pauls VI. Auch Giovanni Battista Montini kam aus Norditalien, aber aus dem aufgeklärten, eher liberalen Brescia, ein Sohn weder von Adeligen noch von Bauern, sondern eines engagierten Journalisten. Er selbst war ein Intellektueller, der während seiner Karriere im Staatssekretariat zugleich als Seelsorger für die katholischen Akademiker wirkte und unter ihnen viele angesehene Freunde hatte; er war ein Bewunderer de Lubacs und zugleich sozial engagiert, was ihm 1954 seine Wegbeförderung zum Erzbischof von Mailand einbrachte. Als «roter Erzbischof» stand er der Gruppe der Bischöfe um Kardinal Giacomo Lercaro und Bischof Helder Camara nahe, die sich im Sinn von P. Congar *Für eine dienende und arme Kirche* einsetzten. Schon bei seiner Papstkrönung zeigte sich das. Sie fand ohne all den traditionellen Prunk statt, und kurz danach verzichtete der Papst endgültig auf die Tiara, indem er sie zugunsten der Armen verschenkte. Er ging immer zu Fuss, liess sich nie tragen, löste, abgesehen von der Schweizergarde, die verschiedenen päpstlichen Ehrengarden auf und befreite den Papstpalast von vielem rotem Damast. Er unternahm zahlreiche Reisen auch in nichtchristliche Länder, führte die regelmässigen Bischofssynoden ein, gab ein neues Kirchenrechtsbuch in Auftrag und bemühte sich in seinen Aussagen um einen direkten, einfachen, verständlichen Stil. In Paul VI. hat das Konzil nicht nur einen ihm angemessenen Papst gefunden; dieser erste wirklich moderne Papst hat auch einen neuen Stil des Papstseins eingeführt.

Wo hat das Konzil bereits Vorgezeichnetes bestätigt und weitergeführt?

Noch wurde nichts über die Neuerungen in den Konzilstexten gesagt. Diese Texte sind doch das eigentlich Neue, das das Konzil gebracht hat, zumindest in den Augen der Nachwelt. Doch ein Konzil, auch wenn es noch so gut mit Theologen und theologisch gebildeten Bischöfen bestückt ist, kann seine Texte nicht von Grund auf neu erfinden. Es muss sich dafür nicht nur auf die überlieferte Lehre der Kirche stützen, sondern auch auf die Auslegungen dieser überlieferten Lehre, wie sie die Theologie in der Zeit vor dem Konzil erarbeitet hat. Das kann einen echten Fortschritt im Verständnis der göttlichen Offenbarung mit sich bringen und erstaunlich neu klingen gegenüber früheren Äusserungen des Lehr- und Hirtenamtes. Wie schon angedeutet, hat die katholische Theologie gerade in den drei Jahrzehnten vor dem Konzil vieles neu erarbeitet, und zwar nicht aus Neuerungssucht, sondern aufgrund einer breiteren und vertieften Kenntnis der patristischen und der mittelalterlichen Theologie und Philosophie. Wer wie ich in den fünfziger Jahren an einer aufgeschlossenen Theologischen Fakultät studiert hat, fand deshalb in den Konzilstexten keine grundstürzenden Neuerungen, wohl aber eine lehramtliche Bestätigung für das, was bis dahin nur bestreitbare und weithin umstrittene theologische Lehrmeinungen gewesen ist. Neu war an den Konzilstexten, wie sie diese neuen theologischen Aussagen in die kirchliche Tradition einbanden und diese dabei teilweise auch weiterführten und vertieften.

Das gilt in erster Linie von dem, was in der Öffentlichkeit und bei den Katholiken als *die* grosse Neuerung des Konzils betrachtet und manchmal auch verurteilt wurde: von der Reform der Liturgie. Neben der liturgischen Bewegung in Deutschland, Österreich und Belgien, die durch vertiefte liturgiegeschichtliche Forschungen unterstützt wurde, ist hier, wie schon oben aufgezeigt, als Wegbereiter vor allem Papst Pius XII. zu nennen, mit seinen drei grossen Enzykliken, *Mystici Corporis* für das Kirchenverständnis, *Divino afflante Spiritu* für die biblischen Studien und vor allem *Mediator Dei* für die Erneuerung der Liturgie. Damit leitete er drei entscheidende Reformschritte ein, die dann vom Konzil aufgenommen wurden. Dabei machte sich der Papst wie später das Konzil zuerst an die Erneuerung der Liturgie. Sie war möglicherweise am leichtesten zu bewerkstelligen und wurde von den Gläubigen am ehesten wahrgenommen. Deshalb regte sich dagegen auch der lauteste öffentliche Widerstand, zunächst von römischer Seite. Mitten in der Konzilszeit erklärte der Sekretär des Konzils, Erzbischof Dino Staffa, in einem Vortrag an der Lateran-Universität vor versammelten Konzilsvätern, die lateinische Sprache sei die erste der drei Grundlagen für die Einheit der Kirche, neben dem Kirchenrecht, das nichts als eine Kanonisierung des römischen Rechts sei, und der Lehre des hl. Thomas, dem Ausdruck des gesunden Menschenverstandes. Bis heute bleibt die lateinische Liturgiesprache ein wichtiger Streitpunkt und gleichsam eine Wasserscheide zwischen den Katholiken.

Leider haben diese äusserlich sichtbaren Neuerungen den Blick auf das Entscheidende in der Liturgiereform etwas verdunkelt. Zunächst auf die Hervorhebung der Liturgie als «Höhepunkt, dem das Tun der Kirche zustrebt, und zugleich [als] Quelle, aus der all ihre Kraft strömt» (SC Nr. 10), weil in ihr das «Paschamysterium», Tod und Auferstehung Jesu Christi je und je vergegenwärtigt wird. Nicht weniger bedeutungsvoll war die neue Gewichtung des Gotteswortes, weil das Konzil neben dem Tisch der Eucharistie mit gleichem Gewicht den «Tisch des Gotteswortes» stellte, der den Gläubigen in Zukunft «reicher gedeckt» werden soll (SC Nr. 51). Daraus ergab sich der Hinweis auf eine dreifache Gegenwart Christi in seiner Kirche: Erstens im Messopfer und bei der Spendung der anderen Sakramente, als Zweites «in seinem Wort, da er selbst spricht, wenn die heiligen Schriften in der Kirche gelesen werden», und schliesslich in der Versammlung der Gläubigen selbst, «wenn die Kirche betet und singt» (SC Nr. 7). Diese drei Neuerungen könnten, recht verstanden und durchgeführt, auch ökumenisch bedeutsam werden.

Mit der Liturgiereform war die weitere Stossrichtung des Konzils vorgezeichnet: das Verständnis der Kirche als Gemeinschaft der Gläubigen und die Eröffnung einer neuen Sicht auf die Offenbarung. Beide Stossrichtungen hatten schon die Enzykliken *Mystici corporis* (entworfen vom P. Sebastian Tromp, dem späteren Sekretär der theologischen Kommission des Konzils) und *Divino afflante Spiritu* (deren Hauptverfasser P. Bea war) angezeigt. In ihnen nahm Pius XII. zwei Bewegungen auf, die er als Nuntius in Deutschland kennengelernt hatte: ein neues Kirchenbewusstsein im Sinne der vielzitierten Aussage Romano Guardinis: «Ein neues Zeitalter bricht an. Die Kirche erwacht in den Seelen der Menschen» und die Bibelbewegung, die zu einer neuen Hochachtung und zu einem neuen Verständnis des Wortes Gottes führte.

Das neue Kirchenverständnis findet sich in der Konstitution *Lumen gentium,* die ein knappes Jahr nach der Liturgiekonstitution, am 21. November 1964, veröffentlicht werden konnte. Sie galt von Anfang an als das grundlegende Dokument des Konzils. Sie versteht die Kirche nicht mehr vorwiegend als hierarchisch verfasste Amtskirche, sondern in ihrer Bindung an Christus als dessen «mystischer Leib» und «Braut». Schon die ersten Worte der Konstitution deuten das an. War im I. Vatikanum die Kirche noch als «weithin sichtbares Zeichen unter den Völkern» vorgestellt worden, so hiess es nun: «Christus ist das Licht der Völker», und erst abkünftig von ihm ist «die Kirche gleichsam das Sakrament, das heisst Zeichen und Werkzeug für die innigste Vereinigung der ganzen Menschheit mit Gott und für ihre Einheit» (LG Nr. 1). So ist die Kirche einerseits sichtbarer Leib Christi und anderseits «Volk Gottes» in Kontinuität mit Israel, dem ersterwählten Gottesvolk. Aus dieser Sicht ergab sich die Betonung des allgemeinen Priestertums aller Gläubigen, die gleiche Berufung aller Christen zur Heiligkeit und die kirchliche Mitverantwortung auch der Laien – ohne dass damit eine demokratische oder auch nur kongregationalistische (d. h. von unten her aufgebaute) Kirchenverfassung eingeführt werden sollte. Doch die Annäherung an das Kirchenverständnis der von Rom getrennten Kirchen ist deutlich sichtbar.

Die geistige Atmosphäre, in der die Kirchenkonstitution erarbeitet wurde, lässt sich mit drei Stichworten beschreiben. Zum einen wiederholte man zu Beginn des Konzils immer wieder, das «konstantinische Zeitalter» gehe nun zu Ende, und in der Konzilsaula wurde lautstark der «kirchliche Triumphalismus» getadelt. Man wollte sich vielmehr für eine «dienende und arme Kirche» einsetzen wie die schon genannte Gruppe um Kardinal Giacomo Lercaro.

Dennoch ging die Konstitution über die Kirche, wie ich schon angedeutet habe, keineswegs unangefochten über die Bühne. Neben dem Streit über die Bezeichnung der Kirche als «Volk Gottes» war vor allem die Kollegialität der Bischöfe umstritten. Sie führt in der Tat zu einem neuen Kirchenbild. Statt einer streng hierarchisch gegliederten Pyramide mit dem Papst an der Spitze muss die Kirche jetzt eher als ein Kreis aus Kreisen dargestellt werden, als eine Gemeinschaft eigenständiger Ortskirchen unter der Leitung des jeweiligen Bischofs, der zusammen mit allen andern Bischöfen in Einheit mit dem Papst zum Bischofskollegium gehört, das «Träger der vollen und höchsten Gewalt über die Kirche» ist (LG Nr. 22). Folglich ergibt sich die Einheit der Kirche aus der Gemeinschaft, der *communio* jedes einzelnen Bischofs mit der Kirche in Rom und mit ihrem Bischof, dem Papst – eine Sicht, die bis zum I. Vatikanum selbstverständlich war, und aus der nach dem Konzil die sogenannte Communio-Ekklesiologie erwuchs. Offen blieb dabei die Frage, die in den neunziger Jahren zu einer Kontroverse zwischen den Kardinälen Joseph Ratzinger und Walter Kasper erwuchs, ob Christus die eine Universalkirche gestiftet habe, die sich dann in Teilkirchen aufteilte, oder ob die Universalkirche geschichtlich aus den von den Aposteln gegründeten Ortskirchen erwachsen sei. Mit der in der Communio-Ekklesiologie wenigstens angedeuteten synodalen Struktur der Kirche kommt man jedenfalls dem Kirchenverständnis der Ostkirchen entgegen, was den Dialog mit ihnen erleichtert.

Noch umstrittener als die Kirchenkonstitution war die Dogmatische Konstitution über die göttliche Offenbarung, *Dei Verbum,* die erst kurz vor Abschluss des Konzils, am 18. November 1965, veröffentlicht werden konnte. Sie war so umstrittenen, dass der Papst selbst eingreifen musste, um einen Konzilsbeschluss aufzuheben, der tags zuvor mit knapper Mehrheit und aufgrund einer missverständlichen Abstimmungsformel zustande gekommen war. Für eine neue Konstitution über die göttliche Offenbarung hat sich nicht zuletzt Joseph Ratzinger energisch eingesetzt und die von den römischen Theologen vorgelegten Entwürfe theologisch zerpflückt.

Bei den Auseinandersetzungen um die Konstitution *Dei Verbum* ging es einerseits um etwas mehr Vordergründiges, das seinerzeit viel Staub aufgewirbelt hat, und anderseits um einen sehr grundsätzlichen Hintergrund. Im Vordergrund stand der Streit um die historisch-kritische Methode der Bibelauslegung. Der kurz vor dem Konzil über diesen Streitpunkt entfesselte Sturm konnte in der Konzilszeit zwar nicht beigelegt, aber wenigstens zur Ruhe gebracht werden. Ein Ereignis am Rande des Konzils hat da den ersten Widerstand gebrochen. P. Norbert Lohfink hatte soeben seine Doktorarbeit über das Buch Deuteronomium fertiggestellt, natürlich unter Berücksichtigung der neuesten Ergebnisse der historisch-kritischen Forschung. Die öffentliche Verteidigung dieser Doktorthese wurde zu einer Manifestation zugunsten der wissenschaftlichen Arbeit des Bibelinstituts, und sie verfehlte ihre Wirkung nicht. Zahlreiche Konzilsväter und Konzilstheologen nahmen daran teil, und die klugen Antworten des Doktoranden überzeugten sie. Ein erster Widerstand gegen die neuen exegetischen Methoden war gebrochen.

In der Konstitution über die göttliche Offenbarung ging es jedoch um mehr als um einen Methodenstreit. Es galt, die etwas unfruchtbare nachtridentinische Diskussion über Schrift und Tradition, über eine oder zwei «Quellen der Offenbarung» hinter sich zu lassen und festzuhalten, dass die «göttliche Offenbarung» nicht in erster Linie als Übermittlung einer Botschaft zu verstehen ist. Sie ist vielmehr eine Heilsgeschichte, eine Geschichte Gottes mit der Menschheit, in deren Mitte die Person und die «Worte und Taten» Jesu Christi stehen. Diese heilsgeschichtliche Sichtweise, wohl auch von Oskar Cullmann beeinflusst, findet sich auch in den anderen Konzilsdokumenten, am ausdrücklichsten in der Pastoralkonstitution über die Kirche in der Welt von heute, *Gaudium et spes*.

Diese erst am Vorabend des Konzilsabschlusses, am 7. Dezember 1965, verabschiedete Konstitution ist das neuartigste der grossen Konzilsdokumente. Es war bei der Vorbereitung für das Konzil überhaupt nicht vorgesehen und wurde erst auf Drängen einiger Konzilsväter als «Schema 17» (Schema ist ein für die Diskussion vorbereiteter Text) an die anderen Schemata angehängt. Die Erarbeitung des Textes verlief recht mühsam. Neun Entwürfe waren notwendig, bis ein für die Konzilsväter annehmbarer Text entstand. An der Erarbeitung dieses Textes war ein junger polnischer Bischof namens Karol Wojtyła nicht unwesentlich beteiligt. Als Johannes Paul II. zitierte er dann *Gaudium et spes* weitaus häufiger als alle anderen Konzilsdokumente.

Was war das Neue an diesem Dokument? Als Pastoralkonstitution befasst es sich mit einer Reihe von Problemen, die sich in unserer rasch sich wandelnden Welt den Menschen und der Kirche stellen. Damit ist zweierlei gesagt: Zum einen mussten sich die Konzilsväter daran gewöhnen, dass die Kirche und ihr Lehramt es nicht nur mit zeitlosen, ewigen Wahrheiten zu tun hat, sondern auch mit rasch sich wandelnden Zeitproblemen. In diesem Zusammenhang steht in der Konstitution ein Satz, den ich als Philosoph für die vielleicht erstaunlichste Konzilsaussage halte. Erschreckt über so viele sich verändernde Verhältnisse, betonte in der Schlussdiskussion eine Gruppe von Konzilsvätern, es gebe doch auch vieles, was keinem Wandel unterworfen sei; es gebe doch auch die unabänderlichen Wahrheiten. Daraufhin fügte die zuständige Kommission den folgenden Passus in den Text ein, der am Tag darauf in einer Sonderabstimmung angenommen wurde: «Die Kirche bekennt überdies, dass allen Wandlungen vieles Unwandelbare zugrunde liegt, was seinen letzten Grund in Christus hat, der derselbe ist gestern, heute und in Ewigkeit» (GS Nr. 10). Damit war beides gerettet, sowohl der Hinweis auf das Unwandelbare in der Welt wie auch die streng christozentrische Gedankenführung, die den ganzen ersten Teil der Pastoralkonstitution kennzeichnet. Für mich als Philosoph besagt dieser Satz, dass das Konzil selbst die unabänderlichen philosophischen Prinzipien und die mathematischen Wahrheiten heilsgeschichtlich in Jesus Christus begründet sieht, eine Wende im Denken der Menschheit. Die Enzyklika *Fides et ratio* hat sie sich dann, vielleicht etwas zaghaft, zu eigen gemacht.

Noch vor Christus steht in diesem letzten Konzilsdokument jedoch der Mensch im Mittelpunkt. Die Kirche sorgt sich um sein persönliches und gesellschaftliches Wohlergehen, und ihr obliegt deshalb «allzeit die Pflicht, nach den Zeichen der Zeit zu forschen und sie im Licht des Evangeliums zu deuten» (SC Nr. 4). Dieses «Licht des Evangeliums» meint, dass das Konzil das Wesen des Menschen und sein gegenwärtiges Geschick im Licht Jesu Christi verstehen und in diesem Licht hilfreiche Antworten geben will: «Im Licht Christi also, des Bildes des unsichtbaren Gottes, des Erstgeborenen vor aller Schöpfung (Kol 1,15), will das Konzil alle Menschen ansprechen, um das Geheimnis des Menschen zu erhellen und dabei mitzuwirken, dass für die dringlichsten Fragen unserer Zeit eine Lösung gefunden wird» (SC Nr. 10).

Als dringlichste Fragen werden in einem zweiten Teil aufgezählt und behandelt: die «Förderung der Würde der Ehe und der Familie; die richtige Förderung des kulturellen Fortschritts; das Wirtschaftsleben; das Leben der politischen Gemeinschaft; die Förderung des Friedens und der Aufbau der Völkergemeinschaft». Im ersten Teil dagegen hatte das Konzil im Lichte Christi die «Würde der menschlichen Person», die «menschliche Gemeinschaft» und das «menschliche Schaffen in der Welt» zu erhellen gesucht. Deutlicher als in den anderen Konzilstexten kommt so in *Gaudium et spes* die anthropologische Wende in der Theologie zum Ausdruck, wie sie in den Jahren vor dem Konzil namentlich von Karl Rahner verkündet worden war. Sie wollte eine Ergänzung zur traditionellen Theologie sein und eine neue Akzentsetzung, indem sie in den wichtigsten theologischen Aussagen ausdrücklich auf den Menschen Bezug nimmt.

Das Konzil hat dann aufgezeigt und kommt damit einem Anliegen Karl Barths nahe, dass eine anthropologische Wende theologisch nur in einer ausgeprägten Christozentrik denkbar ist. Denn für diese Wende ist die Einsicht in grundlegend, dass der Mensch von Gott von Anfang an auf Gottes Selbstoffenbarung in Jesus Christus ausgerichtet wurde. Kraft dieser Ausrichtung, die jeden Menschen betrifft, gelten die theologisch-christologischen Aussagen für alle Menschen und für jeden einzelnen Menschen. «Der Sohn Gottes hat sich in seiner Menschwerdung gewissermassen mit jedem Menschen vereinigt», diesen Satz aus *Gaudium et spes* (Nr. 22), den er wahrscheinlich selbst formuliert hat, hat Papst Johannes Paul II. immer wieder hervorgehoben. Nicht wenige Konzilstexte wenden sich deshalb ausdrücklich «an alle Menschen guten Willens», und gerade die wesentlich neuen Texte des Konzils, *Gaudium et spes* sowie die Erklärungen über die Religionsfreiheit und über die nichtchristlichen Religionen, betreffen vor allem auch jene Menschen, die nicht zur katholischen Kirche und zur Gemeinschaft der Christen gehören.

In diesen Texten findet die unausgesprochene Grundüberzeugung des II. Vatikanums ihren deutlichsten Ausdruck: der Glaube an den alle Menschen umfassenden allgemeinen Heilswillen Gottes. Dass es diesen Glauben deutlich kundgetan hat, ohne ihn formell zu definieren, ist vielleicht das Neueste am Konzil. Noch nie zuvor war der allgemeine Heilswille Gottes, der keinen Menschen ausschliesst, so sehr zum tragenden Grundgedanken kirchlicher Aussagen geworden wie hier. Es ist nicht von ungefähr, dass sich der Widerstand gegen das Konzil in erster Linie gegen diesen allgemeinen Heilswillen Gottes gerichtet hat – am ausdrücklichsten im nachkonziliaren Schisma Erzbischof Lefebvres und oft verkappt hinter dem Widerstand gegen gewisse liturgische Formeln oder gegen eine ökumenische Öffnung.

Unerwartet neue Texte

Nach den vier Hauptdokumenten des Konzils sind nun noch, etwas kürzer, drei der kleineren Konzilsdokumente zu betrachten. Sie waren so neu und unerwartet, dass sie schon während der Konzilszeit und in der Öffentlichkeit besondere Beachtung fanden, eine Beachtung, die bis heute anhält, ja sich noch verstärkt. Sie bleiben aber auch bis heute nicht unumstritten. Die Reihenfolge ihrer Veröffentlichung kann zugleich ihre Bedeutung kennzeichnen.

1. Das wichtigste ist das Dekret über den Ökumenismus, *Unitatis redintegratio*. Es wurde schon am Ende der dritten Sitzungsperiode, am 21. November 1964, verabschiedet, zusammen mit der Kirchenkonstitution und mit einem Dekret über die katholischen Ostkirchen, *Orientalium Ecclesiarum*. Die drei Texte gehören eng zusammen; schon die Kirchenkonstitution spricht anerkennend von den nichtkatholischen Christen und übrigens auch von den Juden (LG Nr. 15), während die katholischen Ostkirchen sozusagen eine Brücke zur Orthodoxie hin bilden sollen. Sie zeigen, dass auch das Katholische-Kirche-Sein auf recht verschiedene Weise gelebt werden kann. Als Dekrete geben sowohl *Orientalium Ecclesiarum* wie *Unitatis redintegratio* verbindliche Weisungen für die kirchliche Praxis.

Ein Text über den Ökumenismus war bei der Vorbereitung des Konzils von Anfang an vorgesehen und wurde zügig ausgearbeitet. Die Förderung der Einheit der Christen war ein Grundanliegen sowohl Johannes' XXIII. wie Pauls VI. Als Päpste konnten sie zwar kein eigentlich ökumenisches Konzil einberufen, an dem Vertreter aller christlichen Kirchen gleichberechtigt teilgenommen hätten; doch sie richteten stattdessen eine Einladung an alle nichtkatholischen Kirchen, Beobachter zum Konzil zu entsenden. Dieser Einladung wurde grosszügig Folge geleistet.

Schon am 5. Juni 1960 war zudem für die Einladungen und für die Betreuung der Beobachter während des Konzils das Sekretariat für die Einheit der Christen gegründet und der Leitung von Kardinal Augustin Bea anvertraut worden. Ihm standen mit dem späteren Kardinal Johannes Willebrands und P. Pierre Duprey von den Weissen Vätern zwei erfahrene Ökumeniker zur Seite. Die eingeladenen Beobachter nahmen dann, wie schon erwähnt, beratend an der Erarbeitung einzelner Konzilstexte teil und konnten wichtige Umformulierungen vorschlagen.

Das Dekret über den Ökumenismus ist somit nur die Spitze des Eisbergs aller ökumenischen Bemühungen des Konzils. In nicht wenigen andern Konzilstexten spürt man eine Rücksichtnahme auf die nichtkatholischen christlichen Kirchen und Gemeinschaften. So war es nur logisch und symbolisch zugleich, dass am feierlichen Schlussgottesdienst der letzten Session des Konzils, am 7. Dezember 1965, ein Sondergesandter des Patriarchs Athanasios von Konstantinopel teilnahm und die wechselseitige Exkommunikation zwischen Rom und Byzanz aufgehoben wurde. Diese ökumenischen Bemühungen des Konzils waren zwar für manche Bischöfe und für viele Gläubige, namentlich aus den romanischen Ländern, recht neu und unerwartet, vor allem angesichts der bis dahin zurückhaltenden Haltung der Päpste gegenüber der nichtkatholischen «ökumenischen Bewegung». Doch auch dieses Neue war von langer Hand und recht umfassend vorbereitet. Hier wäre die deutsche Bewegung «Una Sancta» zu erwähnen und die beiden Zeitschriften *Catholica* des Paderborner Instituts für Ökumene und *Irénikon* des belgischen Klosters Chevetogne sowie die vielleicht noch einflussreicheren Bände der von Yves Congar betreuten Reihe *Unam sanctam.*

2. Einen Monat vor Abschluss des Konzils, am 28. Oktober 1965, konnte dann zusammen mit mehreren andern Texten auch eine Erklärung über das Verhältnis der Kirche zu den nichtchristlichen Religionen, *Nostra aetate,* verabschiedet werden. Auch dieser kürzeste aller Konzilstexte war etwas völlig Neues und hatte eine bewegte Vorgeschichte. Ich selbst war, auch nach unserem recht

fortschrittlichen Theologiestudium in Belgien, auf eine solche Konzilserklärung kaum vorbereitet. Der ganze Fragenkomplex gehöre, so hätten wir damals gesagt, bestenfalls in die Missionswissenschaft. Als Bestandteil der Lehre eines Konzils hätten wir ihn kaum gesehen. Das Konzil gab dann auch nur eine «Erklärung» ab, d. h. es äusserte seine Meinung in dieser Frage, ohne sie zu einem ausdrücklichen Lehrinhalt oder zu einer verbindlichen praktischen Norm zu erheben. Als Äusserung des gesamten Bischofskollegiums zusammen mit dem Papst haben diese «Erklärungen» aber dennoch erhebliches Gewicht.

Tatsächlich war die Erklärung *Nostra aetate* ursprünglich nicht so geplant, wie sie dann verabschiedet wurde. Auf ausdrücklichen
Wunsch des Papstes und angeregt von dem jüdischen «Ökumeniker» Jules Issac sollte das Konzil etwas über das Verhältnis der Kirche zum Judentum sagen. Ein mit Hilfe von Prälat Johannes Oesterreicher vorbereiteter Text wurde dann hin und her geschoben, von einem Konzilsdokument ins andere. Die Presse verfolgte alles, was mit diesem Text geschah, mit Argusaugen; die Stellung der Kirche zum Judentum war angesichts eines fast traditionellen kirchlichen Antisemitismus nicht nur innerkirchlich, sondern auch politisch höchst sensibel. Um die Spannung zu entschärfen, baute man den Text über das Judentum schliesslich in eine Erklärung über alle nichtchristlichen Religionen ein. Genannt wurden jetzt der Hinduismus und der Buddhismus und etwas ausführlicher der Islam, um dann relativ eingehend die Verbundenheit der Christen mit den Juden zu bezeugen und diese von einer kollektiven Schuld am Tod Christi freizusprechen. Im Blick auf die Entwicklungen in den letzten Jahrzehnten muss dieses in seiner Kürze zweifellos unvollkommene Dokument dennoch als prophetisch bezeichnet werden.

3. Als Letztes, aber keineswegs Unbedeutendes muss die Erklärung über die Religionsfreiheit, *Dignitatis humanae* erwähnt werden. Nach langem Hin und Her konnte sie erst in der Schlusssitzung am 7. Dezember veröffentlicht werden. Den Weg dazu hatte ihr die Erklärung über die nichtchristlichen Religionen gebahnt.

Dignitatis humanae ist das Konzilsdokument, das am weitesten in die politische Welt ausgreift, und es klang auch gegenüber dem, was in den katholischen Schulen traditionellerweise gelehrt wurde, am ungewohntesten. Angesichts des militanten Atheismus im kommunistischen Osten war die Thematik zweifellos dringlich, aber eben deshalb auch umso heikler. Und da es in eklatantem Widerspruch zur bisherigen Lehre und Praxis der Kirche zu stehen schien, konnte es schliesslich nur dank dem direkten Eingreifen des Papstes gerettet werden. Er beauftragte den neu ernannten Schweizer Kardinal Charles Journet, einen getreuen Thomisten, mit der Verteidigung des Dokuments. Bis dahin hatte man fast allgemein gelehrt, nur in mehrheitlich nichtkatholischen Staaten sei zugunsten der Katholiken Religionsfreiheit zu fordern, in einheitlich katholischen Staaten dagegen habe der Katholizismus als Staatsreligion zu gelten; denn «nur die Wahrheit habe ein Recht, der Irrtum dagegen keines» – eine Aussage, die gelegentlich auch heute noch zu hören ist.

Der vom amerikanischen Jesuiten John Curtney Murray vorbereitete Entwurf umschiffte diese Klippe, indem er durch einen Untertitel seine Sichtweise verdeutlichte, aber auch einschränkte: «Das Recht der Person und der Gemeinschaften auf gesellschaftliche und bürgerliche Freiheit in religiösen Dingen». Das Konzil wollte somit die Gewissensfreiheit jeder menschlichen Person verteidigen, welcher Religion sie auch angehört, und ungeachtet der Frage eines möglichen irrigen Gewissens. Damit stellte es keine grundsätzlich neue theologisch-politische Doktrin über die Religionsfreiheit auf. Es fordert nur von jedem Staat, welcher Art und Bevölkerungsstruktur er auch sei, uneingeschränkte Freiheit für jedes persönliche Gewissen und seine Religionsausübung. Allein zur Bewahrung der «öffentlichen Ordnung» kann ein Staat gegebenenfalls zum Einschreiten gegen religiöse Missbräuche berechtigt sein. Das Problem der Religionsfreiheit war von der Ebene politischer Ordnungsvorstellungen auf die Ebene der Gewissensfreiheit und damit der Menschenrechte verschoben. Auf dieser Ebene fordert die Kirche auch heute wieder und wieder uneingeschränkte Freiheit der Religionsausübung.

Was da gefordert wurde, war jedoch weder unproblematisch noch leicht erfüllbar. Zum einen musste das Konzil anerkennen, dass die Kirche in ihrer Geschichte dieser ihrer eigenen Forderung nicht immer nachgekommen ist. Es tat dies vorsichtig zurückhaltend: «Gewiss ist bisweilen im Leben des Volkes Gottes auf seiner Pilgerfahrt, im Wechsel der menschlichen Geschichte, eine Weise des Handelns vorgekommen, die dem Geist des Evangeliums wenig entsprechend, ja sogar entgegengesetzt war; aber die Lehre der Kirche, dass niemand zum Glauben gezwungen werden darf, hat dennoch die Zeiten überdauert» (DH Nr. 12). Zum andern aber verhallte die Forderung des Konzils an die Staaten begreiflicherweise weitgehend ungehört, und sie ist auch heute noch lange nicht überall erfüllt. Damals scheiterte das Konzil an der Mauer der kommunistischen Staaten; heute gibt es vor allem in mehrheitlich islamischen Staaten Probleme.

Der Hinweis auf die drei aufsehenerregendsten Neuheiten in den Konzilstexten, dem Ja zum Ökumenismus, zum Wert der nichtchristlichen Religionen und zur Religionsfreiheit, führt uns zum Schluss. Die Gefahr besteht, vor lauter Bäumen den Wald nicht mehr zu sehen.

Und doch ist der Wald relativ leicht auszumachen. Das Konzil hat in der Kirche ein doppeltes Bewusstsein geweckt, bei den kirchlich Verantwortlichen so gut wie bei den Gläubigen. Es war einerseits das Bewusstsein, das in der Kirche nicht alles unabänderlich sein muss, dass es in einer rasch sich verändernden Welt Veränderungen und Anpassungen, eben ein «aggiornamento» geben kann und muss. Dieses Bewusstsein drückt sich schon darin aus, dass hier nach dem Neuen im Konzil gefragt wurde.

Die andere und theologisch gesehen wichtigere Bewusstseinsänderung war die Öffnung der katholischen Kirche auf vielfältige andere Wirklichkeiten hin, mit denen sie sich doch innerlich verbunden weiss: auf ein «Volk Gottes», das auch dem kirchlichen Alltagsleben eher fernstehende Laien umfasst, auf andere christliche Kirchen, auf das Judentum und auf den Islam, aber auch auf die anderen nichtchristlichen und nicht abrahamitischen Religionen, schliesslich und vor allem auf die sogenannte weltliche

Welt mit ihren Werten und Problemen, in der die Kirche nicht nur lebt, sondern mit der sie sich auch solidarisch verbunden weiss. Es ist das, was Hans Urs von Balthasar schon 1952 mit seiner Programmschrift *Schleifung der Bastionen* vorhergesehen und gefordert hatte: die Kirche nicht mehr als «eine feste Burg» zu sehen, sondern als ein nach vielen Seiten hin offenes Boulevard. So und erst so ist sie wirklich katholisch.

Nun kommt zum Schluss auch noch das Aber. Das Konzilsereignis und die Konzilstexte sind das Eine, und die Konzilsrezeption ist etwas anderes. Bei allem guten Willen wird man nicht sagen können, dass die Rezeption des Konzils problemlos vor sich ging. Der weniger als drei Jahre nach Konzilsschluss stattfindende gesellschaftliche und kulturelle Umbruch der 68er-Revolution wurde auch der Konzilsrezeption zum Schicksal. Er hat den Blick auf das Konzil tiefer beeinflusst als die verschiedene konfessionelle Blickrichtung auf das Konzil. In diesem Sinne wäre es aufschlussreich nachzuforschen und aufzuzeigen, wie die Konzilsrezeption in der Schweiz verlaufen ist und wie sie vielleicht in Zukunft verlaufen könnte oder sollte. Das kann leider hier nicht mehr geschehen. Stattdessen soll hier noch ein kurzer Blick auf die Umwelt des Konzils und der Nachkonzilszeit geworfen werden, auf das lebendige kirchliche Rom, so wie ich es bis in die neunziger Jahre hinein erlebt habe.

4. Das andere Rom

«Rom» hat für viele Schweizer Ohren keinen guten Klang. Es gilt als Quelle unverständlicher Verordnungen und unhaltbarer Verbote. Man schiebt ihm die Schuld zu für alles, was in der Kirche schiefgeht. Dennoch sind Romreisen ein begehrtes Erlebnis. Dem Zauber dieser Stadt und ihrer Kunstdenkmäler kann sich niemand entziehen – trotz Verkehrschaos und Taschendieben.

In den sechsunddreissig Jahren, die ich dort verbrachte, habe ich Rom von zwei ganz anderen Seiten kennengelernt. Wohl wurden mir mit der Zeit die Kunstschätze Roms und seine geschichtsträchtigen Strassenzüge mehr und mehr vertraut, wohl konnte ich den einen oder anderen Einblick in die Kirchenleitung gewinnen. Aber das erlebte Rom war ein anderes.

Tag für Tag war ich mit der Studentenschaft der kirchlichen Universitäten zusammen. Sie war so unbeschwert problematisch wie überall und so international wie sonst nirgends. An unserer Universität waren gegen hundert Nationen vertreten, und in einer Seminargruppe von etwa zwanzig Personen trafen normalerweise Vertreter aus vier oder fünf Kontinenten zusammen. Das war das Erstaunlichste und das Wichtigste an einem Studium in Rom: die Freundschaften über alle Kontinente, Sprachen und Kulturen hinweg, die dann oft lebenslang andauerten.

Nach dem Konzilsende verzeichneten wir zuerst einen Rückgang der Studentenzahlen (es waren die bewegten 68er-Jahre); dann aber begannen sie beharrlich zu wachsen, nicht nur wegen der erstmals zugelassenen Studentinnen. Heute platzen unsere Fakultäten und die Kollegien, in denen die Priesterstudenten wohnen, aus allen Nähten. Allein für die Diözese Rom werden jetzt jährlich zehnmal so viele Neupriester geweiht wie vor dreissig Jahren.

Woher dieses Anwachsen? Es ist einem anderen Aspekt Roms zu danken, zweifellos dem entscheidenden. Der Glaube lebt, und dieses Leben sucht mannigfaltigen Ausdruck. Äusserlich ist Rom eine Grossstadt wie jede andere, ebenso säkularisiert und vielleicht noch etwas problembeladener (Zuwanderung, Wohnungsnot, Kriminalität, Drogen ...). Aber in diesem Gewirr leben Pfarreien: keine wohlorganisierten Seelsorgeinstitutionen, aber das oft einzige Lebens- und Begegnungszentrum des Quartiers. Die Jugend trifft sich im Hof der Pfarrei und spielt Fussball. Vielerlei Initiativen entfalten sich, fast alle von Freiwilligen getragen, nicht zuletzt die Katechese. Auf diesem Untergrund spriesst das andere auf: die kirchlichen Bewegungen und manche neugegründeten kirchlichen Gemeinschaften. Fast Jahr für Jahr hatten wir neue Gemeinschaften in das Verzeichnis unserer Studierenden aufzunehmen. Die zahlreichen kirchlichen Berufe sind ist in erster Linie den Bewegungen und den neuen Gemeinschaften zu danken.

Zwar sind nur wenige dieser Bewegungen und Neugründungen in Rom selbst entstanden. Aber sie fassten meist schnell in Rom Fuss und fanden dort guten Nährboden. Die Kirchenleitung sah erst kritisch und dann wohlwollend zu und förderte das, was sie nicht geschaffen hatte. Den ersten energischen Anstoss zur Neuerweckung des römischen Pfarreilebens gab allerdings Papst Pius XII., indem er in den entstehenden neuen Quartieren in den Randzonen der Stadt neue Pfarreien errichtete und jeweils einer Ordensgemeinschaft anvertraute. So wurden auch die Jesuiten mit der Seelsorge in drei neuen Pfarreien betraut. An Priestern fehlte es in Rom nie, vor allem seit die Päpste darauf drängten, dass auch die priesterlichen Mitarbeiter der Kirchenleitung zumindest an den Wochenenden in der Pfarrseelsorge mitarbeiten sollen. Als Nebeneffekt verknüpft sich so die Kirchenleitung mit dem Kirchenleben.

Eigentlich war es in Rom schon immer so. Neben der offiziellen Kirche, in ihren Prälatengewändern weithin sichtbar, aber nicht immer sehr erbaulich, regte sich in Rom im Untergrund stets viel gläubiges Leben. Sichtbar wurde dieses durch den in Rom nie versiegenden Glanz der Heiligkeit. Ist es ein Zufall, dass man in der Innenstadt von Rom fast in jeder Kirche auf ein oder mehrere Gräber von Heiligen stösst, die in den verschiedensten Jahrhunderten hier lebten? Das ist die Kirche: Der Heilige Geist lässt sie von unten her wachsen; die Hierarchie gibt, manchmal zögernd, ihren Segen dazu. Darum ist das, was im «andern» Rom geschieht, ein Hoffnungszeichen.

II. BEGEGNUNGEN MIT MENSCHEN DER KIRCHE

In meinem langen Leben durfte ich vielen Menschen begegnen, die je auf ihre Art das Leben der Kirche geprägt haben und es mir nahebrachten. Die folgenden kurzen, mehr anekdotischen als biografischen Würdigungen möchten meine Dankbarkeit für einige dieser Menschen bezeugen.

Neben den nachstehend Genannten bin ich natürlich noch vielen anderen Menschen begegnet, bei denen ich Kirche erleben durfte: Meinen Eltern, Vater und Mutter, beide ausgeprägte Persönlichkeiten, meinen Lehrern in der Ordensausbildung und vielen anderen, die für mein kirchliches Werden wichtig waren: Pfarrer Matthias Theissen, Pfarrer Emil Gutmann, P. Josef Stierli, P. Antoine Delchard, P. Franz von Tattenbach, P. Engelbert Kirschbaum, P. Johannes Schasching. Einem, der mir besonders wichtig war, habe ich ein ganzes Buch gewidmet: Hans Urs von Balthasar.

1. P. Richard Gutzwiller SJ

Der erste Jesuit, ja der erste Priester überhaupt, den ich kennenlernte, war P. Richard Gutzwiller. Schon bevor ich in die Schule ging, nahmen meine Eltern mich jeweils mit in die Elf-Uhr-Messe in der Liebfrauenkirche. Ich sass zwischen ihnen unter der berühmten Kanzel (die ich Jahrzehnte später auch besteigen durfte) und hörte P. Gutzwiller predigen, zweifellos ohne viel davon zu verstehen. Viele Jahre später durfte ich mich beim gleichen P. Gutzwiller, dem Superior der damaligen «Missio Helvetica» zum Eintritt in den Jesuitenorden melden, und nochmals Jahre später bat ich ihn, mir die Primizpredigt zu halten. Leider verstarb er kurz vorher. Die nachfolgende kurze Würdigung verfasste ich zu seinem vierzigsten Todestag 1998.

«Eine markante Gestalt des Zürcher Katholizismus», so wird P. Richard Gutzwiller in der *Helvetia Sacra* vorgestellt. Tatsächlich hat dieser Basler Jesuit während seines dreissigjährigen Wirkens in Zürich (1928–1958) das Gesicht von katholisch Zürich entscheidend mitgeprägt. Nicht nur durch den Bau des Katholischen Akademikerhauses (Hirschengraben 86) und den Erwerb der Liegenschaft Scheideggstrasse 45 für die *Orientierung,* wodurch das Haus Auf der Mauer 13 für andere Aufgaben, heute für die Jugendseelsorge, frei wurde. Tiefer und vielleicht noch dauerhafter war die Wirkung seiner unzähligen Vorträge und Predigten, besonders in der Elf-Uhr-Messe in der Liebfrauenkirche, und durch seine regelmässigen Beiträge in der der von ihm gegründeten Wochenbeilage *Christliche Kultur* in den *Neuen Zürcher Nachrichten*. Vor allem aber war er für viele Menschen jeglichen Standes ein kluger und weitsichtiger Berater.

Pater Gutzwiller machte ganz bewusst katholische Kulturpolitik. Es war ihm ein Anliegen, dass sich die Zürcher Katholiken nicht in ein «katholisches Ghetto» zurückzogen und keine «konfessionellen Scheuklappen» anlegten. Gegenüber allen einseitigen und kämpferischen Haltungen und Stellungnahmen betonte er immer wieder «das katholische Und». So trug er auch ganz wesentlich zur Verbesserung des ökumenischen Klimas in Zürich bei. Er kannte sich in der Bibelexegese aller Richtungen bestens aus, nährte daraus seine Predigten, Exerzitien und Meditationsabende und brachte dem noch ziemlich kleinen Kreis katholischer Zürcher Studenten eine gründliche Liebe zur Heiligen Schrift (im griechischen Urtext) bei. Gegen Ende seines Lebens erhielt er deshalb in Innsbruck einen Lehrauftrag für pastorale Bibelauslegung.

Bemerkenswert ist nicht zuletzt sein Einsatz für die «geistige Landesverteidigung» während des Zweiten Weltkriegs. Vieles davon wird wohl für immer Geheimnis bleiben. Er gehört jedenfalls zum engeren Kreis der Personen, die von der «Sektion Heer und Haus», dem späteren SAD (Schweizerischer Aufklärungsdienst) regelmässig mit nicht für die Öffentlichkeit bestimmten Informationen versorgt wurden. Um Berichte und Informationen aus den besetzten Ländern und von den Schandtaten der Nazis, die die offizielle Presse nicht bringen durfte, ging es auch in den *Apologetischen Blättern,* den hektografierten Vorgängern der *Orientierung*. Die Jesuiten verfügten da an den offiziellen Kanälen vorbei über ihre eigenen Informationen. Gutzwillers Predigten waren in jener Zeit zwar weniger angriffig als jene seines streitbaren Mitbruders Mario von Galli, der deswegen mehrfach Redeverbot erhielt, aber nicht weniger eindeutig. So lag es wohl in der Familie, dass seine Schwester Hildegard, die während des Krieges Oberin der Sacré-Coeur-Schwestern in Budapest war, sich mit allen zur Verfügung stehenden Mitteln für die verfolgten Juden eingesetzt hat und deswegen als «Gerechte unter den Völkern» geehrt wurde.

Eines aber konnte Pater Gutzwiller gar nicht ertragen: ein verflachtes, bürgerliches Christentum. Mit baslerischem Sarkasmus pflegte er zu wiederholen: «Die Kirche ist keine Bedürfnisanstalt», sie ist nicht dazu da, religiöse Bedürfnisse zu befriedigen. Es ist zu hoffen, dass etwas von seinem verhaltenen Feuer in unserer Zürcher Kirche lebendig bleibt.

2. Der Privatsekretär Papst Pius' XII., P. Robert Leiber SJ

Als junger Pater hatte ich das Glück, nach dem Tod Pius' XII. sechs Jahre lang mit seinem Privatsekretär, P. Robert Leiber SJ, in enger Hausgemeinschaft zusammenzuleben. P. Leiber war ein unscheinbares, bescheidenes Männlein; keiner hätte ihm angemerkt, dass er jahrzehntelang die Geschicke der Weltkirche, insbesondere der Kirche in Deutschland, mitgetragen hatte, unter anderem als Verbindungsmann zwischen der deutschen Widerstandsbewegung und den Alliierten.

P. Leiber war und blieb Kirchengeschichtler; er gab seine Vorlesung an der Kirchengeschichtlichen Fakultät der Päpstlichen Universität Gegoriana auch als Privatsekretär des Papstes nie auf, und er blieb auch ganz bewusst an der Universität wohnen. Zwei Anekdoten können ihn als Historiker kennzeichnen. Bei einem Abendessen in Berlin sei Nuntius Eugenio Pacelli neben Adolf von Harnack zu sitzen gekommen. Im Gespräch habe Pacelli den Professor gefragt: «Wieviel von dem, was die Historiker herausfinden, entspricht Ihrer Meinung nach den geschichtlichen Tatsachen?» Harnack habe geantwortet: «Ich würde meinen, etwa die Hälfte», und Pacelli darauf: «Ich würde nicht so hoch gehen.»

Jahrzehnte später nahm P. Leiber in Deutschland an einem Forschungsseminar über die Machtergreifung teil. Als er zurückkam, berichtete er uns: «Es war hochinteressant. Es gab zwei Versionen über die Ereignisse; die eine wurde übereinstimmend von allen seinerzeit Mitbeteiligten geteilt, über alle damaligen Parteigrenzen hinweg; die andere war die Version der Zeithistoriker.» Diese Feststellung sagte mir, dass der Historiker zugleich weniger und manchmal auch mehr weiss über ein Ereignis als die daran Beteiligten. Vor allem wird es ihm schwer sein, sich in ihre damalige Lage und in ihr damaliges Wissen zu versetzen.

Schon als junger Pater hatte P. Leiber die ihm übertragene Lebensaufgabe aufgeben müssen, Ludwig von Pastors *Geschichte der Päpste* zu Ende zu schreiben. Der damalige Nuntius in Deutschland, Eugenio Pacelli, berief ihn zu seinem Privatsekretär. Von da an lebte Leiber jahrzehntelang ein verborgenes Leben als treuer, diskreter, aber durchaus nicht unkritischer Diener seines oft nicht leichten Herrn. Ich kenne niemand anderen, der sich ein Leben lang so selbstvergessen für die Kirche und das Papsttum aufgeopfert hätte – ohne dabei je die Geduld noch den Humor zu verlieren. Tag für Tag fuhr Leiber – trotz seinem Asthma – im immer überfüllten 64er-Bus von der Gregoriana zum Vatikan. Er lehnte es stets ab, mit einem Dienstwagen abgeholt zu werden. «Es ist die letzte Freiheit, die ich mir behalten habe», meinte er.

Dreimal habe er dem Papst etwas gesagt, was dieser nicht hören wollte, und dabei gezittert, ob er am nächsten Tag noch in den Vatikan gerufen werde. Positiv meldete er, Pius XII. habe öfters betont: «Die letzten Jahre des Pontifikats Leos XIII. dürfen sich nicht wiederholen» (Papst Leo war in jenen Jahren aus Altersschwäche regierungsunfähig), und der Papst sei nach mehreren Krankheiten und Schwächeanfällen genau da gestorben, als sich eine solche Wiederholung abzuzeichnen begann.

Ein andermal, nachdem P. Leiber einer angeregten Diskussion über das Fegefeuer zugehört hatte, seufzte er: «Ich freu mich halt aufs Fegefeuer; da ist man wenigstens a pari.» Und wenn die Rede auf eine mögliche Heiligsprechung Pius' XII. kam, meinte Leiber: «Pius XII. war kein Heiliger, aber er war ein guter Christ», und fügte als Kenner der Papstgeschichte augenzwinkernd hinzu:
«und das ist nicht wenig für einen Papst!» Mir war schon lange klar: Wenn einer von beiden die Heiligsprechung verdient hat, dann war es der Privatsekretär.

3. P. Karl Rahner, Theologe und Seelsorger

Ich habe Karl Rahner am 31. Oktober 1950 kennengelernt. Am Vorabend der Dogmatisierung der Aufnahme Marias in den Himmel hielt er uns Jesuitenstudenten einen Vortrag über dieses neue Dogma. Er wusste es in einer Weise zu deuten, die dem modernen kosmologischen und anthropologischen Verständnis entgegenkam und die uns zugleich den Sinn dieses scheinbar weltfremden Dogmas für unser heutiges Leben aufzeigte. Das war die Stärke und das Anliegen der Theologie Karl Rahners: die traditionelle katholische Lehre (in ihrer neuscholastischen Ausprägung) dem Verständnis der heutigen Menschen nahezubringen und den Sinn aufzuschliessen, den sie für diese Menschen haben kann. Daher die vielzitierte «anthropologische Wende» in der Theologie Rahners; daher seine Betonung der Bedeutung des Symbols, namentlich in einem frühen Aufsatz über die Herz-Jesu-Verehrung, den er für ein Symposium in Bad Schönbrunn schrieb. Ich habe in dieser Richtung von den frühen theologischen Arbeiten Karl Rahners (die ich für seine besten halte) viel gelernt; in ihnen zeigt sich immer wieder die umfassende Kenntnis der Theologie- und Dogmengeschichte, über die Rahner verfügte.

In der Konzilszeit durfte ich dann im Collegium Germanicum et Hungaricum mit P. Rahner und Kardinal Döpfner zusammenwohnen. Wie viel Karl Rahner in das Konzil eingebracht hat oder auch Schlimmeres verhinderte – nicht nur durch seine Stellungnahmen in der Theologischen Kommission, sondern auch durch ungezählte private Gutachten für die Konzilsväter –, das lässt sich nicht einmal den Akten des Konzils entnehmen. Wir Mitbewohner im Germanicum hatten die Freude, seinen regelmässigen «Kolloquien» (Diskussionsabenden) beizuwohnen, die er nebenbei für die Germaniker hielt. Da begann er auf eine ihm gestellte Fragen auf und ab gehend freihands zu theologisieren. Dabei erlebten wir beispielsweise die Geburtsstunde des Begriffs der «transzendentalen Offenbarung», mit dem er (in Weiterführung seines Ansatzes in *Hörer des Wortes*) die Frage nach dem Heil aller Menschen, die nie von Christus gehört haben, zu lösen versuchte. Auch da war es der Seelsorger, der das Denken des Theologen anspornte.

Wenn im Spätwerk Rahners (etwa vom *Grundkurs des Glaubens* an) gelegentlich die Spekulation die Oberhand zu gewinnen scheint (wobei man mit dieser Spekulation durchaus nicht immer einverstanden sein muss), darf man nie vergessen, dass hinter allen Spekulationen das gleiche seelsorgliche Anliegen steht: den Menschen von heute den Glauben verständlich zu machen und nahezubringen.

Seelsorger war Karl Rahner aus tiefstem Herzen – nicht nur bei seiner Seelsorgetätigkeit während der Kriegszeit in Wien und in seinen ungezählten Predigten in Innsbruck und anderswo. Dazu war er auch ein tieffrommer, einfacher, betender Mensch, der aus der Spiritualität seines Ordensvaters Ignatius von Loyola lebte. Um in das Verständnis seines Denkens einzusteigen, würde ich deshalb in erster Linie die Lektüre seiner (posthum veröffentlichten) Predigten empfehlen, etwa das *Kleine Kirchenjahr* und sodann seine Gebete: *Worte ins Schweigen* und die zusammen mit seinem Bruder Hugo verfassten *Gebete der Einkehr*.

4. Chiara Lubich, ein Geschenk Gottes für die Kirche

Das Charisma Chiara Lubichs war ein grosses Geschenk Gottes für die katholische Kirche der Nachkriegszeit und ist es bis heute. Mitte der fünfziger Jahre lernte ich in Rom die Fokolare vom Hörensagen kennen. Das sei eine neue Laienbewegung, die vielfach beargwöhnt (es war ja ursprünglich nur eine Gruppe von jungen Frauen), aber vom Papst gestützt wurde. Den Fokolarine, hiess es, gelinge sogar die Bekehrung führender Kommunisten, indem sie diese an ihrem liebenden Gemeinschaftsleben teilnehmen liessen. Im Collegium Germanicum et Hungaricum, wo ich wohnte, schlossen sich einige Studenten der Spiritualität des Fokolars an, unter ihnen der früh verstorbene Toni Weber.

Chiara Lubich persönlich lernte ich erst als Weihbischof näher kennen, und ich vertiefte mich in ihre reiche und tiefgründige Spiritualität. Chiara war eine beeindruckende Frau, spontan, herzlich und bei all ihrer weltweiten Ausstrahlung einfach und bescheiden. Es waren die Jahre, da sie realisierte, dass die ihr geschenkten Gnaden nicht nur für sie selbst und einen kleinen Kreis von Vertrauten bestimmt waren, sondern für die ganze Kirche und weit darüber hinaus. Ihre Mystik des gottverlassenen Christus am Kreuz, durch den hindurch der liebende Vater sichtbar wird, enthält in unserer immer gottferneren Welt eine entscheidende Botschaft für die Kirche. Diesem Gnadengeschenk Gottes wollte sie durch die Veröffentlichung ihrer geistlichen Schriften Nachhall verschaffen – und durch eine eigene Studiengruppe, die ihre Erfahrung theologisch auswerten soll. Es ist zu hoffen, dass dieser Nachhall sich immer mehr ausweitet und noch lange anhält. Was Hans Urs von Balthasar und Adrienne von Speyr angestrebt hatten, aber nur in sehr beschränktem Mass verwirklichen konnten, hat Gott in überraschender Gleichzeitigkeit andernorts und auf andere Weise Wirklichkeit werden lassen.

Denn das andere, das an Chiara Lubichs Wirken in ihren letzten Lebensjahrzehnten auffällt, ist neben der Vertiefung ihrer Spiritualität auch ihre Ausbreitung über alle kulturellen, geografischen, konfessionellen und religiösen Grenzen hinweg. Ohne eine Vorkämpferin für die Frauenrechte zu sein, hat Chiara Lubich den Frauen in der heutigen Kirche einen wichtigen Platz verschafft. Man sieht mit Staunen, mit welcher Selbstverständlichkeit ihre Spiritualität in das Gebiet von Politik und Wirtschaft übergreift und wie selbstverständlich sich nicht nur Christen anderer Konfessionen und Kirchen, sondern auch Vertreter anderer Weltreligionen von ihrer Spiritualität der Einheit angesprochen fühlen. Ihre gelebte Botschaft ist offenbar eine Botschaft für die ganze Welt. Möge der gekreuzigte und auferstandene Christus dieser Dienerin des Evangeliums ihren Platz im Reich seines Vaters geben!

5. Carlo Maria Martini, Jesuit, Diener des Wortes Gottes und Kardinal

Carlo Maria Martini galt als jener Kardinal, der mutige, fortschrittliche Meinungen geäussert hat und der eine progressive Alternative zum konservativen Benedikt XVI. gewesen wäre. Ich habe ihn persönlich und aus seinen geistlichen Schriften etwas anders kennengelernt. Er war vor allem ein spiritueller Mensch, geprägt vom Wort Gottes und vom Gebet. Hellhörig für die Bedürfnisse der Menschen und für die Erfordernisse der Zeit, suchte er aus dem Gotteswort, geleitet vom Heiligen Geist, passende Antworten zu finden. In seinem letzten, autobiografisch geprägten Büchlein *Il vescovo* schreibt er: «Es gibt oft Menschen, die in der Theorie zwar genau wissen, wie die Autorität in der Kirche richtig auszuüben ist, die aber dann doch nicht regieren können. Im Sinne des Evangeliums müsste man darauf vertrauen, dass der Heilige Geist den mit Autorität Betrauten so geduldig und barmherzig anleitet, dass er in der Komplexität der jeweiligen Situation das zu erkennen vermag, was mehr zum allgemeinen Besten beiträgt und was zugleich für die betroffene Gemeinde in ihrer religiösen Entwicklung tragbar ist» (S. 46).

Aufgeregtheit und Stress waren Martini fremd. Mit seiner Bibelkenntnis und seiner Verwurzelung in der ignatianischen Spiritualität war er ein geschätzter und gesuchter Exerzitienmeister. Nur ein Jahr älter als ich, war er mir durch seinen frühen Ordenseintritt und seine ausserordentlich frühe Priesterweihe immer einen grossen Schritt voraus – ein Abstand, der sich bei aller Freundschaft nicht einholen liess.

Als Sohn einer piemontesischen Akademikerfamilie trat Carlo Maria Martini schon mit siebzehn Jahren in den Jesuitenorden ein. Das war in Italien damals nicht unüblich. Ungewöhnlich war dagegen, dass er nach einer erstaunlich kurzen Ordensausbildung mit nur fünfundzwanzig Jahren schon zum Priester geweiht wurde. Nach seiner Primiz wurde er, der begeisterte Bergsteiger, zur Ferienaushilfe in die Tessiner Täler geschickt. Dort hatte er die Gottesdienste im ambrosianischen Ritus zu feiern, was ihm später als Erzbischof von Mailand zugutekam.

Als junger Priester wurde er dann, echt jesuitisch, zunächst hin und her geschoben. Er doktorierte mit einer Arbeit über *Das geschichtliche Problem der Auferstehung Jesu in der neueren Literatur* und lehrte Fundamentaltheologie zuerst im Theologischen Studienhaus der Jesuiten in Chieri, danach an der Päpstlichen Universität Gregoriana in Rom. Dort setzte er zugleich seine Studien am Päpstlichen Bibelinstitut fort und legte 1966 eine zweite Doktorarbeit (praktisch eine Habilitationsschrift) vor über *Das Problem der Textberichtigungen im Kodex B im Licht des Papyrus Bodmer XIV*. Damit war der Einstieg in sein Fachgebiet gegeben, die neutestamentliche Textkritik. Schon bald wurde er als einziger Katholik in den Mitarbeiterstab für die Neuausgabe des griechischen Neuen Testaments berufen. Das brachte ihm intensive ökumenische Kontakte, liess aber noch nichts von seinen künftigen Tätigkeiten ahnen. Schon 1969 wurde er zum Rektor des Päpstlichen Bibelinstituts ernannt, ein Amt, das er neun Jahre innehatte.

In jenen Jahren habe ich ihn kennengelernt, zuerst in flüchtigen Begegnungen, dann vertieft, als wir ihn gegen Ende seines Rektorats einluden, einer Gruppe von Professoren unserer Universität die Jahresexerzitien zu geben. Als Thema wählte er Abraham. Martini hatte die Begabung, anhand einer biblischen Gestalt oder anhand einer neutestamentlichen Schrift durch das ignatianische *Exerzitienbuch* zu führen. Dabei wurden die biblischen Texte lebendig und lebensnah, und im *Exerzitienbuch* eröffneten sich neue Aspekte. Man spürte beides: dass er Schritt für Schritt das Thema neu erarbeitete und nicht einfach aus dem Vollen schöpfte, und dass im Hintergrund seiner Ausführungen ein betender Umgang mit dem Wort Gottes und eine reiche geistliche und menschliche Erfahrung stand. Das zeigte sich nicht zuletzt in den praktischen Hinweisen zum geistlichen Leben, die er zwischen die Ausführungen zur Geschichte Abrahams einflocht. Seine Exerzitienvorträge sind inzwischen durch zahlreiche Nachschriften weltweit bekannt geworden. Diese Bändchen, die heute in jeder katholischen Bücherei zu finden sind, habe er «weder geschrieben noch gelesen», scherzte Martini einmal. Ich habe sie fast jedes Jahr als Anregung für meine eigenen Exerzitien gebraucht.

1978 wurde Martini mit grosser Mehrheit zum Rektor der Gregoriana gewählt und ernannt. Als eine seiner ersten Amtshandlungen ernannte er mich zu seinem Bevollmächtigten für die Gründung eines Lehrstuhls für Kommunikationswissenschaft. Das gab mir freie Hand über alle Fakultäten hinweg, zeigte aber auch sein Interesse für die Medienwelt und seine Fähigkeit zu delegieren. Sein Rektorat war leider nur von kurzer Dauer. Schon nach anderthalb Jahren ernannte ihn Papst Johannes Paul II. nach einem Blitzbesuch an der Gregoriana zum Erzbischof von Mailand. Vor seiner Bischofsweihe zog sich Martini mit einem Mitbruder zu Exerzitien in das Geburtshaus des hl. Robert Bellarmin in Montepulciano zurück. Wie er, war auch Bellarmin als Rektor des Römischen Kollegs zum Erzbischof und Kardinal berufen worden. Beim Abschied von den Studierenden meinte Martini scherzhaft, der Wechsel sei eigentlich gar nicht so gross. In Mailand werde er ungefähr so viele Priester haben wie an der Universität Studierende, und so viele Weihbischöfe wie an der Universität Dekane.

Doch tatsächlich war der Übergang von Rom nach Mailand alles andere als einfach. Martini kam als Piemontese in die Lombardei, zwei Regionen, die sich so nachbarschaftlich fremd sind wie ihre Fussballklubs. Er sollte als nicht zum ambrosianischen Ritus Gehöriger das Ambrosianische Erzbistum leiten, das eifersüchtig auf seine Eigenprägung bedacht ist. Vom Professor musste er zum Seelsorger werden, und das in einem der weltgrössten Bistümer und in der grössten Stadt Italiens, die gerade in jenen Jahren von politischen Morden aufgewühlt wurde. Als Bischofsmotto wählt er deshalb ein Wort aus der Pastoralregel Gregors des Grossen: «Pro veritate adversa diligere» (Der Wahrheit zuliebe die Widerwärtigkeiten lieben).

Wie er mit den Widerwärtigkeiten zu Schlage kam, beschreibt er in seinem Büchlein *Il vescovo* so: «Mir scheint, dass man im Bischof vor allem den Diener des Gotteswortes sehen soll. Bei der Weihe wird ihm das Evangelienbuch auf das Haupt gelegt. Das ist ein schönes Zeichen; es zeigt, dass er das Evangelium in sich tragen und selbst ein lebendiges Evangelium sein muss. In allem untersteht er dem Evangelium: Sein Wort muss ein Echo auf das Evangelium sein, und alles, was er tut, eine Verwirklichung des Evangeliums» (S. 38). Eine seiner ersten und erfolgreichsten Initiativen war denn auch die «Schule des Wortes», eine geistliche Schriftauslegung, für die sich jeden ersten Donnerstagabend des Monats der Mailänder Dom mit Jugendlichen füllte. Als nächstes kam die Aussöhnung mit den marxistischen Roten Brigaden, die dem Erzbischof ihre Waffen ablieferten.

Über Martinis zweiundzwanzig Jahre als Erzbischof von Mailand kann ich nur vom Hörensagen und aus Martinis Schriften berichten; ich kenne sie nicht aus eigener Anschauung. Neben der «Schule des Wortes» sind vor allem zwei seiner Initiativen zu erwähnen. Die eine sind seine jährlichen Pastoralprogramme. Dafür verfasste er Jahr für Jahr nach ausgedehnten Konsultationen eigenhändig ein Pastoralschreiben, meist eine kleine Broschüre, die das Jahresthema vorstellte und Anregungen für seine Bearbeitung in den Pfarreien und oft auch in den Familien gab. Auch diese Programme richteten sich ganz am Wort Gottes aus. Weltweite Verbreitung fanden seine Pastoralschreiben für die Jahre 1990–1991 und 1991–1992. In Vorbereitung auf die Diözesansynode von 1993–1995 befassten sie sich mit dem Thema

Kommunikation und Medien. *Effatà. Öffne dich* hiess das erste Schreiben, das allgemein über Kommunikation handelte, dem ein zweites *Der Saum seines Gewandes. Für eine Begegnung zwischen Kirche und Massenmedien* folgte. Diese grundlegenden Schreiben wurden ergänzt durch zwei mehr praktische: *Auf Seide gehen. Die Kommunikation in der Seelsorge* und: *Reden wir vom Fernsehen in der Familie,* eine Sammlung von Briefen an verschiedene Adressaten. Die vier Bändchen gehören immer noch zum Besten, was kirchlicherseits über Medien und Kommunikation veröffentlicht wurde.

Nur scheinbar in eine andere Richtung ging 1987 die zweite wichtige Initiative, die Errichtung eines «Lehrstuhls der Ungläubigen» (Cattedra dei non Credenti). Autoren, die sich als Ungläubige oder Atheisten bezeichneten, konnten sich da zu einem aktuellen Thema äussern. In einer Abschlussvorlesung sprach Martini dann zum gleichen Thema und eröffnete so den Dialog. In die gleiche Richtung gehen seine Dialog-Bände, die nach und nach veröffentlicht wurden, am bekanntesten der Briefwechsel mit Umberto Eco: *Woran glaubt, wer nicht glaubt?* Am Ambrosiusfest 1990 erregte Martinis traditionelle «Ansprache an die Stadt» Aufsehen: *Die Mailänder und der Islam.* Martini plädierte für die Integration der Muslime und lehnte deshalb jede Sonderregelung im Sinn der Scharia ab; der moderne laikale Staat verhalte sich gegenüber den Religionen neutral.

Bei diesen Dialogen hatte Martini zweifellos die Vorbemerkung im *Exerzitienbuch* im Ohr: Man müsse «voraussetzen, dass jeder gute Christ mehr dazu bereit sein muss, die Aussage des Nächsten für glaubwürdig zu halten, als sie zu verurteilen. Vermag er sie nicht zu rechtfertigen, so forsche er nach, wie jener sie versteht; versteht jener sie aber in üblem Sinn, so verbessere er ihn mit Liebe» (Nr. 22). Weisungen, die sein Orden gegeben hatte, sind auch im Büchlein *Il vescovo* (S. 77) zu finden, bei der Aufzählung von zwölf Menschengruppen, mit denen der Bischof Kontakt halten müsse. An erster Stelle stehen da die Ungläubigen, dann folgen «die Armen, die Kranken, die Gefangenen, die Fremden …» und erst dann die Gläubigen und die Seelsorger sowie die verschiedenen kirchlichen Institutionen. Gegen Schluss folgen noch die Juden, die Missionare und an letzter Stelle die Medienwelt.

Es wäre jedoch falsch, aus dieser Aufzählung zu schliessen, der Erzbischof habe seine Priester vernachlässigt. Die zahlreichen Priesterexerzitien, die er gegeben hat, und seine noch zahlreicheren geistlichen Ansprachen für verschiedene Priestergruppen, auch diese grossenteils veröffentlicht, sprechen eine andere Sprache. Martini wurde nicht müde, seine Priester immer wieder zum Gebet und zum Hören auf das Wort Gottes zu mahnen. In seiner Grundhaltung geduldigen Hinhörens wurde Martini zum «Kardinal des Dialogs», wie man ihn schon zu Lebzeiten genannt hat.

Dieses fast übermenschlich dichte Programm konnte er nur durchhalten, weil er eisern an zwei Gewohnheiten festhielt, die ihm der Jesuitenorden mitgegeben hatte: eine halbe Stunde betrachtendes Gebet vor der morgendlichen Messe und ein von allen Verpflichtungen freier Donnerstagvormittag. Am Donnerstag liess er sich in einen Wald oder in ein Bergtal fahren, gerne auch ins Tessin, wo er weniger erkannt wurde, und wanderte dann drei Stunden lang. Die Wanderungen dienten nicht nur der Erholung, sondern auch der Sammlung und der ruhigen Überlegung über künftige Pläne. In den wenigen Ferientagen, die er sich jährlich gönnte, unternahm er dann, zusammen mit befreundeten Mitbrüdern, richtige Berg- und Klettertouren, oft in den Dolomiten.

Doch bei aller geistlichen Ruhe, die er ausstrahlte, empfand Martini sein Amt als eine Last, und bat in den ersten Jahren mehrmals, davon befreit zu werden. Als er dann 2002 endlich den Bischofsstab des hl. Ambrosius seinem Nachfolger, Kardinal Dionigi Tettamanzi, übergeben konnte, sagte er zu ihm: «Du wirst sehen, er ist schwer.» Tettamanzi hat neun Jahr später, bei der Übergabe des gleichen Stabs an seinen Nachfolger, Kardinal Angelo Scola, an dieses Wort erinnert. Als er dabei den Namen Martini nannte, brach im Dom ein Begeisterungssturm los.

Schon 1996 hatten die Ärzte bei Martini die Anzeichen einer Parkinsonkrankheit festgestellt. Damit begann ein sechzehn Jahre dauernder Leidensweg. Martinis körperliche Kräfte und Fähigkeiten schwanden langsam, während seine geistigen Fähigkeiten glücklicherweise unangetastet blieben. Kurz vor seinem Rücktritt besuchte ich ihn mit den Redaktoren der Zeitschrift *Communio* in Mailand. Die Anzeichen der Krankheit waren deutlich feststellbar. Er wolle seinen Wohnsitz in Jerusalem nehmen, erzählte er uns, und er hoffe, die kritische Ausgabe des *Codex Alexandrinus* fertigstellen zu können. Wie weit ihm das noch gelungen ist, weiss ich nicht.

Denn auch nach seiner Emeritierung pflegte Martini weiterhin intensive seelsorgliche Begegnungen und Gespräche. Das zeigen unter anderem die *Jerusalemer Nachtgespräche,* die er uns Schweizer Bischöfen bei unserem Heiligland-Besuch ankündigte, und die er, um in Italien keinen Skandal zu entfachen, zunächst nur auf Deutsch erscheinen lassen wollte.

Am Konklave 2005 konnte er zwar noch teilnehmen, war aber krankheitshalber nicht mehr wählbar. Um das allen zu zeigen, sei er nachdrücklich hinkend, auf einen Stock und auf Kardinal Ratzinger gestützt, in die Sixtinische Kapelle eingezogen. Die vielen Stimmen, die er, wie man sagt, beim ersten Wahlgang erhielt, waren wohl zu einem guten Teil sogenannte Ehrenstimmen nach italienischem Brauch. Man gibt sie einer Persönlichkeit, die man ehren will, die man letztlich aber dann nicht wählt. Gegenüber Papst Benedikt (dessen Papstnamen auch er gewählt hätte) hat Martini mehrmals ausdrücklich seine Loyalität bezeugt. Der Erzbischof von München und der spätere Erzbischof von Mailand hatten sich erstmals 1978 in Rom getroffen. Trotz allen Verschiedenheiten blieben sie, von ähnlichen Anliegen beseelt, einander freundschaftlich verbunden.

2009 erzwang Martinis Pflegebedürftigkeit seine Rückkehr in das Alters- und Pflegeheim der norditalienischen Jesuiten in Gallarate. Auch dort setzte er seine seelsorglichen Dialoge fort und eröffnete eine monatliche Rubrik im *Corriere della Sera,* wo er Fragen beantwortete, die man ihm stellte. Wie andere emeritierte Diözesanbischöfe, beispielsweise Bischof Reinhold Stecher von Innsbruck, konnte er jetzt zu einigen seelsorglichen Fragen sehr persönlich Stellung nehmen, was in der aktuellen Verantwortung für ein Bistum nicht möglich gewesen wäre, ohne Verwirrung zu stiften. Doch auch jetzt noch gaben die Medien seine Äusserungen manchmal sinnwidrig verkürzt wieder, und er wusste aus Erfahrung, dass Dementis nicht viel nützen.

Als wirklich letzte Stellungnahme, die ihn selbst betraf, bestand er darauf, dass man alle lebensverlängernden Massnahmen unterliess, als er in den letzten zwei Lebenswochen weder feste noch flüssige Speise zu sich nehmen konnte. Bei seiner Beerdigung am 3. September 2012 zeigte sich dann nochmals, wie beliebt und geschätzt Martini war. 21 000 Personen nahmen daran teil, davon 15 000 auf dem Domplatz, nachdem ihm 200 000 schon bei der Aufbahrung im Dom die letzte Ehre erwiesen hatten. Bei seinem Grab vor einem Seitenaltar im Dom findet man immer Betende und zahlreiche brennende Kerzen.

6. Erinnerungen an Papst Paul VI.

Den Substituten im Staatsekretariat, Giovanni Battista Montini, lernte ich in den fünfziger Jahren durch einen seiner erbittertsten Gegner kennen. P. Gustav Gundlach, der Ghostwriter Pius' XII. in sozialen Fragen, kam regelmässig zu uns ins Collegium Germanicum et Hungaricum, um den Sozialzirkel der Studenten zu leiten. Beim Kaffee nach dem Mittagessen machte er manchmal im Kreis der Patres seinem Unmut Luft. Mons. Montini stand ihm viel zu links, und er nannte ihn gerne: «Der Herr Montini». Der damalige Bürgermeister von Florenz, Giorgio La Pira, ein Freund Montinis, gefiel ihm nicht besser. Dennoch dürfte der Bericht P. Gundlachs über den Grund der Wegbeförderung Mons. Montinis zum Erzbischof in Mailand den Tatsachen entsprechen. La Pira hatte seine Zustimmung zur (widerrechtlichen) Besetzung der Pignone-Werke in Florenz durch streikende Arbeiter nicht verhehlt; er hat in der besetzten Fabrik am Sonntag sogar eine Messe feiern lassen. Kurz vor diesen Ereignissen hatte Montini einen lobenden Brief an La Pira geschrieben, in dem er ihm für seinen sozialen Einsatz dankte. Jemand aus der Democrazia Cristiana veröffentlichte diesen Brief, aber mit einem gefälschten

Datum, so dass er als kirchliche Belobigung der Fabrikbesetzung und des entsprechenden Gottesdienstes erscheinen musste. Dem konnte der Papst nicht zustimmen; er durfte aber auch die Fälschung nicht entlarven. So kam es zur diplomatischen Lösung der Beförderung Montinis nach Mailand. Diese aber hat ihn auch auf sein künftiges Amt vorbereitet.

Man ahnte damals schon, dass Montini einmal Pius XII. nachfolgen werde. Deshalb ging ich zur Bischofsweihe Montinis in die Peterskirche. Ich dachte mir: «Bei der Bischofsweihe des zukünftigen Papstes möchte ich dabei gewesen sein.»

Am 1. Mai 1955 fand dann auf dem Petersplatz zum ersten Mal eine Maifeier der katholischen Arbeiterschaft (ACLI und «Coltivatori diretti») statt. Traktoren und andere Arbeitsfahrzeuge füllten den Platz. Man erwartete, der Papst würde bei dieser Feier für den 1. Mai ein Fest Christi des Arbeiters einsetzen; er verkündete jedoch nur die Einführung eines fakultativen Gedächtnisses Josefs des Handwerkers. Ich war bei dieser Feier auf dem Petersplatz dabei; was im Jahr darauf geschah, musste ich mir berichten lassen: Der vor Kurzem eingesetzte Erzbischof Montini habe auf dem Vorplatz des Mailänder Domes eine Statue Christi des Arbeiters gesegnet und sie dann als Geschenk durch einen Helikopter auf den Petersplatz bringen lassen. Was mit diesem Geschenk geschah, weiss ich nicht; jedenfalls hat es die Eingangssequenz für Fellinis *La dolce vita* abgegeben.

Montini wurde zwar lange nicht Kardinal; doch dann galt er in Italien als «der rote Kardinal», neben dem «roten Erzbischof» von Bologna. Und die Germaniker argwöhnten: Eine Wahl Montinis zum Papst wäre der Tod P. Gundlachs. Tatsächlich starb dieser am Tag nach der Wahl Papst Pauls VI. P. Leiber dagegen, der beim Tod Pius' XII. sang- und klanglos, ohne ein Wort des Dankes, aus dem Vatikan verschwinden musste, wurde von Papst Paul VI. wenige Tage nach seiner Wahl zu einer Privataudienz eingeladen. Der Papst dankte ihm für seine treuen Dienste und lud ihn zu weiterer Arbeit in den Vatikan ein. Mit Blick auf sein Alter und seine Gesundheit musste P. Leiber leider ablehnen; er erhielte aber vom Papst ein gerahmtes Porträt mit einer persönlichen Widmung.

P. Leiber und Mons. Montini kannten sich gut. P. Leiber kennzeichnete Montini als «italianissimo», und er wusste auch, dass dieser mit seiner schwachen Gesundheit als Substitut einen Zusammenbruch erlitten hatte, den er während des Krieges in Montana auskurieren musste. Das teilte er auch den Papstwählern durch Kardinal Döpfner mit; doch diese sahen darin anscheinend kein Hindernis.

Persönlich habe ich den neuen Papst bei seinem Besuch im Römischen Untersuchungsgefängnis «Regina Coeli» erstmals von Nahem erlebt. Im Gegensatz zum Kurzbesuch seines Vorgängers Johannes XXIII. hielt Papst Paul sich fast einen Nachmittag lang im Gefängnis auf, feierte mit den Gefangenen eine hl. Messe, teilte ihnen persönlich die Kommunion aus und hielt eine menschlich warme, improvisierte Ansprache, bevor er sich mit einzelnen von ihnen unterhielt. Er fühlte sich dabei sichtlich wohler als bei offiziellen Anlässen und Reden. Improvisierte Ansprachen, wie ich sie öfter von ihm gehört habe, fielen ihm leicht und gelangen ihm im Allgemeinen viel besser als die vorbereiteten offiziellen Reden. Man entdeckte den Menschen hinter dem Papst.

Doch nach dem Konzil kam Kardinal Döpfner einmal kopfschüttelnd von einer Audienz bei seinem alten Freund Montini zurück und meinte: «Der Papst ist zweifellos der schlechtest informierte Mensch der Welt.» Als alter Substitut wusste Paul VI. natürlich genau, dass er als Papst nur gefilterte Nachrichten erhalten würde und dass ihm nur zu Ohren kam, was er hören wollte. Er beauftragte deshalb gleich zu Anfang seines Pontifikats drei Personen, die keine weitere Karriere mehr zu erwarten hatten, P. Pedro Arrupe, Mons. Johannes Willebrands und einen Laien, dessen Namen ich vergessen habe, ihm regelmässig Gegeninformationen zu geben. Doch er konnte offenbar diese Anstrengung nicht lange durchhalten.

Auch ein anderes Unternehmen gelang ihm nicht. Nach seinem Amtsantritt übergab der Papst fünf seiner alten Freunde aus dem Akademikerkreis der FUCI einen Brief, in dem er sie bat, ihn zum Rücktritt zu mahnen, wenn sie den Eindruck hätten, er sei nicht mehr regierungsfähig. Eine mögliche Regierungsunfähigkeit war seine grosse Sorge, die ihn auch vor der Narkose bei einer Operation zurückschrecken liess. Ich weiss das von einem dieser fünf Vertrauten. Doch leider sind dann alle fünf Freunde vor dem Papst gestorben.

In der Schweiz hat Papst Paul VI. leider einen völlig ungerechtfertigten schlechten Ruf wegen seiner weithin abgelehnten Ehe-Enzyklika *Humanae vitae,* die unglücklicherweise mitten in das aufständische Klima des Jahres 1968 hineinplatzte. Zum Hintergrund seiner umstrittenen Enzyklika gab uns P. Henri de Riedmatten OP einmal einen klärenden Einblick. Als Vertreter des Vatikans bei den internationalen Organisationen in Genf sei er von Repräsentanten aus Drittweltländern öfters gefragt worden, ob denn in der katholischen Soziallehre kein dritter Weg zu finden sei zwischen dem kommunistischen Populismus, der auf Bevölkerungswachstum dränge, und dem Druck der amerikanischen Birth-Controll-Industrie. Die Meldung dieser Anfrage in Rom habe den Anstoss gegeben zu den Arbeiten, die dann zur Enzyklika führten. Es wäre aufschlussreich, die Enzyklika und die nachfolgenden Äusserungen der Päpste in dieser Perspektive zu lesen.

7. Meine Begegnungen mit Papst Johannes Paul II.

Ich habe Kardinal Karol Wojtyła schon vor seiner Wahl zum Papst als philosophischen Gesprächspartner kennengelernt. Zweimal sassen wir in einer kleinen Gruppe von Fachkollegen zusammen und diskutierten über die Stufen des Seins und über eine Philosophie der Tat. Beide Treffen waren von der polnisch-amerikanischen Philosophin Anna Tymieniecka angeregt worden und endeten mit einem gemütlichen Mahl. Mehr noch als seine philosophischen Kenntnisse beeindruckten mich der leise ironische Humor des Kardinals, seine ausgesprochene Männlichkeit und seine Souveränität im Umgang mit Menschen. An ihm war immer etwas zugleich Anziehendes und Abstand Gebietendes.

Zum Papst wurde er gewählt, während unsere Universität in der Kirche San Ignazio das Heilig-Geist-Amt zur Eröffnung des Studienjahres feierte. Als der Gottesdienst zu Ende war, hatte sich der weisse Rauch schon gezeigt, und alles rannte zum Petersplatz. Auch der Name des Papstes war schon verkündet, aber niemand hatte ihn verstanden. «Carolus», heisse er; ich fragte: «Etwa Wojtyła?» «Tatsächlich! Ist das ein Afrikaner?» «Nein, ein Pole» entgegnete ich. «Um Himmels willen; hoffentlich ist er kein Kommunist!» Ich konnte beruhigen, und als er dann, mit einem kleinen Fehler, italienisch zu sprechen begann, war das Herz der Römer für ihn gewonnen.

Am Tag seiner Amtseinführung konnte ich dann noch einmal seine Macht über eine grosse Menschenmasse erleben. Ich stand mitten unter der dichtgedrängten Menschenmenge auf dem Petersplatz. Am Ende der Messe machte der Papst im Messgewand auf dem Vorplatz vor Sankt Peter, drei, vier Schritte auf die Menge zu, um ihr zuzuwinken. Diese kleine Bewegung genügte, und der ganze Platz war wie elektrisiert. Ich spürte: Er hat diese ganze Menschenmenge in der Hand und hätte mit ihr tun können, was er wollte. Bei seinen Vorgängern hatte ich nie etwas Ähnliches erlebt.

Auch in den letzten Jahren, in denen ich als Bischof mit dem Papst öfters ein paar Worte wechseln konnte, hat mich seine natürliche Autorität und Souveränität immer wieder beeindruckt, aber auch sein Humor, sein erstaunliches Gedächtnis und seine geistige Präsenz trotz immer spürbarerem körperlichem Leiden. Er war ein Mensch, der seine ganze Menschlichkeit in den Dienst seiner Aufgabe gestellt hat; Andeutungen genügten oft, um auszudrücken, was er dachte.

Als wir zwei neugewählten Weihbischöfe zusammen mit Bischof Wolfgang Haas eine erste Privataudienz beim Papst hatten, sagte er bei unserem Eintreten: «Da kommt der Bischof, der immer lächelt.» Er ermutigte mich dann, auch als Bischof meine Professur beizubehalten; er habe das auch getan. Beim Hinausgehen hielt er mich zurück: «Padre Professore, versuchen Sie herauszufinden, warum dieser Bischof immer lächelt.» Es ist mir leider nicht gelungen, es eindeutig herauszufinden.

Einige Jahre später, nach einer Konzelebration, als ich mich ihm als Weihbischof in Chur vorstellte, seufzte er nur: «Ah, si!» Das wandelte sich zwei Jahre später, als das Bistumsproblem gelöst war, in ein strahlendes: «Si! Si!». Ich weiss nicht, wie ein Papst, jederzeit, ganz unvorhergesehen, die Situation so vieler einzelner Diözesen vor Augen haben kann.

8. Papst Benedikt XVI. und seine Kurie

Papst Benedikt ist der Papst, den ich schon am längsten und am besten kenne. Den Professor Joseph Ratzinger lernte ich schon zur Konzilszeit kennen, und als er viele Jahre später als Kardinal Präfekt der Glaubenskongregation wurde, fragte er mich, ob ich an seiner Stelle in das Herausgebergremium der Internationalen katholischen Zeitschrift Communio eintreten wolle. Das nahm ich natürlich gerne an, und von da ergaben sich verschiedene Gelegenheiten zur Mitarbeit an der einen oder anderen Aufgabe der Glaubenskongregation, bis mich der Kardinal kurz vor meiner Ernennung zum Bischof zum Konsultor der genannten Kongregation ernennen liess. Das hat meine Bischofsernennung wesentlich erleichtert, wenn nicht überhaupt ermöglicht. Man wird verstehen, dass ich unter diesen Umständen hier keine persönliche Würdigung des Papstes vorlegen möchte und stattdessen einige Überlegungen und Erfahrungen zum Verhältnis eines jeden Papstes zu seiner Kurie anstelle.

Nach dem Untergang des Kirchenstaats bis zu den Vatikanverträgen nannte man den Papst oft den «Gefangenen im Vatikan». Heute müsste man eher vom Gefangenen des Vatikans sprechen. Denn das Verhältnis des Papstes, jedes Papstes zu seiner vatikanischen Kurie ist nicht einfach.

Die Kurie ist der komplexe Verwaltungsapparat für die Weltkirche und besteht aus neun «Kongregationen» (staatlicherseits wären das Ministerien), elf Räten, sechs ständigen Kommissionen, drei Gerichtshöfen und verschiedenen Dienststellen. Sie werden vom Staatssekretariat koordiniert, dem auch die rund 200 Nuntiaturen und Apostolischen Delegationen unterstehen. Wie soll ein einzelner Papst diesen Apparat steuern und mit seiner Hilfe die Kirche in seinem Sinne leiten?

In erster Linie besteht da ein Informationsproblem. Für den Papst ist es noch schwerer als für die meisten Staatschefs oder für den CEO eines multinationalen Unternehmens, ungefilterte Nachrichten zu erhalten. Er verlässt seine Wohnung nur für offizielle Anlässe und ist grossenteils auf die Nachrichten angewiesen, die ihm vom Staatssekretariat oder von einer anderen Kongregation vorgelegt werden. Er schaue zwar, wie es heisst, regelmässig die Tagesschau an; doch wir wissen, wie selektiv diese informiert.
Selbst die Zeitungen am Morgen erhält er bereits angestrichen. Ein Papst hätte wohl auch kaum Zeit, ausführlich Zeitung zu lesen.

Er trifft sich zwar regelmässig mit seinen wichtigsten Mitarbeitern, und bei den alle fünf Jahre stattfindenden Rombesuchen jeder Bischofskonferenz empfängt der Papst jeden Diözesanbischof zu einer Privataudienz. Dank einem guten Personengedächtnis, wie es Papst Johannes Paul II. hatte, kennt der Papst bald einen grossen Teil der Bischöfe und auch deren Sorgen persönlich. Doch in den meist kurzen Audienzen werden vor allem die Punkte besprochen oder angesprochen, die ihm aufgrund der Berichte, die jeder Bischof alle fünf Jahre nach Rom senden muss, von einzelnen Kongregationen vorgelegt werden. Etwas Unvorhergesehenes oder gar Unangenehmes wird kaum ein Bischof, ja nicht einmal ein Kardinal mit dem Papst zu besprechen wagen oder auch nur zu besprechen Gelegenheit haben.

Papst Paul VI., der als langjähriger Mitarbeiter im Staatssekretariat diese Schwierigkeiten kannte, hat zu Beginn seines Pontifikats versucht, von drei unabhängigen Persönlichkeiten regelmässig alternative Informationen zu erhalten. Er musste diese Bemühungen jedoch bald aufgeben. Kardinal Ratzinger hat als Präfekt der Glaubenskongregation ein anderes Verfahren angewandt. Wenn ein wichtiges theologisches Problem zu entscheiden war, hat er eine Tagung von nicht vatikanischen Fachleuten einberufen, die das Problem besprechen und die verschiedenen Standpunkte darlegen sollten. Einige dieser Tagungsakten wurden später publiziert, ähnlich wie das eine oder andere Gutachten aus der Internationalen Theologischen Kommission. Zudem versammelte Kardinal Ratzinger alljährlich den Kreis seiner Doktoranden zur Diskussion einer theologischen Frage, und er hat diese Gewohnheit auch als Papst beibehalten.

So gelang es Papst Benedikt, wenigstens in Fragen der Theologie die doch recht engen Grenzen seiner vatikanischen Mitarbeiter zu überschreiten. Das hat er mit seinen Jesus-Büchern bewiesen, die er als privater Theologe und nicht als päpstliche Dokumente veröffentlichen liess. Zudem tragen nicht wenige seiner Äusserungen und Dokumente ganz deutlich seine persönliche Handschrift.

Schwieriger als eine theologische Offenheit ist gute Information in kirchenpolitischen Fragen. Diese stellen sich normalerweise schon auf der Ebene der Kongregationen und Räte. Diese empfangen ihre Informationen über die Situation in der weltweiten Kirche offiziell in erster Linie durch die schon genannten Berichte der Diözesanbischöfe und bei den Gesprächen mit den Bischöfen bei ihren regelmässigen Besuchen in Rom. Dazu kommen die regelmässigen Berichte der Nuntien, die vor Ort Informationen sammeln. Alles in allem wird man sagen müssen, dass der Vatikan, vor allem das Staatssekretariat, auch auf politischem Gebiet recht gut, sogar sehr gut informiert ist. Doch leider laufen neben diesen offiziellen Kanälen noch manche privaten, vielfach alternativen Informationen einher. Man versteht, dass die entsprechenden Stellen interessiert sind, auch inoffizielle Informationen zu erhalten, namentlich wenn sie gegenüber gewissen offiziellen Informanden misstrauisch sind. Doch wenn man bedenkt, wer welche Informationen liefert, wird auch deren Fragwürdigkeit deutlich. Wer zufrieden ist und für wen alles gutgeht, wird kaum eine Meldung nach Rom senden. An den Nuntius oder direkt nach Rom wenden sich vor allem die Unzufriedenen, und sie berichten über das, was sie als missbräuchlich betrachten. So kann leicht ein verzerrtes Bild von Personen, Institutionen und Bistümern entstehen, das der zuständige Bischof manchmal nur schwer zurechtrücken kann.

Auch da versuchte Papst Benedikt einige Abhilfe zu schaffen. Er kannte diese Gefahr aus den Jahren in der Glaubenskongregation. Wir Schweizer Bischöfe durften einen solchen Versuch zur Verbesserung der Information erleben. Zum Abschluss unseres regulären Besuchs «Ad Limina», der wegen der Erkrankung von Papst Johannes Paul II. nicht offiziell hatte abgeschlossen werden können, durften wir drei Tage lang ein gemeinsames, offenes Gespräch mit den Präfekten von neun Kongregationen über einige umstrittene Fragen führen und zum Schluss ein gemeinsames Papier über das weitere Vorgehen ausarbeiten. Wir haben ein derartiges Gespräch am runden Tisch als wesentlich erhellender empfunden als die üblichen Einzelbesuche bei den verschiedenen Kongregationen. Als dann die abschliessende Ansprache des Papstes im *Osservatore Romano* nach einem vorbereiteten Papier publiziert wurde und nicht nach dem, was Papst Benedikt tatsächlich gesagt hatte, liess der Papst die entsprechende Ausgabe des *Osservatore* kurzerhand einstampfen.

Das wichtigste Steuerungselement in der Hand des Papstes (wie jedes anderen höheren Vorgesetzten) ist die Besetzung der Schlüsselstellen mit Persönlichkeiten, die der Papst kennt und die sein Vertrauen besitzen. Kurz nach seiner Wahl hat Papst Benedikt einige dieser Ernennungen vorgenommen. Doch auch da ist die Situation nicht einfach. Der vatikanische Verwaltungsapparat hat wie jeder andere die Tendenz, seinen eigenen Gesetzmässigkeiten zu folgen, und nicht alle untergeordneten Stelleninhaber und Mitarbeiter lassen sich auswechseln. Manchmal bestimmen Routine oder Unkenntnis der örtlichen Verhältnisse ihre Arbeit. Auch die von den Vorgängern Papst Benedikts eingeführte Internationalisierung der Kurie hat nicht durchwegs positive Ergebnisse gezeigt. Selten ist ein Bischof bereit, seinen besten Mitarbeiter für eine Aufgabe in Rom freizugeben.

Schliesslich noch etwas Bedenkliches, das ich über Jahre in Rom feststellen konnte: Schon während es Konzils hatten einzelne Mitarbeiter in der Kurie Probleme, das Konzil und einige seiner Beschlüsse anzunehmen. Es war für sie zu verschieden von dem, was sie seinerzeit während ihrer Studien gelernt hatten.

Die gleiche Geistesrichtung scheint an der Kurie auch heute noch da und dort vertreten zu sein. Das Bemühen Papst Benedikts war offensichtlich, auch diese seine Mitarbeiter mit der nachkonziliaren Kirche zu versöhnen.

Aus diesen Überlegungen sind meines Erachtens drei Folgerungen zu ziehen. Einerseits darf man nicht alles, was «von Rom» kommt, unmittelbar auf den Papst zurückführen. Anderseits muss man auch den kurialen Mitarbeitern des Papstes das menschliche Recht auf Unvollkommenheit zugestehen. Ihr Wirken verdient in aller Regel eine wohlwollend nachsichtige Beurteilung. Und nicht zuletzt können auch einfache Gläubige zu einem besseren Funktionieren der Kurie beitragen, indem sie keine Katastrophenmeldungen an den Nuntius oder nach Rom senden, sondern eher über das informieren, was gut läuft.

III. VERSUCH EINES NACHKONZILIAREN KIRCHENBILDES

Ich kam mit einer etwas anders geprägten Kirchenerfahrung nach Zürich, als sie den meisten Zürcher Katholiken vertraut war, mit Überschüssen und Ausfällen. Um das Gespräch zu erleichtern, versuchte ich in einer lockeren Reihe kürzerer Beiträge im «forum» mein Kirchenverständnis darzulegen. Dabei schloss ich mich, soweit möglich, an das Kirchenjahr an. Ein Echo auf diese Darlegungen habe ich damals kaum erhalten. Nach mehr als zwanzig Jahren lege ich hier die Grundgedanken meiner Beiträge in etwas gekürzter und gestraffter Form nochmals vor.

1. Was die Kirche ist

Die Kirche steht zwar im Glaubensbekenntnis erst an vorletzter Stelle, doch in der Sorge vieler Christen steht sie offenbar an erster. Die hier vorgelegten Erwägungen möchten zeigen, dass die Kirche im Christenleben nicht an erster Stelle stehen soll. Sie ist nicht Selbstzweck. Ihr Wert liegt in der Aufgabe, die sie zu erfüllen hat und für die sie als Kirche entstanden ist.

Die Kirche entstand erst nach Ostern, als eine Gemeinschaft, die die Erinnerung an das Ostereignis weiterträgt. Sie hat die Aufgabe, mit ihrem Dasein zu jeder Zeit und an jedem Ort zu bezeugen, dass Jesus von den Toten auferstanden ist.

Die Geschichte der Kirche beginnt an Pfingsten. Von Heiligen Geist erfüllt verkündeten die Apostel: «Mit Gewissheit erkenne also das ganze Haus Israel: Gott hat ihn zum Herrn und Messias gemacht, diesen Jesus, den ihr gekreuzigt habt» (Apg 2,36). «Die nun», fährt der Bericht fort, «die das Wort annahmen, liessen sich taufen. An jenem Tag wurden ihrer Gemeinschaft etwa dreitausend Menschen hinzugefügt» (Apg 2,41). Das war die Geburtsstunde der Kirche.

Die Apostelgeschichte zeichnet dann in drei Berichten über das Leben der Urgemeinde in Jerusalem ein Idealbild für alle späteren kirchlichen Gemeinschaften: «Sie hielten an der Lehre der Apostel fest und an der Gemeinschaft, am Brechen des Brotes und an den Gebeten» (Apg 2,42). «Alle, die gläubig geworden waren, bildeten eine Gemeinschaft und hatten alles gemeinsam.

Sie verkauften Hab und Gut und gaben davon allen, jedem so viel, wie er nötig hatte. Tag für Tag verharrten sie einmütig im Tempel, brachen in ihren Häusern das Brot und hielten miteinander Mahl in der Freude und Einfalt des Herzens. Sie lobten Gott und waren beim ganzen Volk beliebt» (Apg 2,44–47). Und schliesslich: «Die Gemeinde der Gläubigen war ein Herz und eine Seele. Keiner nannte etwas von dem, was er hatte, sein Eigentum, sondern sie hatten alles gemeinsam. Mit grosser Kraft legten die Apostel Zeugnis ab von der Auferstehung Jesu, des Herrn, und reiche Gnade ruhte auf ihnen allen» (Apg 4,32–33).

Das klingt romantisch, wirklichkeitsfremd. Doch es will bezeugen, dass es mit der Auferstehung Jesu möglich geworden ist, nach seinem neuen Gebot zu leben: «Liebt einander, so wie ich euch geliebt habe» (Joh 13,31). Während das Gebet im Tempel die Lebensweise frommer Juden fortführt (vgl. Lk 2,27.37), ist das gemeinsame Brotbrechen neu; es erinnert an an das letzte Abendmahl und an die Mahlzeiten des Auferstanden mit seinen Jüngern. «Freude» ist der Grundton dieses Lebens, wo es «keinen gibt, der Not leidet» (Apg 4,34).

Ist in unseren Gemeinden noch etwas von der Auferstehungsfreude zu spüren? Bezeugt unser kirchliches Leben auch heute noch, dass Jesus von den Toten auferstanden ist? Oder haben wir vergessen, dass das Bekenntnis zur Auferstehung die Grundlage unseres Glaubens ist (vgl. 1 Kor 15,1–19)? Die Lebensform der Urgemeinde lässt sich zwar nicht einfach auf unsere heutigen Gemeinden übertragen. Aber wir dürfen sie auch nicht nur den Ordensgemeinschaften und den kirchlichen Bewegungen überlassen.

Auf Ostern folgt der Weisse Sonntag, der traditionelle Tag der Erstkommunion, für viele Kinder ihre erste wirkliche Kirchenerfahrung. Die Kirche als österliche Gemeinschaft ist eine Mahlgemeinschaft. Sie wird aufgebaut um die Eucharistie als ihrem Mittelpunkt herum. Das gilt vom Kirchenraum so gut wie von der Gemeinde der Gläubigen. Die christlichen Kirchen sind im Gegensatz zu den heidnischen Tempeln keine Monumente, die man von aussen bestaunt, sondern Innenräume, die Platz bieten für die Versammlung einer Gemeinde. Und diese Versammlung ist ausgerichtet auf den Altar. Sie erhält ihre Einheit, sie wird Christengemeinde in der gemeinsamen Eucharistiefeier. Das Konzil sagt: «Die Teilnahme am eucharistischen Opfer ist Quelle und Höhepunkt des ganzen christlichen Lebens» (LG Nr. 11). «Denn die apostolische Arbeit ist darauf hingeordnet, dass alle, durch Glauben und Taufe Kinder Gottes geworden, sich versammeln, inmitten der Kirche Gott loben, am Opfer teilnehmen und das Herrenmahl geniessen» (SC Nr. 11). Nicht um ihrer selbst willen ist die Kirche da, sondern für die Feier der Eucharistie, aus der sie erwächst.

Daraus ergibt sich eine doppelte Folgerung und eine Reihe von Fragen. Als erstes folgt, dass Vorsteherschaft in der Kirche in erster Linie den Vorsitz bei der Eucharistie besagt; alle andern Aufgaben ergeben sich daraus oder sind darauf hingeordnet. Das gilt für die Bischöfe (LG Nr. 26) wie für die Priester (CD Nr. 30; PO Nr. 5). Für uns stellt sich heute die drängende Frage, ob und wie Gemeindeleitung und Eucharistievorsitz voneinander getrennt werden können. Wie steht es mit Gemeinden, die keine Möglichkeit mehr zu regelmässiger Eucharistiefeier haben? Müssen wir die Gemeindegrenzen neu umschreiben oder die Regelmässigkeit anders fassen? Oder dürfen wir andere Lösungen suchen?

Eine zweite Folgerung betrifft die Einheit der Kirche. Sie wird von der Eucharistie «bezeichnet und bewirkt» (UR Nr. 2). Doch wann und unter welchen Bedingungen können wir gemeinsam Eucharistie feiern, und warum können wir es jetzt noch nicht?

Das ist die Kernfrage aller ökumenischen Bemühungen. Sie haben immer das eine Ziel: dass wir miteinander Eucharistie feiern können. Der Weg dazu scheint leider noch weit. Doch wir dürfen das Ziel nicht in Ungeduld vorwegnehmen.

Die Eucharistie als Mitte lässt auch den Aufbau der Kirche verstehen. Lange Zeit verstand man unter «Kirche» vor allem die Hierarchie, den Klerus, Papst, Bischöfe und Priester. Das Konzil hat dann die Kirche als «Volk Gottes» bewusst gemacht, was man in der Schweiz gern demokratisch versteht, oder man spricht gar, unbewusst marxistisch, von der «Kirchenbasis». So oder so vergleicht man die Kirche mit einer Art Pyramide. Schon das Wort Hierarchie scheint dieses Bild nahezulegen.

Eine Pyramide lässt sich grundsätzlich in zwei Richtungen betrachten: von oben nach unten oder von unten nach oben. Die konservative Lesart betrachtet die Kirchenpyramide von oben nach unten. Die entscheidende Hauptperson ist der Papst; von ihm geht alle Leitungs- und Lehrvollmacht aus. Die Bischöfe sind seine Mitarbeiter oder gar Untergebenen – um nicht zu sagen: Befehlsempfänger. Die Priester wiederum vertreten die Bischöfe. Das Ganze stellt eine straffe Führungshierarchie dar, wie wir sie im Geschäftsleben und vom Militär her kennen. Leider scheint die Führung der Kirche nicht immer so gut zu funktionieren wie in der Wirtschaft.

Heute liegt es uns allerdings näher, die Kirchenpyramide von unten nach oben zu betrachten, und das Konzil scheint geradezu dazu aufzufordern. Das Gottesvolk stellt die breite Basis der Kirchenpyramide dar, auf der sich die notwendigen Führungsstrukturen aufbauen, die im Dienste des Volkes stehen und möglichst vom Volk gewählt werden sollten.

Diese grundsätzlich richtige Betrachtungsweise bedarf jedoch einer doppelten Korrektur. Zum einen gehören Priester, Bischöfe und Papst genauso zum Gottesvolk wie die sogenannte Basis. «Mit euch bin ich Christ, für euch bin ich Bischof», hat der hl. Augustinus in einer vielzitierten Predigt gesagt. Zum andern können die Bischöfe und die Priester ihre sakramentalen Vollmachten nicht durch Delegation seitens des Kirchenvolkes erhalten. Diese

Vollmachten stehen zwar im Dienst des Volkes; aber sie können nur durch eine Weihe «von oben», das heisst: von Gott her, weitergegeben werden. Allerdings darf dieses «von oben» nicht im Sinne einer weltlichen Führungshierarchie verstanden werden. Der Papst steht nicht einfach über den Bischöfen; als Bischof von Rom, ist er selbst ein Mitglied des Bischofskollegiums, allerdings das massgebende.

Das Modell einer Pyramide gibt somit den Aufbau der Kirche nur ungenau wieder. Was wir über die Eucharistie als Mitte der kirchlichen Gemeinschaft gesagt haben, führt zu einem stimmigeren Kirchenmodell. Die Kirche ist keine Pyramide, sondern ein Kreis, genauer gesagt eine Vielzahl von miteinander vernetzten Kreisen. Die Mitte eines jedes Kreises bildet die Eucharistie, die jedem Kreis seinen Zusammenhalt gibt und die auch die Kreise miteinander vernetzt. Die Kirche, mit der Eucharistie umfasst als Mitte, umfasst alle, die an der Eucharistie teilhaben oder teilhaben können, d.h. alle Getauften. Ja, sie erstreckt sich darüber hinaus, grundsätzlich grenzenlos, zu allen, die gleichfalls zu dieser Teilhabe gerufen werden sollen. Im Blick auf die konkrete Möglichkeit, an der Eucharistiefeier teilzunehmen, haben sich schon von Anfang an territoriale Abgrenzungen in Ortskirchen (also die Bistümer) und dann in Pfarreien ergeben, die jedoch durch die eine und gleiche Eucharistie miteinander verbunden bleiben.

Hierarchie im kirchlichen Sinn hat somit nichts mit einer Pyramide zu tun. Hierarchie besagt vielmehr grössere oder geringere Nähe zur heiligen Mitte, zum «Hieron» (dem «Allerheiligsten»). Am nächsten steht diesem der Bischof, der berufene Vorsteher der Eucharistiefeier in seinem Bistum, und nach ihm alle Priester, die stellvertretend für den Bischof in den verschiedenen Pfarreien der Eucharistie vorstehen. Dieses Kirchenmodell bezeichnen wir als Communio-Ekklesiologie, als Lehre von der Kirche als eucharistischer Gemeinschaft. Es lässt uns auch die Einheit der Weltkirche besser verstehen. Die Ortskirchen sind dadurch zur Einheit der Weltkirche vernetzt, dass die Bischöfe wechselseitig ihre Eucharistiefeiern anerkennen und bei Gelegenheit daran teilnehmen. Die Eucharistiegemeinschaft mit dem Bischof von

Rom, dem Papst, ist so das Kriterium für die Zugehörigkeit zur Einheit der römisch-katholischen Kirche.

2. Was die Kirche tun soll

Schränkt das Verständnis der Kirche als Eucharistiegemeinschaft diese nicht auf den Gottesdienst und auf den Kirchenraum ein? Hätte sie nicht noch viel wichtigere, gesellschaftliche, soziale und weltweite Aufgaben, die man heute gerne unter dem Namen Diakonie zusammenfasst? Steht die weltzugewandte Diakonie nicht in einem fast unerträglichen Spannungsverhältnis zur innerkirchlichen Eucharistie?

Doch tatsächlich gehören Eucharistie und Diakonie zusammen wie die beiden Hände eines Menschen. Erst mit beiden Händen zusammen lässt sich richtig arbeiten. Ja noch mehr: Gerade weil sie sich von der Eucharistie her aufbaut, muss die Kirche diakonisch sein.

Auch da kommt der entscheidende Hinweis wieder aus der Apostelgeschichte. Der Ausbau kirchlicher Strukturen begann mit der Einsetzung von sieben Diakonen für den «Dienst an den Tischen». Sie waren griechischer Sprache und Kultur und hatten dafür zu sorgen, dass die «Fremden» – das waren Juden, die nicht aus Palästina stammten, sondern aus der jüdischen Diaspora – bei der Armenspeisung in Jerusalem nicht zu kurz kamen (Apg 6,1–6). Folglich waren die ersten kirchlichen Amtsträger zugleich Sozialarbeiter und Fremdenseelsorger. Als solche finden wir sie schon bald als Wanderprediger in den jüdischen Randgebieten (Apg 8). Ihr ursprünglicher Auftrag verband sie jedoch mit der Eucharistie; denn wie wir aus anderen Zeugnissen wissen, war die Armenspeisung eng an das eucharistische Brotbrechen angebunden (Apg 2,46; 1 Kor 11,20–21), ein Zusammenhang, der offenbar auf Jesus selbst zurückging.

Lukas, der auch die Apostelgeschichte geschrieben hat, verbindet in seinem Evangelium den Bericht über die Einsetzung der Eucharistie mit einem Wort vom Dienen: «Die Könige herrschen über ihre Völker, und die Mächtigen lassen sich Wohltäter nennen. Bei euch aber soll es nicht so sein, sondern der Grösste unter euch soll werden wie der Kleinste und der Führende wie der Dienende. Welcher von beiden ist grösser: wer bei Tisch sitzt oder wer bedient? Ich aber bin unter euch wie der, der bedient» (Lk 22,25–27). Johannes hat sogar den Einsetzungsbericht durch den Bericht von der Fusswaschung ersetzt, und schliesst ähnlich: «Wenn nun ich, der Herr und Meister, euch die Füsse wasche, dann müsst auch ihr einander die Füsse waschen» (Joh 13,14). Damit soll wohl ein ritualistisches Missverständnis abgewehrt werden, das mit: «Tut dies zu meinem Gedächtnis» nur die liturgische Feier des Abendmahls meint. Wie Lukas und Johannes zeigen wollen, ist das eucharistische «Tut dies» in seinem vollen Sinn zu nehmen: Wie Jesus sich mit Leib und Blut für uns und «für alle» hingegeben hat, «so müssen auch wir für die Brüder das Leben hingeben» (1 Joh 3,16), nicht zuletzt im diakonischen Dienst.

Mit den «Brüdern» sind sicher zunächst die Glaubensgenossen gemeint und das geschwisterliche Teilen unter den Christen, heute auch unter den Christen verschiedener Konfession. Dieses geschwisterliche Teilen war ein Kennzeichen der Urgemeinde, und Paulus hat es, in neuer Ausweitung, durch seine Kollekte für die Gemeinde in Jerusalem weitergeführt (1 Kor 16,1–4, 2 Kor 8,1–9,15) Aber ebenso sicher führt das «für die Vielen», für die Jesus sein Blut vergiesst (Mk 14,24; Mt 26,28) über den engen kirchlichen Horizont hinaus, wie auch die ersten Diakone die christliche Verkündigung über den engen Kreis von Jerusalem hinausgetragen haben. In der Diakonie enthüllt die Eucharistie ihre wahre Dimension; sie ist «Brot für das Leben der Welt» (Joh 6,51). Die Eucharistie gibt der Diakonie ihre Dynamik; die Diakonie setzt die Eucharistie in die Weltwirklichkeit um und erweist so ihre Tragweite.

Der ehemalige Bischofsvikar Dr. Karl Schuler hat in seinem Pastoralkonzept für die Urschweiz die Aufgabe der Kirche mit drei Bildern umschrieben: Sie ist Wohnstube für die Praktizierenden, den Kern der Glaubenden, die sich in der Kirche zuhause fühlen. «Sie sollen in Gruppen Gemeinschaft erleben und so Kirche sein.» Die Kirche ist aber auch Gasthaus für «die Gelegenheitschristen, die HeiligTagsChristen», die gelegentlich einkehren zu einem Festgottesdienst oder in wichtigen Momenten des Lebens, Taufe, Erstkommunion, Firmung, Trauung, Beerdigung.

Schliesslich ist sie Leuchtturm für alle, auch für jene, die sich nicht zu ihren Gliedern zählen. «Sie muss ihre Botschaft allen verkünden, weltweit, der ganzen Gesellschaft. Es geht vor allem um die Verkündigung der Grundwahrheiten und der Person Jesu Christi.» Diese Verkündigung geschieht weniger durch Worte und Verlautbarungen als durch das Leben der Kirche und durch ihren selbstlosen Dienst. «Diakonie ohne Werbeabsicht ist gefragt.» So soll die Kirche weit über ihre Grenzen hinaus Orientierungshilfe sein für viele: «Licht der Welt» und «Stadt auf dem Berge» (Mt 4,14).

Mit dem Zitat aus der Bergpredigt ist schon gesagt, welche der drei Aufgaben die wichtigste ist: Die Kirche soll vor allem Leuchtturm sein. Diesen Auftrag hat sie von Christus erhalten (Apg 1,6–8). Doch weil sie mehr durch ihr Beispiel als durch ihr Wort leuchten soll, kann sie diesen Auftrag nur erfüllen, wenn sie auch Wohnstube und aufnahmefreudiges Gasthaus ist. Deshalb wäre es vielleicht angemessener, von einem Leuchtfeuer, und nicht von einem Leuchtturm zu sprechen. Leuchttürme sind feste Gebäude an exponierten Stellen, Leuchtfeuer kann es überall geben; beide helfen zur Orientierung. Um im Bild zu bleiben: Das Licht der Wohnstube und des Gasthauses soll so hell strahlen, dass es für viele zum orientierenden Leuchtfeuer wird. Das heisst noch nicht, dass es zum Eintreten einladen soll. In Leuchttürme tritt man nicht ein.

Hier liegt der Unterschied zwischen der Kirche und einer Sekte. Auch eine Sekte versteht sich als Heilsgemeinschaft. Sie ist ausschliesslich, aber höchst intensiv «Wohnstube». Sie verspricht denen das Heil, die zu ihr gehören. Das erfahren ihre Mitglieder in der Gewissheit, zu den wenigen Auserwählten zu gehören, und in der erlebten Gemeinschaft unter den Auserwählten. Sektenmitglieder bemühen sich nicht um Verkündigung, sondern um Proselytismus, um die Werbung neuer Mitglieder.

Nicht so die Kirche. Die Kirchenzugehörigkeit allein vermittelt noch keine Heilsgewissheit, höchstens das Versprechen eines kirchlichen Begräbnisses. Es gibt in der Kirche, so gut wie ausser ihr, Gerechte und Sünder. Doch darüber hinaus ist die Kirche auch Heilsgemeinschaft für alle andern, die nicht zu ihr gehören. Sie macht Christus, den Auferstandenen, in der Welt sichtbar und vermittelt so das Heil. Das will das oft missverstandene Wort sagen: «Ausserhalb der Kirche kein Heil». Die Kirche, sagt das Konzil, «ist in Christus gleichsam das Sakrament, das heisst Zeichen und Werkzeug [aber auch nur das!] für die innigste Vereinigung mit Gott wie für die Einheit der ganzen Menschheit» (LG Nr. 1).

Sie ist «Zeichen und Werkzeug», indem sie weltweit und für alle Völker das Licht Christi aufleuchten lässt. «Christus ist das Licht der Völker. Darum ist es das grosse Anliegen dieser Synode, alle Menschen mit diesem Licht zu erleuchten, das auf dem Antlitz der Kirche aufscheint, indem sie das Evangelium allen Geschöpfen verkündet (vgl. Mk 16,15).» So leitet das Konzil seine Aussagen über die Kirche ein (LG Nr. 1). Es geht also in diesem der Kirche gewidmeten Text letztlich um Christus, und nicht (nur) um die Kirche. Es wäre ein Missverständnis, aus dem weltumspannenden Heilsauftrag der Kirche zu folgern, möglichst viele, ja möglichst alle Menschen müssten Glieder der Kirche werden. Vielleicht scheint das Licht Christi auf dem Antlitz der Kirche sogar heller auf, wenn sie als kontrastierende Minderheit in der Welt und in der Gesellschaft steht. Jesus selbst hat offenbar nie an eine Mehrheitskirche gedacht. Er spricht seine Jünger an als «kleine Herde» (Lk 12,32) und unterstreicht in mehreren Gleichnissen, wie verschwindend klein diese Jüngerschaft ist.

Als «Licht der Welt», sagt Jesus zu seinen Jüngern, seid ihr auch «Salz der Erde» (Mt 5,13–14). Salz gibt es zwar im Meer in unabsehbaren Mengen, auf der Erde aber ist es immer nur ein Zusatz zur Hauptsache. Es braucht etwas mehr Salz, wenn es gilt, die Hauptsache, in unserem Fall die Menschheit, vor der Fäulnis zu bewahren. Doch um eine gute Speise noch schmackhafter zu machen, genügt oft eine Prise Salz. Allerdings: So wenig Salz es braucht, so unentbehrlich ist es für das Leben. Salz gehört zu den ältesten Handelsgütern, und der Arbeitslohn heisst deshalb «Salzgeld» (Salär). Nur fad und kraftlos darf das Salz nicht werden. Sonst verfällt alles der Fäulnis oder es bleibt zumindest fad.

Im Bild vom winzigen Senfkorn, das zur grossen Staude heranwächst, in der «die Vögel des Himmels nisten» (Mt 13,32), betont Jesus zunächst die Verlorenheit dieses Körnleins auf dem grossen Acker der Welt, dann aber vor allem sein Heranwachsen (Mk 4,26–32). Dieses geschieht «von selbst», «automatisch» (vgl. Mk 4,27–28), und auch hier wieder zugunsten anderer. Die «Vögel des Himmels» sind ein biblisches Bild für die Heidenvölker (Ez 17,23; Dan 4,9.18). Die ausgewachsene «Staude» des Gleichnises verstehen wir normalerweise als ein Bild der Kirche. Jesus spricht jedoch vom Gottesreich, und dieses ist noch nicht gekommen. Die Zeit der Kirche ist nur die Zeit des Heranwachsens.

Neben das landwirtschaftliche Bild vom ausgesäten Samen stellen Matthäus und Lukas ein anders, hausfrauliches Bild vom Sauerteig (Mt 13,33; Lk 13,20–21). Im Gegensatz zum Mann, der (wie bei der Zeugung) zum Heranwachsen des Samens nichts beitragen kann, ist die Frau aktiv. Sie knetet den Sauerteig unter den Teig. Auch der Sauerteig ist wieder nur ein winziges Stück, das beim Kneten im Teig verschwindet. Doch gerade so durchsäuert es «das Ganze» (Mt 13,33), auch da wieder aus der ihm innewohnenden Kraft, wie das Salz und das Senfkorn. Die Frau und der Sauerteig in ihrem Zusammenwirken können so als ein Bild der evangelisierenden Kirche verstanden werden.

Vielleicht wecken diese Bilder vom Kleinen, das heranwächst, bei einigen ein Heimweh nach der guten alten Zeit der Diaspora. Da war der Glaube in Zürich noch lebendig! Doch richtig besehen, leben wir heute genauso in der Diaspora wie früher, eine kleine Miderheit in einer multikulturellen und vielfach entchristlichten Umwelt. Es ist immer und überall das Schicksal der Christen, in einer Diaspora zu leben. Doch heute wie damals dürfen wir uns in der Diaspora nicht in ein Ghetto zurückziehen, in eine katholische Sondergesellschaft; denn dann käme der Sauerteig nicht mehr in den Teig, das Senfkorn nicht in den Acker. Doch noch falscher wäre es, wenn wir uns wie ein Chamäleon an die wechselnde Umwelt anpassten. Dann wäre das Salz fad und kraftlos geworden.

Diese Nichtanpassung an die Umwelt wurde zur Konzilszeit in ein Kennwort gefasst, das dem Titel einer Schrift Yves Congars entnommen war: «Für eine dienende und arme Kirche». Es spricht eine Grundhaltung aus, die viele Konzilsväter in ihrer Erneuerungsarbeit bewegt hat, und es hat auch auch in der Nachkonzilszeit weitergewirkt. Eine Gruppe von Bischöfen, angeführt von den Kardinälen Giacomo Lercaro und Giovanni Battista Montini, hatte sich von Anfang an das Anliegen einer «Kirche der Armen», von dem Johannes XXIII. gesprochen hatte, zu eigen gemacht. Sie erreichten in fast allen Konzilstexten die Einfügung einiger Sätze, die daran erinnern, dass die Sorge für die Armen das besondere Kennzeichen der Kirche sein muss, an dem es die Kirche jedoch oft noch fehlen lässt.

Ihr Anliegen führte die Tradition der französischen Arbeiterpriester weiter und hiess diese vor dem Konzil verdächtigte Tradition gut. Nach dem Konzil kam es dann vor allem in Lateinamerika zum Tragen, wo heute etwa die Hälfte aller Katholiken lebt. Die Synoden vom Medellín (Kolumbien) 1968 und Puebla (Mexiko) 1979 bis hin zu Aparecida (Brasilien) 2007 haben die «vorrangige Option der Kirche für die Armen» deutlich ausgesprochen und sie zu einem seelsorglichen Hauptanliegen gemacht. Aus geschichtlichen Gründen hatte sich die Kirche zuvor in erster Linie um die Oberschichten bemüht; doch jetzt wendet sie ihre Sorge mit Vorzug den Armen und Ärmsten zu, den Campesinos und den städtischen Randgebieten, ohne deswegen die reicheren Christen zu vernachlässigen. Für die Christen in Lateinamerika ist das ein echter Bekehrungsprozess, der wie jeder Bekehrungsprozess nur langsam und nicht ohne Widerstand vor sich geht.

Unter den Stichworten Entwicklungshilfe und Befreiungstheologie hat ein Echo dieses Prozesses auch uns erreicht, leider oft in einseitiger Form. Uns fehlt der Erfahrungshintergrund dieser Option für die Armen. Doch wir müssten uns zumindest den Geist zu eigen machen, aus dem diese Option kommt. Das würde uns die Augen öffnen für vielerlei Armut aller Art auch bei uns und dafür, dass eine Option für die Armen, eine christliche Solidarisierung mit den Zukurzgekommenen aller Art und Herkunft auch bei uns anstünde. Ihr Leitwort wäre weder Entwicklung noch Befreiung, sondern Integration.

Die genannte Gruppe von Konzilsvätern hat sich jedoch nicht nur für eine kirchliche Solidarisierung mit den Armen eingesetzt, sondern vor allem auch dafür, dass die Kirche und ihre Verantwortlichen selbst arm sein sollten. Zu Ende des Konzils haben sich nicht wenige Bischöfe persönlich zu einer armen Lebensführung verpflichtet. Nur wer selbst zumindest im Geist der Armut lebt, kann mit den Armen solidarisch sein.

Tiefer gesehen, ist die Kirche schon ihrem Wesen nach arm. Sie ist nicht selbst das Gottesreich, sondern nur dessen «Keim und Anfang». Sie bildet keine machtvolle, herrschaftsfähige Mehrheit; sie bleibt stets eine «kleine Herde», nur Salz, Senfkorn und Sauerteig. Sie kann nicht bergende Wohnstube für alle sein, sondern nur Leuchtturm oder Leuchtfeuer für andere, oft nur ein kleines Licht in der Nacht. In dieser ihrer Armut entspricht sie dem Wort Jesu, der den Armen eine frohe Botschaft bringt (Lk 4,18; 6,20; 7,22). Konkret heisst dies, dass nicht Macht das kirchliche Führungsprinzip ist, sondern Dienen: «Ich bin nicht gekommen, mich bedienen zu lassen, sondern zu dienen» (Mk 10,45), dieses Wort Jesu haben die Konzilstexte so oft zitiert wie kein anderes.

«Evangelikal» klingt heute oft despektiertlich und gilt manchmal als Schimpfwort. Als Christen aber sollten wir uns alle bemühen, so nah wie möglich nach dem Wortlaut des Evangeliums zu leben. Wir kämen diesem Geist des Evangeliums einen grossen Schritt näher, wenn wir uns als Volk Gottes und als dessen Verantwortliche ernsthaft um den Geist der Armut, des Dienens und des Machtverzichts mühten. Das schlösse jede Form von Fanatismus oder Proselytismus aus. Es gab in der katholischen Kirche immer wieder evangelische Bewegungen, und es gibt sie auch heute. Der Kern ihrer Lebensweise war und ist immer eine Wiederentdeckung der Armut.

3. Wie sollen wir als Kirche leben?

Wie kann die Kirche heute ihren Auftrag erfüllen, in dienender Armut Leuchtfeuer für viele Menschen zu sein? Wie können wir ihr bei der Erfüllung dieses Auftrags helfen? Denn die Kirche, das sind wir. Offensichtlich erfordert eine solche Erfüllung immer wieder einen neuen Aufbruch, eine ständige Erneuerung. «Ecclesia semper reformanda» («Die Kirche muss sich immer wieder erneuern»), dieses Losungswort der Reformation gilt nicht weniger für die katholische Kirche. Als Erstes ist deshalb zu fragen: Wie ist heute eine Erneuerung der Kirche möglich?

Die Reformatoren sahen richtig, als sie das Wort Gottes, die Heilige Schrift für das Kirchenvolk übersetzten und verkündigten, um eine seelsorgerlich weitgehend verwahrloste Kirche zu erneuern. Wenn man das Gotteswort, das Evangelium nicht nur hört, sondern es auch in die Tat umsetzt, liegt darin eine ungeheure Kraft der Erneuerung. Alle Ordensgründer haben das erfahren, von Antonius dem Einsiedler (251–356) und Franz von Assisi (1181/82–1226) bis zu Charles de Foucault (1858–1916). Das Gotteswort ist das Saatkorn, das hundertfältige Frucht bringt, wenn es in gutes Erdreich fällt (Lk 8,8.15). Im reformierten Zürich und Genf prägte das Evangelium sogar die weltliche und die staatliche Ordnung. Darum nennt sich unsere Schwesterkirche mit Stolz «evangelisch», und ihr Gottesdienst ist auch heute noch vorwiegend ein Wortgottesdienst.

Wir brauchen jedoch nicht auf das Beispiel der Reformatoren zurückzugreifen. Auch die Reform, die das Zweite Vatikanische Konzil eingeleitet hat, stützt sich auf eine Aufwertung des Gotteswortes. Das Konzil wuchs heraus aus der katholischen biblischen und liturgischen Bewegung seit den Zwanzigerjahren des 20. Jahrhunderts. Darum hat es die Erneuerung der Liturgie zu seiner ersten Aufgabe gemacht, und diese Erneuerung besteht zu einem guten Teil in der Aufwertung des Wortgottesdienstes: «Von größtem Gewicht für die Liturgiefeier ist die Heilige Schrift», sagt das Konzil (SC Nr. 24). «Um daher Erneuerung, Fortschritt und Anpassung der heiligen Liturgie voranzutreiben, muss das innige und lebendige Ergriffensein von der Heiligen Schrift gefördert werden» (ebd.). Und nochmals: «Auf dass den Gläubigen der Tisch des Gotteswortes reicher bereitet werde, soll die Schatzkammer der Bibel weiter aufgetan werden, so dass innerhalb einer bestimmten Anzahl von Jahren die wichtigsten Teile der Heilige Schrift dem Volk vorgetragen werden» (SC Nr. 51).

So gesehen, dürfen wir den Gebrauch der Volkssprache in der Liturgie durchaus mit Luthers und Zwinglis Bibelübersetzung in Parallele setzen. Auch die dogmatische Konstitution über die Offenbarung *Dei Verbum*, eine der schönsten und reifsten Früchte des Konzils, können wir als eine Hilfe zur Erneuerung des Wortgottesdienstes lesen.

Das stellt eine Reihe Fragen, zunächst an die Seelsorgerinnen und Seelsorger: Warum hält man sich nicht an die vorgeschriebene Leseordnung und unterdrückt fast systematisch eine der drei Sonntagslesungen? Ist es zu schwierig und zu langwierig, diese Lesungen zu erklären und in sie einzuführen? Ist Kürze wirklich das oberste liturgische Prinzip?

Die Fragen richten sich aber auch an uns als Gläubige: Hören wir wirklich, was vorgelesen wird, oder übergehen wir es als längst bekannt? Lassen wir uns vom gelesenen Wort anrühren? Realisiere ich, dass dieses Wort mich ganz persönlich betrifft? Wenn jemand einmal von einem Wort des Evangeliums wirklich angerührt wird, können grosse Dinge geschehen. Das Wort verändert unser Leben, und das Beispiel der Heiligen zeigt, dass es auch die Kirche und die Welt verändern kann. Es liegt an uns, die Gottesdienste so mitzufeiern, dass sich eine Veränderung ereignet.

Voraussetzung für jedes Mitfeiern der Gottesdienste ist unsere Taufe. Durch sie wurden wir in Christus eingewurzelt. Alle Christen empfingen und empfangen die eine und gleiche Taufe. Sie ist die Antwort Gottes auf unseren Glauben an ihn, den dreifaltigen Gott («Ich taufe dich im Namen des Vaters und des Sohnes und des Heiligen Geistes»), der Jesus von den Toten auferstehen liess. Sie hat uns in die Gemeinschaft der Kirche eingeführt, in der wir das Gotteswort hören und die Eucharistie feiern dürfen.

Kirche sein, als Kirche leben und wirken heisst somit, aus der Taufe leben. In den Anfangszeiten der Kirche war das selbstverständlich, weil alle Christen bewusst und aus eigenem Entschluss die Taufe empfingen und sich oft jahrelang darauf vorbereiteten. Heute taufen wir die Kleinkinder, in der Zuversicht, dass ihre Eltern sie beim Heranwachsen Schritt für Schritt ins Glaubensleben einführen. Wo das nicht mehr der Fall ist, muss die kirchliche Katechese die mangelnde Taufvorbereitung nachholen. Diese nachgeholte Taufkatechese sollte sich über unser ganzes Leben erstrecken und sich nicht auf eine theoretische Unterweisung beschränken, sondern eine christliche Lebenshaltung praktisch einüben. Eine Hilfe dazu könnten die zwei Sakramente bieten, die ausdrücklich der Bekräftigung und Erneuerung der Taufe dienen.

In der Firmung bestätigt und bekräftigt der Heilige Geist die Zeugenschaft für Jesus Christus. Deshalb schloss sich die Firmung ursprünglich unmittelbar an die Taufe an, so wie in der Antike Bad und Salbung zusammengehörten. Heute wird mit der Spendung der Firmung im jungen Erwachsenenalter die Möglichkeit geschaffen, die ausgefallene Taufkatechese so früh wie möglich nachzuholen. Man könnte sich überlegen, einen verlängerten Firmweg mit verschiedenen Stufen zu einem eigentlichen Katechumenat auszubauen.

Wer getauft und mit Christus gestorben ist, sagt Paulus (Röm 6,11), ist «für die Sünde tot». Und doch fallen wir immer wieder in manchmal auch schwere Sünden. Deshalb gibt es das Sakrament der Tauferneuerung, das Sakrament der Busse. Die Kirchenväter nennen es «eine mühselige Taufe». Im Hören auf das Wort Gottes (das können die Bussfeiern lehren) lassen wir uns von Gott bekehren, bereuen unsere Schuld und bekennen sie als Zeichen echter Reue. Die Lossprechung des Priesters führt dann wieder in die volle Gemeinschaft der Kirche ein. Das ist mehr als ein blosses «Abstauben» oder ein «Wieder-o.k.-Sein“. Es ist eine neue Begegnung mit dem dreifaltigen Gott. Die Lossprechung geschieht, wie die Taufe, «im Namen des Vaters und des Sohnes und des Heiligen Geistes».

Mit dieser persönlichen Nähe zu Gott im Hören des Wortes und in einem von der Taufe geprägten Leben ist es jedoch noch nicht getan. Als Glieder der Kirche haben wir, wie die Kirche selbst, in erster Linie einen Sendungsauftrag: in Wort und Tat für Jesus Christus, den Gekreuzigten und Auferstandenen, Zeugnis ablegen. Erst so wird die Kirche als Ganze ein Leuchtfeuer und eine Hoffnungsträgerin für alle Menschen.

Es mag erstaunen, dass die Hauptaufgabe der Kirche in der Christusverkündigung bestehen soll. Sind andere Dienste nicht viel wichtiger? Im Religionsunterricht lehrt man heute die Kinder, irgendwie an Gott zu glauben, und man erzählt ihnen von «unserem Bruder Jesus». Von ihm lässt sich allerdings nicht mehr viel verkündigen; eine solche Verkündigung ist zwar nicht nutzlos, aber sie bringt den Menschen auch nicht das, was sie erwarten und brauchen. Erst wenn wir Jesus als den «Christus» bekennen, als den jahrhundertelang erhofften, von Gott gesandten Messias, der als Einziger für alle Menschen das Heil bringt (Apg 4,12; 1 Tim 2,1–7), weil er den Tod und damit auch die Angst vor dem Tod überwunden hat, erst dann wird die Verkündigung für alle Menschen belangvoll. Daraus ergeben sich wieder Fragen an uns und an unseren Glauben: Ist Jesus für uns wirklich der Christus, der Heilsbringer? Glauben wir, dass er der wahre Sohn Gottes ist? Prägt der Glaube an sein Auferweckung von den Toten unser Leben, unseren Alltag?

Das Konzil hat scheinbar vor allem von der Kirche gesprochen. Bei näherem Zusehen aber bemerken wir, dass es in seinem Denken und in seinen Aussagen in erster Linie Jesus Christus vor Augen hat. Die Liturgiekonstitution stellt das Ostergeheimnis in die Mitte des christlichen Lebens; die Konstitution über das Gotteswort unterstreicht die Vollendung der Offenbarung in Jesus Christus; die Pastoralkonstitution *Gaudium et spes* greift zur Erhellung der anstehenden Menschheitsprobleme immer wieder auf Christus zurück, weil in ihm «der Schlüssel, der Mittelpunkt und das Ziel der ganzen Menschheitsgeschichte gegeben ist» (GS Nr. 10). Auch die Konstitution über die Kirche, über das Volk Gottes, sieht dieses Volk von Anfang an im Lichte

Christi. Im Geist des Konzils leben heisst, Christus in die Mitte seines Lebens stellen.

4. Vom Konzil zur Neuevangelisierung

Jetzt liegt das Konzil schon Jahrzehnte zurück. Die wohlgemute Aufbruchsstimmung aus der Konzilszeit hat vielfacher Enttäuschung und Kirchenmüdigkeit Platz gemacht. Priestermangel, schlechte Erfahrungen mit der Kirchenleitung und Enttäuschungen über ausbleibende weitere Reformschritte mögen das weitgehend erklären. Doch dahinter verbirgt sich, meines Erachtens, ein tieferer Grund des Missmuts. Die überbordende Kirchlichkeit der ersten Jahrhunderthälfte und der Konzilszeit hat schliesslich dazu geführt, dass die Kirche und die kirchlichen Instanzen und Gremien sich vorwiegend mit sich selbst beschäftigen. Doch Kirche nur als Kirche wird langweilig, ja sinnlos. Wer sie nur als Organisation und Institution sieht, muss sich sagen, dass es bessere und besser funktionierende Organisationen und Institutionen gibt. Wer in der Kirche oder in der Pfarrei nur die Gemeinschaft sucht, wird wir bald einsehen, dass das Gesuchte nicht zu finden ist, jedenfalls nicht so, wie wir es uns wünschen. Es ist vielleicht kein Zufall, dass heute die Priester- und Ordensberufe nicht mehr aus den Pfarreien stammen, sondern weitgehend aus neuen Gemeinschaften und Bewegungen. Nicht wenige von ihnen pflegen ein Heimweh nach der guten alten Kirchenzeit, die sie selbst gar nicht erlebt haben.

Darum ist es an der Zeit, dass wir uns zurückbesinnen auf das, wofür die Kirche da ist. Schon beim ersten Gründungsakt der Kirche, bei der Berufung der Apostel, wurde das deutlich gesagt: «Jesus rief die zu sich, die er selbst wollte, damit sie bei ihm seien und damit er sie aussende» (Mk 3,14). Wir sind Kirche, um bei Christus zu sein und von ihm hinausgesandt zu werden in die Welt zur Verkündigung der frohen Botschaft vom nahen Gottesreich. Auch die Pflege des Gemeindelebens muss dieser Sendung dienen.

Papst Johannes Paul II. hat das in sein Programmwort einer «neuen Evangelisierung» gefasst. Damit will er ein Doppeltes sagen: Im Unterschied zur Mission in nichtchristlichen Ländern wendet sich die neue Evangelisierung an offiziell christliche Gebiete. Der Papst hat den Ausdruck in seiner eigenen Heimat geprägt, angesichts des Kreuzes, das an die Christianisierung Polens vor mehr als tausenden Jahren erinnert und hinter der sich jetzt die Industriestadt Nova Huta erhebt, ein Geschöpf des glaubenslosen Marxismus. Was einst christlich war, was sich offiziell immer noch als christlich betrachtet, hat die Beziehung zum Christentum weitgehend verloren. Das gilt nicht nur von Orten und Ländern, sondern auch von vielen, vielleicht den meisten einzelnen Christen. Sie alle müssen noch einmal neu «evangelisiert», zu einem Leben nach dem Evangelium geführt werden. Das braucht nicht zu erstaunen; die geistlichen Lehrer betonen, dass es für ein wirklich christliches Leben neben der ersten Bekehrung, der Abkehr vom Bösen, eine zweite Bekehrung, eine entschiedene Zukehr zu Jesus Christus braucht. Die Religionssoziologie hat gezeigt, dass beispielswise in Frankreich nur jene Gebiete katholisch geblieben sind, die durch die Volksmissionen ein zweites Mal evangelisiert wurden. Das Wort «Evangelisierung» dagegen, und das ist das andere, hat der Papst vom Konzil und von seinem Vorgänger Paul VI. übernommen. Im Konzil bezeichnet es die Aufgabe der Laien, die Welt zu heiligen, und Papst Paul VI. hat dieser Aufgabe sein wichtiges Schreiben *Evangelii nuntiandi* gewidmet. Dort spricht er von einer Evangelisierung der Kultur und davon, dass die Kirche sich selbst evangelisieren muss. Denn die ersten, die sich evangelisieren lassen müssen, sind die Evangelisatoren selbst.

So steht wohl auch für uns Katholiken in der Schweiz eine «neue Evangelisierung» an. Dabei geht es nicht darum, neue Mitglieder für die Kirche zu gewinnen oder etwas ganz Neues zu schaffen, sondern nur den alten Glauben wieder neu lebendig werden zu lassen: durch ein Leben aus dem immer neu ins Herz aufgenommenen Gotteswort, durch das Leben in einer Glaubensgemeinschaft, deren Glieder sich gegenseitig stützen und anspornen, und nicht zuletzt durch tatkräftige, glaubwürdige Hilfe für andere, die Diakonie. Auf diesen Weg will heute auch Papst Franziskus die Kirche führen. Er wird nicht müde zu betonen, dass wir als Kirche an die Grenzen gehen müssen, dorthin, wo die Menschheit leidet. Sein Bild vom Feldlazarett hat seinerzeit Aufsehen erregt. Kirche sein heisst: Aufbrechen und zu den leidenden Menschen gehen. Das kann uns aus einer engen, manchmal mürrischen Kirchenbefangenheit befreien, damit wir uns frohen Herzens wieder Gott und der Welt zuwenden können. Dann wird auch das andere Programmwort von Papst Franziskus Wirklichkeit: Freude.

IV. ANFRAGEN AN DIE KIRCHE

Die Umstände unserer Ernennung brachten es mit sich, dass Weihbischof Paul Vollmar und ich in der Öffentlichkeit relativ viel Aufmerksamkeit fanden. Die Anfragen für Interviews und Vorträge häuften sich, namentlich bei mir, dem «Professor». So musste ich mich mit Themen beschäftigen und Antworten auf Fragen geben, die mich früher nur am Rande berührt hatten. Das war zwar interessant; doch meine anderen Aufgaben liessen meistens nur eine relativ oberflächliche Behandlung des Stoffes zu. Im Folgenden möchte ich sechs Beispiele geben von hoffentlich nicht ganz misslungenen Antworten auf solche Anfragen.

1. Gibt es einen katholischen Fundamentalismus?

Es gibt Worte, durchaus ehrenwerte Worte, die nur noch als Schimpfworte gebraucht werden. Niemand wendet sie auf sich selbst an, nur seine Gegner bewirft man mit diesen Worten. Fundamentalismus ist eines dieser modernen Schimpfworte. Mit ihm verbinden sich allerlei Horrorvorstellungen: geistige Enge, Autoritarismus, Bereitschaft zur Gewalt. Doch immer steht das Wort in einem religiösen Kontext, heute vor allem in Zusammenhang mit dem Islam. Für aufgeklärte Toleranz, das heisst für den modernen Europäer, ist Fundamentalismus das dunkle Gegenwort.

Zwei Grenzziehungen

Dabei ist das Wort Fundamentalismus amerikanischen, christlichen und durchaus ehrenwerten Ursprungs. Um die Wende zum 20. Jahrhundert, 1895, tat sich in den USA eine Gruppe von bibelgläubigen Pfarrern und Laien zusammen, um die Grundwahrheiten («Fundamentals») des christlichen Glaubens gegen den überhandnehmenden theologischen Liberalismus zu verteidigen. Sie veröffentlichten 1910–1912 ein zwölfbändiges Werk *The Fundamentals. A Testimony to the Truth*, das eine Millionenauflage erlebte, und schlossen sich 1919 zur «World's Christian Fundamental Association» zusammen. Ihre fünf Grundwahrheiten, an denen unbedingt festgehalten werden muss, betreffen (1) die wörtliche Irrtumslosigkeit der Heiligen Schrift, (2) die Gottheit Jesu Christi, (3) seine jungfräuliche Geburt, (4) seine stellvertretende Sühne und (5) die leibliche Auferstehung der Toten bei der Wiederkunft Christi.

Fast genau ein Jahrhundert später veröffentlichte die Päpstliche Bibelkommission 1993 ein Dokument über *Die Interpretation der Bibel in der Kirche*, in dem sie dreizehn verschiedene Zugänge zur Heiligen Schrift kritisch würdigt. Von diesen wird nur der letzte, der dreizehnte Zugang, «Der fundamentalistische Umgang mit der Schrift», uneingeschränkt und nachdrücklich abgelehnt. Die Bibelkommission geht mit dem Fundamentalismus nicht zimperlich um: Er wurzle «in einer Ideologie, die nicht biblisch ist», er lehne «den geschichtlichen Charakter der biblischen Offenbarung» ab und weigere sich zuzugeben, «dass das inspirierte Wort Gottes in menschlicher Sprache ausgedrückt» sei und trage so auch «dem Wachsen der Tradition der Evangelien» keine Rechnung. Man könne deshalb dem Fundamentalismus «eine Tendenz zu geistiger Enge nicht absprechen», ja er sei «gefährlich», weil er Personen anziehe, «die auf ihre Lebensprobleme biblische Antworten suchen» und so «zu einer Form der Selbstaufgabe des Denkens» einlade.

Eine schärfere Abrechnung mit einem bestimmten Umgang mit der Heiligen Schrift könnte man sich kaum vorstellen. Sie stammt zudem von einer Behörde, deren Verlautbarungen zu Anfang des letzten Jahrhunderts durchaus fundamentalistisch (miss-)

verstanden werden konnten, und die weiteren vier Grundwahrheiten der Fundamentalisten werden wohl von allen Mitgliedern der Bibelkommission geteilt. Diese Grundwahrheiten sind gut katholisch, auch wenn man sich über das richtige Verständnis des stellvertretenden Sühnetodes erst noch verständigen müsste.

Damit sind für die Beantwortung unserer Frage nach einem katholischen Fundamentalismus bereits zwei Grenzpfähle gesetzt: Einerseits die eindeutige Ablehnung der fundamentalistischen Schriftauslegung durch die Päpstliche Bibelkommission, andererseits die unverkennbare Verwandtschaft vieler fundamentalistischer Grundüberzeugungen mit der katholischen Lehre. Eine Unterscheidung der Geister tut not.

Ist der Katholizismus fundamentalistisch?

Die katholische Kirche hat mit dem amerikanischen Fundamentalismus nicht nur vier seiner Grundüberzeugungen gemeinsam, es gibt auch eine auffällige zeitliche Koinzidenz zwischen der fundamentalistischen Abwehr des Liberalismus und der katholischen Abwehrstellung gegen den Modernismus, der als eine konfessionell abgemilderte Form des Liberalismus verstanden werden könnte. Schon 1893 war die Bibelenzyklika *Providentissimus Deus* erschienen, in der Leo XIII. die Irrtumslosigkeit der Schrift auch angesichts der neuen naturwissenschaftlichen Erkenntnisse betonte. 1902 wurde dann die Päpstliche Bibelkommission eingesetzt, die konkrete exegetische Fragen im Licht der Lehre Leos XIII. entschied. 1904 und 1907 verurteilte schliesslich Pius X. im Dekret *Lamentabili* und in der Enzyklika *Pascendi Dominici Gregis* den katholischen Modernismus. Eine innerkatholische Antimodernistenhetze begann, der erst Benedikt XV. 1914 ein Ende setzte, die jedoch, wie wir noch sehen werden, in ihren Ausläufern bis in unsere Tage hinein fortgeht.

Diese zeitliche Koinzidenz zwischen dem amerikanischen Fundamentalismus und den genannten katholischen Abwehrbewegungen mag vom Zeitgeist bedingt sein, der gläubige Protestanten und Katholiken mit den gleichen oder ähnlichen Gegnern konfrontierte. Doch die Frage drängt sich auf, ob der Katholizismus nicht vielleicht seinem Wesen nach fundamentalistisch ist. In den USA handelte es sich nur um eine, zwar beträchtliche, Gruppe von Gläubigen; auf katholischer Seite dagegen war es das Lehramt der Kirche, das ihre offizielle Lehre verteidigte. Die Frage scheint unabweisbar, wenn wir bedenken, dass vier der fünf fundamentalistischen Grundwahrheiten tatsächlich zum Grundbestand des katholischen Glaubens gehören, der dann allerdings noch einige weitere Grundwahrheiten umfasst.

Doch hier zeigt sich schon ein erster kennzeichnender Unterschied. Die Festlegung auf fünf Grundwahrheiten («fundamentals») erinnert allzu sehr an die «fünf katholischen Wahrheiten» des Anglikaners Richard Hooker (1594), der mit diesem Rückzug auf ein gemeinreligiöses Minimum den konfessionellen Frieden begründen wollte. Der Glaube lässt sich nicht auf einzelne, wenn auch festzuhaltende Sätze reduzieren; er bildet ein organisches Ganzes aus vielen Wahrheiten (aber nicht aus vielen Sätzen), die doch alle zusammen nur eine einzige Wahrheit sind, die unser Leben trägt und prägt. Eines Satzes kann man sich versichern, und so jene Gewissheit finden, die seit Descartes das Anliegen des verunsicherten modernen Menschen ist. Auf eine Wahrheit dagegen kann man nur zugehen, in ihr leben, sie «tun» (Joh 3,21), was Paul Ricœur in das schöne Wort gefasst hat: «Ich hoffe, in der Wahrheit zu sein».

Als Hintergrund der fundamentalistischen Einstellung zeigt sich so ein Sicherheitsbedürfnis, das mit Hilfe absolut gewisser Sätze gestillt werden soll. Als erste Grundwahrheit wird deshalb die Verbalinspiration der Heiligen Schrift statuiert, d. h. der Glaube, dass die Schrift Wort für Wort vom Heiligen Geist diktiert sei und deshalb, und nur deshalb, auch absolut irrtumsfrei. Diese Lehre brachte die amerikanischen Fundamentalisten in der Praxis allerdings in unüberwindliche Schwierigkeiten mit der Frage nach der (wörtlich) richtigen Übersetzung der Schrift. Wichtiger wäre die Unterscheidung zwischen dem menschlichen Sich-Versichern, einer Gewissheit, die man sich mit Hilfe unfehlbarer Sätze verschafft, und der Glaubensgewissheit, die Gott schenkt. Diese beruht nicht auf sicheren Sätzen, sondern auf Gottes Treue und, biblisch gesprochen, auf Gottes Wahrhaftigkeit. Auf Gott kann man sich verlassen, aber nicht auf eine Reihe von Aussagen.

Auch im ausserreligiösen Bereich sehen wir oft, dass sich die Menschen mit Hilfe unfehlbarer Aussagen Sicherheit geben oder verschaffen wollen. Man denke beispielsweise daran, wie sehr man sich auf «wissenschaftlich erhärtete» Aussagen abstützt, wenn es um die eigene Gesundheit geht. Da findet man ebenso viele medizinischen Fundamentalisten wie früher marxistische Fundamentalisten in Fragen unserer gesellschaftlichen und wirtschaftlichen Zukunft. Der Glaube bietet keine solche Gewissheiten an, sondern eine Sicherheit ganz anderer Art. Auch ein Katholik hält an vielen Grundwahrheiten fest, sogar «unerschütterlich», aber nicht, weil sie so dastehen oder in diesem Wortlaut «geoffenbart» sind, sondern weil sich das Heilswirken Gottes an seinem Volk und für die ganze Menschheit in der Gottessohnschaft Jesu Christi, in seiner Jungfrauengeburt, in seinem Sterben für uns und in seiner leibhaften Auferstehung der Toten als tatkräftig erwiesen und offenbart hat.

Hier zeigt sich der grundlegendste Unterschied zwischen dem christlichen Glauben und einem Fundamentalismus. Der Fundamentalist versteht die Offenbarung Gottes primär als ein Buch, die Bibel. Darum ist auch jede andere «Religion des Buches», wie der Islam, ihrem Wesen nach fundamentalistisch. Der katholische Glaube dagegen versteht die Offenbarung als eine Geschichte Gottes mit den Menschen, die in der Schrift nur einen nicht ganz adäquaten Niederschlag gefunden hat. Gegenstand unseres Glaubens sind primär nicht Worte oder Sätze, sondern eine Person, die Person Jesus Christus, und ein Ereignis, die Auferstehung Jesu von den Toten (die eigenartigerweise nicht unter den fünf fundamentalistischen Grundwahrheiten aufgezählt wird). Allerdings scheint das Wort der Schrift ganz unmittelbar zum Leser zu sprechen, während wir von der Person Jesus Christus, von seiner Botschaft und von seiner Auferstehung nur durch vielfache Vermittlung wissen. Da sind zuerst der Glaube der Apostel und der Glaube der Urgemeinden, den uns die wiederum von ihrem Glauben vermittelten Aufzeichnungen der Evangelisten vermittelt haben. Diese sind von der Kirche anerkannt und durch die Jahrhunderte überliefert worden als Weitergabe des Glaubens. Das geschah in verschiedenen Sprachen und Kulturen, was sich in dem Begriff der Tradition zusammenfassen lässt. Dieses überlieferte Glaubensgut kommt zu uns durch die Vermittlung der gegenwärtigen Glaubensverkündigung und, last but not least, durch die Vermittlung unseres eigenen Gewissens, das diese Verkündigung aufnimmt und sie sich zu eigen macht.

Dieser letzten Vermittlung müssen wir noch kurz unsere Aufmerksamkeit widmen. Denn der Fundamentalismus hat auch seine praktisch-ethische Seite; er leitet aus dem Wortlaut der Bibel unmittelbar praktische Verhaltensregeln ab. Das scheint nahezuliegen; der Text der Bibel, nicht zuletzt der des Neuen Testaments, tönt ja auf weite Strecken normativ und imperativ. Soll das nun wörtlich befolgt und ausgeführt werden? Zwei Arten solch wörtlicher Ausführung stehen sich gegenüber: die des orthodoxen Judentums und die der Heiligen. Das orthodoxe Judentum versucht, wie zur Zeit Jesu die Pharisäer, alle Gebote und Verbote des Alten Testaments wortwörtlich zu befolgen, in bewundernswerter Konsequenz, aber auch mit einer Tendenz zur Sturheit, zum Verurteilen, selbst zur Gewalt. Schon Paulus, der Pharisäer, musste einsehen, dass eine solche Gesetzesbeobachtung nicht möglich ist und dass sie den Menschen schliesslich in Widersprüche führt. Diese Einsicht war eine Frucht seiner Bekehrung zum Glauben an Jesus Christus (Phil 3,4–9).

Auch die Heiligen haben die Worte des Evangeliums wörtlich genommen und sie wörtlich befolgt, selbst die unmöglich scheinenden Anweisungen der Bergpredigt. Von einigen von ihnen, von Antonius dem Einsiedler, von Franz von Assisi, von Franz Xaver, ist uns überliefert, das ein wörtlich befolgtes Wort der Schrift ihr Leben verändert und ihr ganzes weiteres Leben bestimmt hat. Doch sie haben diese Worte nicht deshalb befolgt, weil sie aufgeschrieben sind, sondern weil durch diese Gott oder Jesus Christus zu ihnen sprach. Das war es, was sie im Innersten traf und was sie sich zu eigen machten. In heutiger Sprache ausgedrückt: Sie machten sich das Wort zu eigen durch die Vermittlung ihres Gewissens. Die christliche Moral beruht, wie schon die alttestamentliche, nicht auf andiktierten Normen, sondern immer auf einer Bekehrung des Herzens, des eigenen Gewissens. Gott schaut auf das Herz und auf dessen Bekehrung. Deshalb lautet der Grundruf Jesu: «Das Reich Gottes ist nahe herangerückt, bekehrt euch, und glaubt an das Evangelium» (Mk 1,15). Das ist alles andere als fundamentalistisch.

Fassen wir zusammen: Der protestantische Fundamentalismus und der Katholizismus stimmen zwar inhaltlich bezüglich mancher Glaubenswahrheiten weitgehend überein, sie unterscheiden sich jedoch methodisch im Verständnis der Glaubensquellen und folglich auch in der Art ihrer Auslegung dieser Quellen. Die Päpstliche Bibelkommission hat sich denn auch folgerichtig gegen den Fundamentalismus als exegetische Methode gewandt und ihn ohne Abstriche als falsch bezeichnet. Glaubensquelle für den Katholizismus ist nicht der Wortlaut der Schrift, sondern «Schrift und Tradition», das heisst das ganze geschichtliche Heilswirken Gottes, wie es sich in der jüdischen und in der christlichen Gemeinde zwar in der Schrift niedergeschlagen hat, wie es aber auch vom Leben dieser Gemeinden ausgelegt und in seinem Verständnis weiter entfaltet wird. Für einen Fundamentalisten dagegen, und das ist sein reformatorisches Erbe, gilt «allein die Schrift» als Glaubensquelle, und zwar, das ist das Neue, die Schrift in ihrem Wortlaut, der ohne jede Auslegung wortwörtlich zu übernehmen ist.

Für den Umgang mit der Bibel wie für das christliche Leben heisst das, dass der Fundamentalismus jede Art von Hermeneutik ablehnt. Katholischerseits dagegen hat man stets mit einer dreifachen Vermittlung zu rechnen: mit einer religiös-geschichtlichen Vermittlung durch die Tradition, mit einer geschichtlichen, aber ausserreligiösen Vermittlung durch die verschiedenen Inkulturationen und schliesslich mit der ganz persönlichen Vermittlung durch das eigene Gewissen. Diese letzte Vermittlung meint keineswegs subjektive Beliebigkeit, sondern persönliche Betroffenheit durch Gottes Wort. Mit der Berücksichtigung der drei genannten Vermittlungen nimmt der Katholizismus die echte Menschwerdung des Gotteswortes ernst; denn «das Wort ist Fleisch geworden» (Joh 1,14). In der unvermittelten Wortwörtlichkeit des Fundamentalismus scheint zwar eine wissenschaftliche Strenge zu herrschen; doch für sie ist «Gott Wort geworden», letztlich etwas Unmenschliches, das den Menschen auf einen Teil seiner intellektuellen Fähigkeiten reduziert.

Die fundamentalistische Versuchung der Katholiken

Als Hintergrund des Fundamentalismus haben wir das Bedürfnis des modernen Menschen nach indiskutabler Gewissheit und Sicherheit erkannt. Ein gleiches Bedürfnis verspüren heute auch viele Katholiken, sogar umso mehr, je mehr ihr Glaube durch die Zeitumstände und durch Veränderungen in der katholischen Kirche selbst teilweise in Frage gestellt scheint. Wir dürfen uns deshalb nicht wundern, wenn heute auch nicht wenige Katholiken versucht sein können, eine fundamentalistische Grundhaltung einzunehmen.

Betrachten wir zuerst die Symptome einer solchen Versuchung, bevor wir in ihr tieferes Wesen und zu ihren Folgen vorzudringen versuchen. Der Fundamentalismus, haben wir gesagt, stützt seine Sicherheit auf die wörtliche Übernahme eines Textes. Auch bei Katholiken können wir heute nicht selten ein solches Sich-Festklammern an einem Text feststellen. Das ist allerdings normalerweise kein Text der Bibel, sondern es sind Texte des kirchlichen Lehramtes oder, schlimmer noch, Texte von Privatoffenbarungen. Der *Katechismus der Katholischen Kirche* und die jeweils jüngsten römischen Verlautbarungen waren und sind für manche derartige Rettungsplanken, für die theologisch Gebildeteren auch der *Codex Iuris Canonici*. Doch der Weltkatechismus sollte in erster Linie eine Handreichung für die Bischöfe sein, damit sie ihn in örtlich angepasste Katechismen umsetzen können, und die römischen Verlautbarungen richten sich in aller Regel wiederum an die gleichen Bischöfe, um ihnen bei ihrem (notwendig selbstverantworteten) Hirtenamt eine Hilfe zu geben. Der *Codex* warnt selbst vor einer nur wortwörtlichen Auslegung; er erinnert in seinem letzten Kanon noch einmal ausdrücklich an die «*aequitas canonica*» (die rechtliche Angemessenheit) und auch und vor allem daran, dass «das Heil der Seelen in der Kirche immer das oberste Gesetz sein muss» (can. 1752). Die Verunsicherung, ja der Streit um einige Verlautbarung von Papst Franziskus sind wohl nicht zuletzt daraus zu erklären, dass sie sich gegen ein fundamentalistisches Verständnis sperren.

Die wortwörtliche Texttreue der Fundamentalisten beruht, wie wir gesehen haben, auf einer Ablehnung von jeder anderen Art von Vermittlung und damit auch der Geschichtlichkeit des Glaubens. «Semel verum, semper verum» (Was einmal wahr war, bleibt immer wahr) ist ein Lieblingswort der katholischen Fundamentalisten. Ihr Fundamentalismus ist oft eine Abwehrreaktion oder ein Fluchtverhalten gegenüber den in ihren Augen grundstürzenden Veränderungen, die sich in der katholischen Kirche in den letzten Jahrzehnten, nicht zuletzt im liturgischen Bereich, ereignet haben. Zweifellos kann das, was einmal wahr war, nicht über Nacht zum Falschen werden. Und doch müssen wir immer damit rechnen, dass dieses einmal Wahre im Laufe der Geschichte ergänzt, vertieft und umfassender erkannt werden kann, was dann auch zu seiner besseren und folglich auch etwas abgeänderten Formulierung führen kann, ja muss. In diesem Sinn sind die liturgischen Ausdrucksformen, bei aller Wahrung ihrer Substanz, im Lauf der Jahrhunderte und im Kreis der Kulturen immer wieder geändert worden – manchmal auch durch Rückgriffe auf ältere, inzwischen weitgehend vergessene Formen. Am heutigen fundamentalistischen Festhalten am Alten erstaunt oft am meisten, dass dieses für sie «Alte», tatsächlich, geschichtlich gesehen, nicht selten nur wenige Jahrhunderte, ja sogar nur wenige Jahrzehnte alt ist.

Gefährlich wird die fundamentalistische Tendenz bei Katholiken jedoch erst durch einen dritten Grundzug, durch die Ablehnung jeglicher Art von Vermittlung. Dass die Vermittlung durch Inkulturation aus Angst vor einem Kulturrelativismus abgelehnt wird, mag man noch verstehen. Es zeugt jedoch von einem blinden Fleck im Auge; denn gerade das Glaubensverständnis des Fundamentalisten ist ganz spezifisch in der Neuzeit inkulturiert. Weniger harmlos ist die fundamentalistische Ablehnung der Vermittlung durch die kirchliche Tradition, beziehungsweise das unerschütterliche Festhalten nur an einer ganz bestimmten Traditionsstufe. Mit dieser Haltung verlässt der fundamentalistische Katholik tatsächlich die kirchliche Gemeinschaft. Er erliegt dabei einer Selbsttäuschung; er betrachtet als «Tradition» das und nur das, was die theologischen Lehrbücher zu einem gewissen Zeitpunkt, beispielsweise vor einem halben Jahrhundert, als die gültige katholische Lehre dargestellt haben. Er vergisst dabei beides: dass die echte Tradition geschichtlich viel weiter hinabreicht und dass sie auch in der heutigen Kirche noch weiterlebt.

So kommt ein katholischer Fundamentalist im Extremfall dazu, seinen Bischof oder gar den Papst im Namen seiner eingeschrumpften «Tradition» zu kritisieren, was schliesslich gar ins Schisma führen kann.

Der Selbstwiderspruch des Fundamentalismus erreicht seinen Höhepunkt in der Ablehnung der Vermittlung durch das eigene Gewissen. Dem Anschein nach soll so jede subjektive Beliebigkeit abgewehrt werden, namentlich im Bereich der Moral. Doch tatsächlich macht der katholische Fundamentalist in dieser Haltung seine persönliche Art kirchliche Texte zu lesen und zu verstehen (und manchmal noch schlimmer: seinen Glauben an eine Privatoffenbarung) zum letzten und einzigen Wahrheitskriterium. Es fehlt an jenem kirchlichen Gehorsam, der bereit ist, das eigene Verstehen zunächst hintanzusetzen und auf andere zu hören, namentlich auf die berufenen Vertreter der kirchlichen Gemeinschaft. Nur ein geduldiges und gehorsames Hinhören vermag den eigenen (vermeintlichen) Glauben in die Gemeinschaft des wahren und lebendigen Glaubens der Kirche einzufügen. Fundamentalismus ist immer, so sehr er sich dagegen sträubt, eine Form von religiösem Subjektivismus, weil er sich unmittelbar an einem Text seine höchst eigene religiöse Überzeugung bildet.

Der katholische Antimodernismus hat sich, wie wir sahen, zeitlich parallel zum amerikanischen protestantischen Fundamentalismus entwickelt. Hinter dieser chronologischen Feststellung zeichnet sich eine Wesensaussage ab. In beiden Fällen handelt es sich in erster Linie um eine Abwehr. Das, was da abgewehrt werden soll, muss, vom Glauben aus gesehen, tatsächlich abgewehrt werden: die liberale, aufklärerische oder modernistische Beliebigkeit der Auslegung des Glaubens, die schliesslich zu seiner Aushöhlung führt. In dieser Abwehr steht der Katholizismus dem Fundamentalismus tatsächlich nahe.

Doch sie unterscheiden sich auch hier in der Methode ihrer Abwehr. Mit Blick auf die Geschichte des Antimodernismus, zweifellos einem der dunkelsten Kapitel in der neueren Kirchengeschichte, erinnert man sich da wohl zuerst an das Äusserliche: an Polemik, Verdächtigungen, Denunziantentum, Verurteilungen, was alles nicht sehr christlich war. Ein Opfer dieser Methoden, Maurice Blondel, hat seinerzeit mit Klarblick diese Verirrungen aufgedeckt und auf ihre ideellen Hintergründe hingewiesen, in ihrer Verwandtschaft mit dem «politischen Positivismus» des «atheistischen Katholiken» Charles Maurras, aus dem die «Action Française» hervorging. Tempi passati, damit brauchen wir uns glücklicherweise nicht mehr zu befassen.

Ernst zu nehmen und immer noch aktuell bleibt dagegen die innere Grundhaltung dieser Abwehr und ihre Methodik. Sie geht aus vom eigenen sicheren Besitz der Wahrheit und teilt deshalb die Welt in Gute und Böse ein. Dies entspricht jedoch weder dem Gebot der Bergpredigt, nicht zu richten, (Mt 7,1–5) noch dem Gleichnis vom Unkraut unter dem Weizen (Mt 13, 4–30). Es scheint dagegen dem normalen Vorgehen des kirchlichen Lehramts zu entsprechen. Man braucht nur den *Denzinger* zur Hand zu nehmen, um festzustellen, dass viel mehr Lehrsätze verurteilt als positiv ausgesagt wurden. Doch das ergab sich aus dem Wesen unseres menschlichen Erkennens, nicht aus der Lust am Verurteilen. Es lässt sich leichter feststellen, was sicherlich falsch ist, als das Wahre richtig und endgültig aussagen. So zeigt sich gerade in diesen negativen Lehraussagen, dass die Kirche nicht den Anspruch erhebt, die Wahrheit endgültig und unabänderlich zu besitzen. Wenn das II. Vatikanische Konzil dagegen mehrheitlich positive Aussagen gemacht hat, zeigte es auch die Klugheit, nichts dogmatisch definitiv festlegen zu wollen. Dieses Konzil deswegen als modernistisch verurteilen zu wollen, indem man ihm fundamentalistisch eine vorkonziliare theologische Gewissheit entgegenstellt, beweist eine völlige Verkennung dessen, wie kirchliche Tradition lebt.

Zur Ergänzung und Abrundung dieser kurzen Beschreibung fundamentalistischer Tendenzen im heutigen Katholizismus muss auch noch eine Art negativer Fundamentalismus erwähnt werden, den man gelegentlich antreffen kann. Er besteht darin, das Schweigen der Heiligen Schrift ebenso wörtlich und verbindlich zu verstehen wie ihre Aussagen. So will man beispielsweise aus

dem Schweigen der Schrift über den Priesterzölibat oder über die Frauenordination ein positives Argument für die Lösung dieser Fragen entnehmen, selbstverständlich in dem Sinne, wie man sich das selber wünscht.

Fundamentalismus als kirchliches Schimpfwort

Einleitend haben wir festgestellt, dass «Fundamentalismus» heute nur noch als Schimpfwort gebraucht wird. Unser Versuch einer kurzen Charakteristik des protestantischen Fundamentalismus und seiner katholischen Entsprechungen wollte jedoch keine Beschimpfung sein; sie stand im Dienst einer Unterscheidung der Geister. Unsere Darstellung wäre jedoch nicht vollständig, wenn wir nicht wenigstens kurz auch auf das Schimpfwort eingingen.

Es wird innerhalb wie ausserhalb der kirchlichen Gemeinschaften viel weitherziger angewendet, als wir es hier beschrieben haben. Im Blick auf andere Religionsgemeinschaft setzt man das Wort «Fundamentalismus» normalerweise mit religiöser Gewaltbereitschaft gleich; im Blick auf christliche Gruppierungen nimmt es dagegen verschwommene Züge an. Es erweckt Erinnerungen an Unaufgeklärtheit, Intoleranz, religiösen Fanatismus und Zwang und wird folglich auch gerne zur Abwehr religiöser Forderungen gebraucht, denen man sich nicht stellen will. Bewegungen und Gruppen, die sich um ein Leben nach dem Evangelium bemühen, ja selbst gewisse Lehren der katholischen Kirche werden deshalb gerne als «fundamentalistisch» bezeichnet, wodurch sie als abgetan gelten können. «Der Begriff Fundamentalismus», so urteilte schon vor Jahren Axel Michaels, ein unverdächtiger Zeuge, «ist ein Produkt der weltumspannenden Medienwelt, mit dem man im Grunde nur sein Unverständnis gegenüber radikalem religiösem Verhalten und den regional-spezifischen Ursachen der Entstehung von Gewalt verdecken wollte, möglicherweise sogar ein Unverständnis gegen Religion überhaupt.»

Dass ein derartiges Unverständnis, das zu einem undifferenzierten Fundamentalismusvorwurf führt, auch und gerade in «aufgeklärten» katholischen Kreisen zu finden ist, ist als Symptom noch beunruhigender als die Symptome von tatsächlichem Fundamentalismus, die ich hier zu erläutern suchte.

2. Kirche als Kommunikation

In Rom hatte mich P. Rektor Carlo Maria Martini damit beauftragt, in der Universität einen Lehrstuhl für Kommunikationswissenschaft einzurichten. Daraus ist schliesslich ein Interdisziplinäres Zentrum über Sozialkommunikation geworden. Von der technischen Seite der Kommunikationsmittel verstand ich nicht allzu viel; darum habe ich mich als Philosoph vor allem um Grundsatzfragen der Kommunikation bemüht. In meiner Zeit als Weibischof wurde ich deshalb des Öftern angefragt, mich zu solchen Grundsatzfragen zu äussern. Nachfolgend das vielleicht wichtigste Beispiel, das begreiflicherweise noch vor dem Siegeszug der Sozialmedien abgefasst wurde.

«Die Kirche ist Kommunikation»

«The Church is communications», die Kirche ist Kommunikation: So hat der später zum Kardinal ernannte Avery Dulles SJ schon 1971 einen Vortrag betitelt, den er vor der amerikanischen Bischofskonferenz hielt. Die Kirche ist ihrem Wesen nach Kommunikation. Sie ist Kommunikation, weil die Offenbarung, die sie weitervermitteln muss, selbst Kommunikation ist, «Selbstmitteilung Gottes», wie Karl Rahner im Anschluss an Kierkegaard und Karl Barth sagt.

Selbstmitteilung meint nicht nur, dass Gott uns in der Heilsgeschichte und in der Heiligen Schrift etwas über sich mitgeteilt hat. Es sagt auch und vor allem, dass Gott sich uns schenken will. Die Selbstmitteilung Gottes in ihrer höchsten Form zeigt sich und ist zugleich menschlich am greifbarsten in Jesus Christus. In Jesu Reden und noch mehr in seinem Tun teilt Gott sich uns in menschlich zugänglicher Weise mit: «Philippus, wer mich gesehen hat, hat den Vater gesehen» (Joh 14,9). Entscheidend ist, dass diese Selbstmitteilung Gottes in Jesus Christus nicht nur in Worten geschieht, sondern zugleich, ja vor allem, im Handeln und sogar schon im blossen Dasein Jesu. Er selbst ist das Fleisch gewordene Wort Gottes (Joh 1,14), und so ist er «Exegese» des Vaters (Joh 1,18). Die Konstitution des Konzils über die göttliche Offenbarung, *Dei Verbum*, unterstreicht das gleich zu Anfang: «Das Offenbarungsgeschehen ereignet sich in Tat und Wort (*gestis verbisque*), die innerlich miteinander verknüpft sind» (Nr. 2).

Dieses ganzheitliche Kommunikationsverständnis bestimmt fortan die kirchliche Kommunikationstheorie. Die Pastoralinstruktion *Communio et progressio* über die «Instrumente der sozialen Kommunikation», das heisst, gut deutsch: über die Medien, stellt in ihrem theologischen Vorspann Jesus Christus als den «perfekten Kommunikator» dar und versteht die Medien, vielleicht etwas zu optimistisch, als «von der Vorsehung Gottes gegebene Mittel, um das Zusammenleben der Menschen auf dieser Erde zu fördern» (Nr. 12). Es lohnt sich, einmal den ganzen Abschnitt über Christus als den «perfekten Kommunikator» zu lesen, weil da sozusagen ein Idealbild kirchlicher Kommunikation gezeichnet wird:

«Während seines Erdenwandels erwies sich Christus als Meister der Kommunikation [im Urtext noch prägnanter: «als der vollkommene Kommunikator», *se ipsum ostendebat Perfectum Communicatorem*]. In der ‹Menschwerdung› nahm er die Natur derer an, die einmal die Botschaft, welche in seinen Worten und in seinem ganzen Leben zum Ausdruck kam, empfangen sollten. Er sprach ihnen aus dem Herzen, so wie er mitten unter ihnen stand. Er verkündete die göttliche Botschaft verbindlich, mit Macht und ohne Kompromiss. Andererseits glich er sich ihnen in der Art und

Weise des Redens und Denkens an, da er aus ihrer Situation heraus sprach. Tatsächlich ist Kommunikation mehr als nur Äusserung von Gedanken oder Ausdruck von Gefühlen; im Tiefsten ist sie Mitteilung seiner selbst in Liebe. Die Kommunikation Christi ist Geist und Leben. Durch die Einsetzung der Eucharistie schenkte uns Christus die höchste Form der Einigung, die den Menschen auf Erden möglich ist, nämlich die Einigung zwischen Gott und Mensch und darum auch die innigste und vollendetste Gemeinschaft zwischen den Menschen selbst. Schliesslich hat Christus uns seinen lebenspendenden Geist mitgeteilt, der das Prinzip der Verbundenheit und Einheit ist. In der Kirche, die der mystische Leib Christi und die verborgene Fülle des verherrlichten Christus ist, umfasst er selbst das All» (Nr. 11).

Im letzten Abschnitt dieses Textes, wo von der Eucharistie und von der Kirche die Rede ist, ist die Anspielung an die Kirchenkonstitution, *Lumen gentium* unüberhörbar. Dort wird die Kirche gleich zu Anfang als «das Sakrament, das heisst Zeichen und Werkzeug für die innigste Vereinigung mit Gott wie für die Einheit der ganzen Menschheit» bezeichnet, und die Konzilsväter merken dazu an: «Die gegenwärtigen Zeitverhältnisse geben dieser Aufgabe der Kirche eine besondere Dringlichkeit, dass nämlich alle Menschen, die heute durch vielfältige gesellschaftliche, technische und kulturelle Bande enger miteinander verbunden sind, auch die volle Einheit in Christus erlangen» (Nr. 1). Das wurde vor mehr als einem halben Jahrhundert geschrieben, als von Globalisierung noch kaum die Rede war (weshalb auch die wirtschaftlichen Bande unerwähnt blieben), ganz zu schweigen von der totalen, ja totalitären Kommunikation durch die Sozialmedien.

Eines aber bleibt und wird von Jahrzehnt zu Jahrzehnt dringlicher: Die Kirche soll das Werk Jesu Christi auf Erden weiterführen, und deshalb besteht ihr wesentlicher, kirchenkonstituierender Auftrag in der Verkündigung des Evangeliums. Die Kirche, könnten wir etwas pointiert sagen, ist ein Kommunikationsunternehmen – sozusagen eine Werbeagentur. Was sie dagegen von jeder Werbeagentur unterscheidet, ist die Art, wie sie ihren Verkündigungsauftrag erfüllt. Sie erfüllt ihn zwar auch durch Wortverkündigung; sie verkündet und erzählt die Lehre Jesu Christi, seine Taten und vor allem seine Geschichte, von der Menschwerdung bis zur Auferstehung. Doch das ist nicht alles und nicht das Wichtigste. Das Leben der Kirche in all seinen Aspekten ist selbst Verkündigungsgeschehen. Kirche gibt es nur als Frucht der Auferstehung Christi und als Werk des Heiligen Geistes. Deshalb ist sie selbst Selbstmitteilung Gottes. Sie verkündet das Werk Jesu Christi nicht nur; sie verwirklicht es auch, in erster Linie durch die Feier der Sakramente, deren Quellgrund und Höhepunkt die Eucharistie ist. So gesehen, ist das ganze kirchliche Leben der Kirche Kommunikation, fast wäre zu sagen: nichts als Kommunikation. Umso dringlicher kommt es darauf an, dass es gute Kommunikation ist.

Die Kirche lässt sich unter einem doppelten Gesichtspunkt betrachten: einerseits als mit Kommunikation, mit Verkündigung und Einigungsarbeit für die Menschheit beauftragt, und andererseits als ein Kommunikationsgeschehen, das Erfüllung des Verkündigungsauftrags ist. Das muss nun noch näher betrachtet werden.

Seit dem Konzil versteht man die Kirche mit Vorzug als *communio*, als eine lebendig sich verwirklichende Gemeinschaft. Der lateinische theologische Fachausdruck besitzt den Vorzug, dass er unüberhörbar an «Kommunikation» erinnert. Jede Gemeinschaft kommt tatsächlich immer nur durch Kommunikation zustande, und sie lebt in einer Vielfalt von Kommunikationsvorgängen. Wenn Gemeinschaft etwas anderes und mehr sein soll als ein unverbindliches Beieinander oder ein unüberprüfbares Gefühl, muss sie sich in Kommunikation äussern und das möglichst in guter, gelingender und – im Unterschied zu effizient kommunizierenden Organisationen – von Liebe oder zumindest Wohlwollen getragener Kommunikation, in der sich gemeinschaftlicher Zusammenhalt manifestiert. Deshalb ist nochmals zu sagen: Das ganze kirchliche Leben ist Kommunikation.

Die Kirche folgt als *communio* nicht nur den Gesetzen jeder menschlichen Gemeinschaft; sie ist auch, und das ist das Entscheidende, ein gleichsam sakramentales Abbild des innergöttlichen Lebens, das seinerseits wiederum Kommunikation, Selbstmitteilung zwischen den drei göttlichen Personen ist. Die innerkirchliche Kommunikation muss deshalb den Gesetzen der göttlichen Selbstmitteilung folgen, und das kann sie nur, weil ihr das eigentlich göttlich-kirchliche «Kommunikationsmittel», der Heilige Geist geschenkt ist. Erst im Heiligen Geist kann das kirchliche Leben Darstellung und Weiterführung der Selbstmitteilung Gottes sein. Deutlich wird das in den Paulusbriefen. Im belehrenden Teil spricht Paulus oft von der Geistgabe, die den Christen geschenkt ist, und die darauf folgenden Ermahnungen sind grossenteils Mahnungen zu einem guten, gelingenden kirchlichen Gemeinschaftsleben. Christliche Ethik ist in erster Linie Gemeinschaftsethik und deshalb, könnte man sagen, auch Kommunikationsethik. Aus den paulinischen Ermahnungen liessen sich jedenfalls nicht wenige nützliche Ratschläge für eine gute kirchliche Kommunikation entnehmen.

Die kirchliche Gemeinschaftsethik wird uns jedoch nicht nur in Form von Ermahnungen vorgelegt. Die Apostelgeschichte führt sie uns auch als lebendiges Vorbild vor Augen. Im zweiten und im vierten Kapitel stellt sie das Leben der Urgemeinde in Jerusalem ausdrücklich als *communio*, als Kommunikationsgemeinschaft vor: «Alle, die gläubig geworden waren, bildeten eine Gemeinschaft und hatten alles gemeinsam. Sie verkauften Hab und Gut und gaben davon allen, jedem so viel, wie er nötig hatte. Tag für Tag verharrten sie einmütig im Tempel, brachen in ihren Häusern das Brot und hielten miteinander Mahl in der Freude und Einfalt des Herzens» (Apg 2,44–46). Das Gleiche wird zwei Kapitel später nochmals gesagt (Apg 4,32–35).

Diese Berichte sind zweifellos idealisiert. Doch gerade so wurden sie zum Vorbild für spätere Zeiten, ja zum Urbild kirchlichen Lebens. Immer wieder wurde versucht, dieses Urbild zu realisieren und schon hier auf Erden etwas vom Himmlischen Jerusalem anzuzeigen. Die Mönchsgemeinschaften entstanden, dann die Bettelorden, die apostolischen Gesellschaften und heute die verschiedenen kirchlichen Bewegungen. Jede dieser Gemeinschaften verwirklicht in ihrem Leben ein je eigenes Ideal innerkirchlicher Kommunikation. Denn innerkirchliche Kommunikation ist, wie die Apostelgeschichte zeigt, mehr als nur freundschaftlicher Umgang miteinander oder nur Austausch von Informationen. Sie zielt auf Gütergemeinschaft und auf volle Lebensgemeinschaft ab. All dies in der Kraft des Heiligen Geistes, die eine solche *communio* möglich macht.

Das lässt sich mit zwei Überlegungen weiter verdeutlichen. Jede Gemeinschaft, die im Licht der Öffentlichkeit steht, zieht Blicke auf sich, nicht nur wenn sie so auffällig und ausgefallen lebt wie die Urgemeinde. Alles, was in einer genügend grossen Gemeinschaft geschieht, wird früher oder später Anlass zu «Gerede», zu Informationen, zu «News» geben. «Eine Stadt, die auf einem Berg liegt, kann nicht verborgen bleiben» (Mt 5,14), und «nichts ist verhüllt, was nicht enthüllt wird, und nichts ist verborgen, was nicht bekannt wird. Deshalb wird man alles, was ihr im Dunkeln redet, am hellen Tag hören, und was ihr einander hinter verschlossenen Türen ins Ohr flüstert, das wird man auf den Dächern verkünden» (Lk 12,2–3). Strassenbeleuchtung und Dachantennen gab es zur Zeit Jesu noch nicht. Beide Texte aber sagen überdeutlich, dass die Kirche damals wie heute ihren Verkündigungsauftrag zunächst dadurch erfüllt, dass ihr Dasein und ihr Leben in der Öffentlichkeit unübersehbar werden, sodass man Informationen darüber austauscht. Präsent sein ist alles, würden Kommunikationsspezialisten sagen.

Zum andern zeigt schon ein kurzer Blick auf die Kirchengeschichte, dass diese nicht zuletzt durch die Entwicklung der Kommunikationsmedien bestimmt war. Es fing an mit den Kommunikationsmitteln der Spätantike: mit den *Reisen*, die durch das römische Strassennetz und das Schifffahrtswesen oft allererst ermöglicht oder zumindest erleichtert wurden; mit dem Briefverkehr, der durch das gleiche Kommunikationsnetz erleichtert und beschleunigt wurde, und schliesslich durch die Evangelien im spätantiken Stil stilisierter Biografien. Im Übergang zum Mittelalter kamen neue Kommunikationsgemeinschaften auf: Klöster, Schulen, Universitäten, mit ihrem wichtigsten Kommunikationsmittel: den Schreibstuben und dem Austausch von Manuskripten. Dies wurde im Übergang zur Neuzeit abgelöst durch den Buchdruck, ohne den die Reformation kaum möglich gewesen wäre. In der nachtridentinischen Zeit hat man katholischerseits neue, spezifisch kirchliche Kommunikationsformen erfunden: die Volksmissionen, die Hirtenbriefe und die Enzykliken. Und man versuchte auch, die neu aufkommenden Medien in kirchlichen Dienst zu nehmen: als kirchliche Presse, als kirchlicher Rundfunk (allen voran das Vatikanradio) und als kirchliches Fernehen, bis hin zum Internet. Die Kirche ist Kommunikation, und sie ist es jeweils in der Weise ihrer Zeit.

Daraus ergeben sich einige Schlussfolgerungen für die kirchliche Kommunikation heute, namentlich in einer Zeit totaler Kommunikation, wo das «globalen Dorf» nochmals überholt und hinterfragt ist durch die Sozialmedien.

Kirchliche Kommunikation heute

Als Erstes ist festzustellen: Das Kirche-Sein selbst ist in der Informationsgesellschaft anders geworden. Die innerkirchliche Kommunikation nimmt ihren Weg oft, ja geradezu bevorzugt, über die ausserkirchliche Öffentlichkeit. Die Gläubigen empfinden sich nicht mehr unmittelbar als Gemeinschaft. Sie informieren sich über das Leben ihrer Pfarrei durch verschiedene öffentliche Informationsmedien. So erhebt sich die doppelte Frage: Kann es kirchliche *communio* via Öffentlichkeit geben? Und kann man überhaupt noch von einem «Pfarreileben» sprechen, oder gibt es eigentlich nur noch «Veranstaltungen»?

Nach und mit der Sakramentenspendung ist eine Hauptaufgabe der Kirche die Wortverkündigung. Ist es übertrieben zu sagen, dass diese heute in eine Krise geraten ist? Wo ist noch Zeit und Gelegenheit für breit angelegte, vertiefte Predigt? Wo ist noch Raum für echte Katechese neben einem Religionsunterricht, der sich auch mit den verschiedenen Religionen befassen muss? Am ehesten ist direkte kirchliche Verkündigung, von Mund zu Ohr, noch in den Kasualien möglich: Hochzeit, Taufe, Erstkommunion, Firmung, Beerdigung. Dort, und vor allem bei Trauergottesdiensten, findet man noch offene Ohren, betroffene Herzen, und das

Wort Gottes wird willig aufgenommen. Man kann heute den Seelsorgern nur empfehlen, für die Kasualien und für das dabei zu verkündigende Wort höchste Sorgfalt anzuwenden.

Im Übrigen empfangen die Gläubigen normalerweise Informationen über die Lehre und manchmal auch über das Leben der Kirche durch nichtkirchliche Kanäle, zum Beispiel über die öffentlichen Medien, und das in nicht geringem Mass. Der Papst und die Bischöfe sind immer noch «News», besonders wenn man Unerwartetes oder gar Skandalöses über sie berichten kann. In Form von Information werden Elemente der kirchlichen Verkündigung weit verbreitet; sie unterliegen aber auch der Beschränkung durch die drei Grenzen jeder Information: Information muss im Allgemeinen kurz sein; sie verkürzt deshalb die Texte oder das Vorgegebene und wählt nur das aus, was interessiert. Information kann nur vermitteln, was und wie der Vermittelnde selbst es verstanden hat. Informationen jagen einander und gehen deshalb in aller Regel schnell vergessen. Was diese drei Grenzen für eine kirchliche Verkündigung bedeuten, ist leicht einzusehen.

Es gibt aber auch interessiertere Empfänger, die sich über kirchliche Themen näher orientieren wollen und die deshalb zu spezifisch kirchlichen Medien, Fachzeitschriften oder Fachliteratur greifen. Diese sind deshalb heute im Hinblick auf kirchliche Verkündigung besonders zu fördern und zu pflegen, während das Bemühen zugleich dahin gehen muss, möglichst viele, aber auch möglichst sachgetreue Informationen über Kirchliches in den allgemeinen Medien unterzubringen, beispielsweise durch effiziente kirchliche Agenturen, Interviews und bereitwillige Auskünfte.

So viel zur kirchlichen Kommunikation als Wortverkündigung. Wir haben jedoch gesehen, dass die Kirche vor allem durch ihr Leben Kommunikation ist und dass dieses Leben wiederum weitgehend in innerkirchlicher Kommunikation besteht. Tatsächlich dringt manchmal nicht wenig von diesem kirchlichen Leben an die Öffentlichkeit, und das wiederum meist in Form von Information. Hier wird eine weitere Gesetzmässigkeit des Informationswesens wichtig: «Bad news is good news» – Skandale und Probleme sind interessanter als das, was geordnet verläuft. Daraus ergibt sich, dass in unserer Informationsgesellschaft nicht zuletzt auch das innerkirchliche Kommunikationsgeschehen entscheidend bleibt. Noch mehr als früher bestimmt dessen Qualität auch die Qualität der Kommunikation nach aussen, das «Image» der Kirche und die Glaubwürdigkeit ihrer Verkündigung. Deshalb muss hier auch noch einiges über die heutige Struktur innerkirchlicher Kommunikation gesagt werden.

Sie spielt sich, grob gesagt, auf drei Ebenen ab: Auf der Ebene der Pfarrei und der Pfarreien, auf der Ebene des Bistums und der Bistümer untereinander und schliesslich auf der Ebene der Weltkirche.

Auf der Ebene der Pfarreien sollten ständig vielfältige Kommunikationsvorgänge ablaufen, die zur Gemeindebildung beitragen. Es müssten, ihrem Wesen nach, normalerweise reziproke Kommunikationsvorgänge (Zweiwegkommunikation) sein. So sehr man sich bemüht, solche Kommunikation zu fördern, fällt sie heute doch weitgehend aus, weil die Pfarreien zu gross oder zu unverbindlich sind und die Gläubigen sich oft wenig mit einer/ihrer Pfarrei verbunden fühlen. Pfarreigrenzen werden angesichts der heutigen Mobilität weitgehend relativiert, und zwischen den Pfarreien selbst besteht keine offizielle Querverbindung.

Um die Kommunikation auf dieser untersten Ebene des kirchlichen Lebens zu fördern, wird heute vor allem zweierlei wichtig. Zum einen bestimmte grössere oder kleinere «Events», vom Pfarreikaffee oder Aperitif bis zu Pfarreireisen, wo die Gläubigen sich treffen und sich kennenlernen können. Events aber bleiben punktuell und können nicht allzu viel zu umfassender und dauerhafter Gemeinschaftsbildung beitragen. Umso wichtiger ist die Bildung kleinerer Gemeinschaften innerhalb der Pfarrei. In seiner Homilie am Ende der Bischofsynode über die Laien hat Papst Johannes Paul II. das deutlich ausgesprochen: «Die Pfarrei ist heute keine einfache Gemeinschaft mehr; sie ist eine Gemeinschaft aus Gemeinschaften.» Glücklich die Pfarrei, in der solche dauerhaften, oft intensiv gemeinschaftlichen Gruppierungen bestehen, vorausgesetzt dass diese, die oft überpfarreilich sind, sich nicht wichtiger nehmen als ihre Zugehörigkeit zur Pfarrei.

Auf der nächsthöheren Ebene sind die Pfarreien eingebunden in ihr jeweiliges Bistum. Zwischen Pfarrei und Bistum besteht eine Zweiwegkommunikation, die von den Gläubigen jedoch kaum wahrgenommen wird, weil sie selten ist und weitgehend «formularisiert», auf Formulare beschränkt bleibt. Die Gläubigen erleben die Kommunikation mit dem Bistum, wenn überhaupt, keineswegs als reziprok; man denke nur an die Hirtenbriefe. Dennoch besteht bei vielen ein Wunsch nach einer Zweiwegkommunikation, weniger durch «Herdenbriefe» als vielmehr durch Diözesanversammlungen und vor allem durch persönliche Begegnungen mit dem Bischof, der heute jedenfalls ein «Bischof zum Anfassen» sein sollte.

Eine häufige, nähere und persönliche Kommunikation besteht dagegen auf dieser Ebene in aller Regel zwischen den Bischöfen untereinander, in der Bischofskonferenz, in Kommissionen und bei mancherlei Begegnungen. Die Ebene der Bistümer ist deshalb nicht nur theologisch, sondern auch praktisch der bevorzugte Ort der kirchlichen *communio*. Die Einheit der Gesamtkirche als Gemeinschaft verwirklicht sich vor allem auf dieser Ebene, und das in Stufen: als Region, Nation, Kontinent, Weltkirche. Zu dieser Einheit tragen die übergreifenden Zusammenschlüsse von Bischofskonferenzen (COMECE, CCEE, CELAM usw.) nicht unwesentlich bei.

Auf einer dritten und höchsten Ebene ist die Kommunikation der einzelnen Ortsbischöfe beziehungsweise der Bischofskonferenzen mit dem Bischof von Rom, dem Papst, anzusiedeln. Gerade hier sollte es *communio*, Gemeinschaft in vollkommenster Form geben, natürlich als Zweiwegkommunikation. Doch tatsächlich ist das nur sehr eingeschränkt möglich, selbst bei den «Ad Limina»-Besuchen aller Ortsbischöfe in fünfjährigem Turnus. Die regelmässigen Bischofsynoden könnten hier Abhilfe schaffen, vorausgesetzt, dass sie und ihre Vor- und Nacharbeit tatsächlich echt synodal durchgeführt werden.

Normalerweise denkt man jedoch bei dieser Ebene der weltkirchlichen Kommunikation einerseits an päpstliche Erlasse und anderseits an die Kommunikation der Bischöfe mit der päpstlichen Kurie. Was die päpstlichen Erlasse betrifft, wird man sagen müssen, dass die modernen Kommunikationsmittel die kirchliche Kommunikation vor allem auf dieser dritten Ebene grundlegend verändert haben. Dank den Medien kann sich der Papst sozusagen ganz persönlich und jedenfalls direkt an die Gläubigen in praktisch allen Pfarreien der Welt wenden. In der Kommunikation durch die Medien wird die Ebene der Bistümer und der Bischöfe übersprungen, ja geradezu ausgeschaltet. Die Bischöfe haben ihre frühere Rolle als Übermittler und Vermittler so weitgehend verloren, dass sie eine Botschaft des Papstes zur gleichen Zeit und durch das gleiche Medium wie alle ihre Gläubigen empfangen; es ist manchmal sogar so, dass sie erst durch Rückfragen der Gläubigen auf eine Äusserung des Papstes aufmerksam werden.

Wenn man nicht an den Papst selbst, sondern mehr an seine Kurie denkt, stellt sich die weitere Frage: Kann man die Kommunikation der Kurie mit den Bischöfen noch als eine von Liebe getragene, gemeinschaftliche *communio* betrachten, oder spielt sie sich eher nach den Regeln von *organizational communications* ab, die auf Effizienz abzielt und die im Sinne einer innerbetrieblichen «Hierarchie» vor allem von oben nach unten geht? Zweifellos gibt es auch in der Kirche eine Hierarchie, doch in einem ganz anderen Sinn als in einem Betrieb. Es handelt sich jedenfalls um eine ganz flache Hierarchie, die letztlich nur drei Ebenen umfasst. Und sie würde sich als noch viel flacher erweisen, wenn wir bedenken, dass auch der Papst, seinem Wesen nach, auf der Ebene der Bischöfe anzusiedeln wäre.

Tatsächlich ist die Kirche, strukturell betrachtet, keine hierarchisch verfasste Organisation, sondern ein weltumspannendes Netzwerk. Sie ist ein Netzwerk aus nahezu 3000 Bistümern, die in mannigfacher Weise untereinander vernetzt sind und unter denen das eine, Rom eine Sonderstellung einnimmt, weil es das Zentrum und der Einheitspunkt dieses Netzwerks ist. Jedes Bistum vernetzt dann seinerseits seine Pfarreien miteinander. Ich habe es mehrmals erlebt, dass sich Organisationstheoretiker an dem funktionierenden Netzwerk der katholischen Kirche interessiert zeigten. Vielleicht könnten Politik und die Wirtschaft kommunikationstheoretisch etwas von der Kirche als *communio* lernen.

Doch da ergeben sich nochmals Fragen. Auch das Netzwerk Kirche funktioniert heute nur dank den Medien und in einer von den Medien geprägten Umwelt. Das bietet der kirchlichen Kommunikation grosse Chancen; es entstehen daraus aber auch nicht wenige Probleme. Einige von ihnen haben wir schon angedeutet; Chancen wie Probleme werden jedoch heute durch die Sozialmedien noch verstärkt.

Eine erste Chance bieten die Medien dadurch, dass sie zwischen allen Teilen und Gliedern der Kirche grössere Nähe schaffen oder schaffen können. In diesem Sinn kann man sie durchaus als eine Hilfe für die kirchliche *communio* betrachten. Es bringt aber auch neue Probleme mit sich. Was bedeutet es, dass der Papst mit seinen Botschaften heute im Wohnzimmer oder gar in der Handtasche aller Gläubigen da sein kann? Ist eine solche Unmittelbarkeit wünschenswert? Ist es gut, dass die Vermittlung und oft auch Anpassung durch die Ortsbischöfe fast völlig ausfällt oder jedenfalls unweigerlich hinten nachhinkt? Ist das nicht eine Verarmung der kirchlichen *communio*? Und entspricht es umgekehrt dem Geist der *communio*, wenn heute jeder Gläubige seine eigene unmassgebliche Meinung in Sachen der Kirche und des Glaubens allen, die es hören wollen, Gläubigen, wie Ungläubigen, unmittelbar kundtun kann?

Im Umkreis von Jürgen Habermas hat man seinerzeit gerne von «systematisch verzerrter Kommunikation» gesprochen. Dabei meint «systematisch verzerrt» gerade nicht, dass diese Verzerrung mit Bedacht herbeigeführt wird. Es sagt im Gegenteil, dass die Verzerrung eine Folge des Kommunikationssystems als solchen und praktisch unvermeidlich ist. In diesem Sinn wird man sagen müssen, dass die Medien heute auch einer systematischen Verzerrung der kirchlichen Kommunikation Vorschub leisten. Durch sie hat beispielsweise die vertikale Kommunikation «von oben nach unten» gegenüber der horizontalen zwischen Gleichgestellten enorm an Bedeutung gewonnen. Der Papst ist dank den Medien (man denke an Twitter!) einer Grosszahl von Gläubigen viel näher, als sie es ihren Pfarreigenossen oder gar ihrem Bischof sind. Am paradoxesten äussert sich diese Verzerrung dann, wenn Gläubige ihren Bischof in Rom denunzieren, er halte sich nicht an den Wortlaut päpstlicher Dokumente und sei folglich nicht mehr rechtgläubig.

Umgekehrt betont man manchmal aufgrund der totalen Vernetzung die «horizontale» Kommunikation so ausschliesslich, dass man die Kirche auf allen ihren Ebenen mit einer Demokratie gleichsetzt. Dann kommunizieren die Pfarreien fast ausschliesslich untereinander und nicht mehr mit dem Bischof, und im besten Fall erklären sie sich noch bereit, mit dem Bischof von gleich zu gleich zu diskutieren. Man setzt in der Pfarrei demokratisch gewählte, verhandelnde und beschliessende Gremien ein, an deren Beschlüsse sich der Pfarrer bzw. der Bischof zu halten habe. Nur der Papst blieb bisher glücklicherweise von einer solchen Diktatur der Gremien weitgehend verschont.

Eine zweite Chance, die die Medien bieten, ist, dass sie weit über den Kreis der Gläubigen hinaus auch Fernstehende erreichen. Die Weltberühmtheit des Papstes kann ein Beispiel dafür sein. In der frühen kirchlichen Medientheorie hat man deshalb die Medien gerne als Verstärker oder Lautsprecher gelobt, mit denen man das Evangelium von den Dächern verkünden könne. Das von Papst Paul VI. eingeführte Bild von einem weltweiten Marktplatz oder Diskussionsforum ist wohl richtiger. Doch da zeigt sich auch die Möglichkeit einer zweiten, noch bedenklicheren «systematischen Verzerrung», der Verzerrung zwischen Verkündigung und Information, paradoxerweise vor allem dort, wo Medien die kirchliche Wortverkündigung weitervermitteln sollen oder wollen. Was sie vermitteln, ist naturgemäss nicht die Verkündigung selbst, sondern eine Information über sie. Und diese unterliegt den oben schon aufgezeigten Grenzen jeder Information. Besonders schwerwiegend ist dabei das Problem der kirchlichen Sprache. Das Sprachgewand kirchlicher Dokumente ist normalerweise so, dass es auch einem gutwilligen modernen Leser kaum zugemutet werden kann. Deshalb ist in aller Regel zuerst eine grosse *Übersetzungsarbeit* notwendig, und diese gelingt leider nicht immer. Als Gegenstück dazu dürfen wir aber auch eine dritte Chance sehen, die die Medien der christlichen Verkündigung bieten. Sie können ihr helfen, in neuen Sprachen zu reden, nicht nur in der Sprache der Information gegenüber jener der Verkündigung, sondern auch in den Mediensprachen anderer Art: Musik, Bilder, Symbole, Geschichten usf. Damit komme ich wieder zum Leben der Kirche zurück, das selbst Kommunikation und Verkündigung ist. Erfahrungsgemäss kommt in den elektronischen Medien nichts so gut an wie prägnante Persönlichkeiten, die sich mit ihren Überzeugungen und Gefühlen unverdeckt und unbesorgt durch ein Medium vermitteln lassen. In zweiter Linie kommen dann gut gemacht Berichte über solche Persönlichkeiten. So wurden Papst Johannes Paul II. ein Medienliebling und Mutter Teresa geradezu zu einer Kultfigur. Weil die elektronischen Medien in ihren besten Momenten das gelebte Leben einfangen, bieten sie der Kirche eine neue Möglichkeit, ihr eigenes Leben als Verkündigung in die Welt zu stellen.

Doch diese Medaille hat auch ihre Kehrseite. In der heutigen Medienwelt ist das Leben der Kirche wie in einem Glashaus ausgestellt. Und weil die Kirche menschlich ist, zeigt ihr Leben nicht nur schöne Seiten. Vertuschen und Verstellen hilft da nichts; es macht nur unglaubwürdig. In der heutigen Medienwelt hilft nur eines: dafür zu sorgen, dass es möglichst selten zu Skandalen kommt, und wenn es doch geschieht, ehrlich seine Schuld eingestehen. Die Kirche verliert durch dieses Bekenntnis nichts; sie verkündet nur, dass Gott auch und gerade die Sünder gnädig aufnimmt und ihnen verzeiht.

Noch höheren Verkündigungswert aber hat das kirchliche Leben, wenn es sich der Welt von seinen besten Seiten zeigen kann, als eine gelingende *communio*. Avery Dulles warnte in seinem eingangs erwähnten Vortrag: «Eine kirchliche Entscheidung, die sich auf ungenügende Kommunikation abstützt oder die keine Aussicht hat, mit Erfolg kommuniziert zu werden, ist, pastoral gesehen (und man darf hinzufügen: auch ekklesiologisch gesehen) eine schlechte Entscheidung, und sie kann geistlichen Schaden anrichten.» Hoffen wir, dass dieser Schaden sich so oft wie möglich vermeiden lässt.

3. Die Geburt der Universität aus dem Geist der Kirche – und was daraus geworden ist

Als ehemaligen Universitätsprofessor und «Ehrenphilister» der Studentenverbindung «Helvetia Romana» bat mich der Schweizerische Studentenverein, bei der Eröffnung des Sommersemesters 1999 an der Universität Freiburg etwas zum Universitätsleben zu sagen. Das ermutigte mich zu einer grundsätzlichen Überlegung.

Was hat die Universität mit der Kirche zu tun? Die Episode ist bekannt, dass Immanuel Kant alljährlich, wenn die Professorenschaft der Universität Königsberg in feierlicher Prozession zum Eröffnungsgottesdienst in die Königsberger Stadtkirche zog, vor der Kirchentür aus der Prozession ausscherte und draussen blieb. Diese Episode zeigt uns jedenfalls das Eine: Auch im lutherischen Königsberg und im Jahrhundert der Aufklärung gehörte ein alljährlicher Eröffnungsgottesdienst zur festen Universitätstradition. In seinen Schriften *Was ist Aufklärung?*, *Die Religion innerhalb der Grenzen der blossen Vernunft* und vor allem im *Streit der Fakultäten* hat uns Kant über sein Ausscheren aufgeklärt. Ein blosser «statutarischer Kirchenglaube» und der «Afterdienst» kirchlicher Rituale, sagt er, entspreche nicht der philosophischen Vernunft. Und gerade diese mache die Universität allererst zur Universität. Die drei höheren Fakultäten, «Juristerei und Medizin und leider auch Theologie» (wie es im *Faust* heisst), bilden Berufsleute aus. Aus ihnen, sagt Kant, gehen nach staatlichen Gesetzen ausgebildete Staatsangestellte hervor. So sorge der Staat für die Grundbedürfnisse des Menschen: für die rechtliche Ordnung, für die Gesundheit und schliesslich das Seelenheil. Doch alle diese drei Fakultäten müssen sich, um wissenschaftlich und aufgeklärt, kurz um universitätswürdig zu sein, der Kritik der sogenannt unteren, der Philosophischen Fakultät stellen. Denn nur diese habe nicht Zwecke und Bedürfnisse im Auge, sondern die nur reine Wahrheit. Deshalb entziehe sie sich auch der staatlichen Zensur.

Mit diesen Ausführungen hat Kant versucht, auf seine Art und in seinem Jahrhundert, auf halbem Weg zwischen der mittelalterlichen Universität und der Humboldt-Universität, das Wesen einer Universität in Worte zu fassen, wiederum auf halbem Weg zwischen Berufsschule und Forschungsstätte. Mittelalterlich ist bei Kant noch die Struktur der Universität, wo der Weg zu den höheren, für konkrete Berufsaufgaben befähigenden Fakultäten notwendig durch die «Facultas Artium», die Philosophische Fakultät führt, der breiten Basis der Universität, die das Universitätsleben als solches prägt. Diese mittelalterliche Struktur hat sich tatsächlich an den deutschen lutherischen Universitäten am längsten gehalten, bis die Zeit Kants hinein. Auf die Humboldt-Universität voraus weist dagegen Kants Betonung der kritischen Vernunft, der Zweckfreiheit und der freien Forschung. Aber folgt daraus, dass man unbedingt vor der Kirchentür abbiegen muss?

In meiner eigenen Universitätslaufbahn hat sich mir die eingangs gestellte Frage: Was hat die Universität mit der Kirche zu tun? in umgekehrter Form aufgedrängt: Was hat die Kirche mit der Universität zu tun? Als Professor der Philosophie an einer kirchlichen, ja päpstlichen Universität, der Gregoriana in Rom, lag die Frage nahe, was unsere kirchliche Ausbildungstätigkeit mit einer Universität zu tun habe. Die Frage wurde durch die Zeitumstände noch drängender. In den dreiunddreissig Jahren meiner Dozententätigkeit war die Universitätsreform ein Dauerthema, vor allem natürlich in den Jahren um 1968. Dass bei diesen Reformbestrebungen viel herausgekommen ist, wage ich nicht zu sagen. Etwas Gutes hatten sie jedenfalls: Sie zwangen zum Nachdenken über das Wesen der Universität, auch dies ein Thema, das einen ganzen Bücherschrank füllt. Mich hat dieses Nachdenken angeregt, wenigstens hobbymässig dem Ursprung der Universität nachzugehen. Die Geschichte meiner eigenen, 1553 gegründeten Universität war mir ohnehin schon recht gut vertraut. Das Ergebnis meiner Nachforschungen war unerwartet. Eine kirchliche Universität braucht ihre Stellung als Universität nicht eigens zu rechtfertigen; denn die Universität als solche ist teils aus kirchlichen Wurzeln erwachsen, teils von der Kirche in ihrem Wesen als Universität gefördert und beschützt worden. Man kann wohl ohne Übertreibung sagen: Die Universität ist das nachhaltigste und folgenreichste Vermächtnis des christlichen Mittelalters, genauer gesagt der mittelalterlichen Kirche an die Neuzeit. Deshalb habe ich es gewagt, für den Titel meines Vortrags einen Titel Nietzsches abzuwandeln. Ich möchte damit andeuten, dass die Geburt der Universität im Mittelalter eine ähnliche kulturelle Errungenschaft darstellt wie die Geburt der Tragödie in der die Antike.

I.

Diese Behauptung möchte ich an drei Beispielen erläutern. Die Gründungsgeschichte der drei ältesten Universitäten liegt zwar trotz eifriger Forschungen weiterhin im Halbdunkel. Es gab kaum feierliche Gründungsakte; es handelte sich eher um ein langsames, fortschreitendes Geschehen, um eine Entfaltung aus voruniversitären Keimzellen, und diese Entwicklung wurde dann nachträglich durch kirchliche oder staatliche Dokumente gutgeheissen und festgeschrieben.

Am deutlichsten zeigt sich der kirchliche Ursprung und die kirchliche Prägung dieses ganzen Geschehens bei der Universität von Paris. Sie entwickelte sich aus vorher bestehenden kirchlichen Schulen, in erster Linie aus der Pariser Kathedralschule auf der Seine-Insel, zu der sich schon bald andere Schulen gesellten, namentlich jene in den Abteien von St-Geneviève und St-Victor, sowie einige andere. Es waren, dies ist die kirchliche Wurzel, vorwiegend kirchliche Lehranstalten. Das Wirken berühmter Lehrer (Petrus Lombardus und Abälard, um nur die einflussreichsten zu nennen) liess diese Schulen dann zu einer Universität werden. Es zog mehr und mehr Studenten aus den verschiedensten Nationen an. So wurde Paris nach und nach zu einem «Studium generale», einer theologischen Schule nicht nur für ein Bistum, sondern für die ganze Kirche. Um in der Vielzahl von Lehrern und Schülern die Studiengänge in einigermassen geordnetem Rahmen zu halten, mussten sich Lehrer und Studenten korporativ organisieren, als «universitas magistrorum et scholarium Parisiis commorantium», wie sie sich 1221 erstmals nannten. Diese «universitas» oder Korporation stand unter der Leitung eines eigenen Kanzlers als Vertreter des Bischofs von Paris. Die Korporation als solche hat dann, das ist das Entscheidende, von Papst Coelestin III. das Privileg der Exemtion von der weltlichen Gerichtsbarkeit erhalten, obwohl ihre Mitglieder als Kleriker dieser Gerichtsbarkeit ohnehin entzogen waren. Mit diesem päpstlichen Privileg war die Autonomie der Universität geboren.

Noch entscheidender war jedoch ein drittes Moment, die Entwicklung der Lehrmethode. Der Name von Petrus Lombardus mit seinem Sentenzenwerk kann in der Vorgeschichte der Pariser Universität für ein systematisches Sammeln und Ordnen des

überlieferten theologischen Wissens stehen, jener von Abälard dagegen für das Aufkommen der Dialektik. Gerade in Paris gewann die Philosophie im 12. und 13. Jahrhundert mehr und mehr an Bedeutung, zunächst als ein methodisches Hilfsmittel, als Dialektik, dann aber auch inhaltlich. Man lehrte und studierte die Metaphysik des Aristoteles, während seine Physik noch lange unter Verdacht stand. Die «Artes», das Trivium und das Quadrivium, verloren demgegenüber an Bedeutung und wurden zu einem blossen Vorbereitungskurs; ihr letzter Teil dagegen, die Dialektik, entfaltete sich zu einem vollen Philosophiestudium, das schliesslich vier, sechs, ja acht Jahre dauerte und vor dem Eintritt in eine der höheren Fakultäten obligatorisch absolviert werden musste. Dass die Theologie, die nicht unmittelbar als Berufsausbildung betrachtet werden konnte, unter diesen höheren Fakultäten den Vorrang hatte, unterstreicht noch einmal den akademischen, zweckfreien Charakter der Pariser Studien.

Mit dem Vormarsch der Philosophie änderte sich auch die Lehrmethode. Neben die «Lectio», die Vorlesung, in der der Magister den von seinem Bakkalaureus vorgelesenen Text (aus der Bibel, aus dem Sentenzenmeister und später aus dem Aristoteles) kommentierte, trat nun die «Quaestio», die kritische Diskussion der vom Text (und dann auch von den Hörern) aufgeworfenen Fragen. Gründe und Gegengründe wurden gesucht, kritisch durchleuchtet und gegeneinander abgewogen, um so die richtige Lösung, die «resolutio» zu finden. Dieses Für und Wider (das mit der Zeit auch in Spitzfindigkeiten ausarten konnte) ist der Ursprung des zweiten Kennzeichens universitären Lehrens: seine kritische Auseinandersetzung mit dem Überlieferten.

Als drittes Kennzeichen ist das zu nennen, was der Universität den Namen gegeben hat: Die Gemeinschaft aus Lehrern und Schülern. Sie gehörten zwar vier verschiedenen Fakultäten an, aber die «Universitas», die «Gesamtheit», umfasste sie alle. Der obligate Durchgang durch die Philosophische Fakultät, die in der Metaphysik den Blick für das Ganze schärfte, liess die drei höheren Fakultäten als Zweige erscheinen, die aus einem gemeinsamen Stamm erwachsen. Dieses Bild eines Baumes wird Descartes dann zum Schlüssel für seine Wissenschaftstheorie machen. Das zeigt auch, wie sich zwischen dem 12. und dem 17. Jahrhundert die Bedeutung des Wortes «universitas» gewandelt hat: aus einer Gemeinschaft von Menschen ist eine Gesamtheit des Wissens geworden, die «universitas litterarum».

Was ich hier am Beispiel von Paris skizziert habe, lässt sich mit einigen Änderungen auch in der Entstehungsgeschichte der beiden anderen, angeblich noch älteren Universitäten in Italien feststellen: in Bologna und in Salerno-Neapel.

Für den kirchlichen Bezug der Universität ist die Gründungsgeschichte der Universität Bologna besonders erhellend. Auch sie erwächst aus einer vor ihr bestehenden Schule; doch nicht aus einer kirchlichen, theologisch geprägten, sondern aus einer mit der Stadtgemeinde verbundenen Schule der Jurisprudenz. In diese Schule führte ein Rechtsgelehrter namens Irnerius im ersten Drittel des 12. Jahrhunderts eine revolutionäre Neuerung ein. Er erklärte nicht nur die geltenden Zivilgesetze, die, kurz gesagt, eine Mischung aus römischem und germanischem Recht waren; er analysierte und kommentierte auch den gesamten *Codex juris civilis* des Justinian, und dies aus rein wissenschaftlichem Interesse. Er wollte das Rechtssystem als solches kennenlernen, seine Unebenheiten ausglätten und seine scheinbaren Antinomien auflösen.

Den Nutzen eines solchen zweckfreien Studiums erkannten die Zeitgenossen bald. Sie priesen Irnerius als den ersten akademischen Lehrer; eine Schule bildete sich, und die Studenten strömten ihr zu. Unter dem Einfluss dieser Schule wurde Bologna, eine Generation später, auch zu einer Hochburg des Kirchenrechts. Gratian, ein Kamaldulenser im Kloster San Felice in Bologna, ordnete die disparate kirchliche Gesetzgebung in seinem *Decretum*, dem ersten Kodex des kanonischen Rechts neu. «Legisten» (Zivilrechtler) und «Dekretisten» (Kirchenrechtler) bilden fortan in Bologna eine grosse und heterogene Professoren- und Studentenschaft. Anders als in Paris ging hier die Universitätsgründung von einer Korporation aus, die nur die Studenten umfasste. Gegenüber den als Stadtbürger dem Stadtstaat hörigen Professoren reklamierten die Studenten ihre Autonomie. Diese wurde ihnen gewährt und garantiert, zunächst von Kaiser Friedrich I., und später endgültig vom Heiligen Stuhl. Das verdient Beachtung: Die Kirche garantiert mit ihrer Autorität die akademische Freiheit einer nicht aus ihr hervorgegangenen Schule und einer Studentenschaft, die in Bologna grossenteils aus Laien bestand.

Noch geringer, und doch entscheidend, ist der Anteil der Kirche am Entstehen einer noch älteren Universität und der dritten Universitätsfakultät: der Medizinschule von Salerno. Diese rühmte sich, noch älter als Bologna und keine kirchliche Schule zu sein. Ihre Wurzeln sind jedoch im Mönchtum zu suchen. Die Benediktiner in den nahe bei Salerno gelegenen Klöstern La Cava und Monte Cassino pflegten nicht nur die Gastfreundschaft, sondern auch die Kranken, und sie kopierten eifrig antike medizinische Literatur. In Süditalien verstand man ja immer noch Griechisch. Nach und nach wurde das Mönchswissen im *Antidotarium* gesammelt, dem massgeblichen medizinischen Rezeptbuch des Mittelalters. Zudem brachte ein Mönch aus Afrika, Constantinus Africanus, um die Mitte des 11. Jahrhunderts eine Anzahl von Werken der älteren arabischen Medizin nach Salerno. Damit festigte er deren Ruf als medizinische Schule, wenn er ihn nicht gar begründete.

Unsere drei Beispiele zeigen, dass die ältesten Universitäten nicht in dem Sinne kreativ waren, dass sie neues Wissen hervorgebracht hätten. Neu war, wie sie das aus alten Quellen geschöpfte Wissen mit neuen Methoden auslegten, in ein System brachten und hinterfragten. Neu war vor allem, wie dies in einer Gemeinschaft, einer «Universitas», von Lehrenden und Lernenden geschah, der, oft von der kirchlichen Autorität, Autonomie, das heisst Selbständigkeit und Freiheit für ihr wissenschaftliches Tun, zugestanden wurde. Das Zusammenspiel von Traditionsgebundenheit und freier Lehre und Forschung gehört von Anfang an zum Wesen der Universität, ebenso wie die Gemeinschaft von Lehrenden und Lernenden und die akademische Freiheit.

II.

Was ist aus der Beziehung zwischen Universität und Kirche geworden?

Eine erste Feststellung liegt nahe: An den Universitäten fehlte im Mittelalter und bis weit in die Neuzeit hinein das, was heute in Lehre und Forschung das Schwergewicht hat: die Naturwissenschaften, nicht zu reden von den noch viel jüngeren Sozialwissenschaften. Sie fehlten jedoch nur scheinbar; sie waren versteckt unter dem Mantel der Philosophie, weshalb sie bis vor Kurzem mancherorts noch unter dem Namen der «Philosophischen Fakultät II» gelehrt wurden. An meiner eigenen Universität, dem Römischen Kolleg, war vom 16. bis zum 18. Jahrhundert während aller drei Jahre des Philosophiestudiums jeden Tag eine Vorlesung in Physik vorgesehen, und beileibe nicht nur in aristotelischer Physik, wie zum Beispiel der Name Roger Boscovich zeigen kann, des Erfinders der Atomtheorie und der virtuellen Räume.

Dass sich die moderne Physik und mit ihr die naturwissenschaftliche Methode überhaupt von der alten aristotelischen Tradition lösen und zur selbständigen Wissenschaft werden konnte, war wiederum ein Verdienst der Philosophie, und zwar einer spezifisch christlichen Philosophie. Im Übergang vom Hoch- zum Spätmittelalter gewann neben der aristotelischen *via antiqua* die sogenannte *via moderna*, die wir meist als Nominalismus bezeichnen, an den Universitäten mehr und mehr die Vorherrschaft. Im Gegensatz zum Aristotelismus betrachtete der Nominalismus die Welt als eine freie Schöpfung Gottes: als Werk eines freien, persönlichen, allmächtigen, durch seinen Liebeswillen gekennzeichneten Gottes. Weil dieser Gott aus freier Liebe, in freiem Entschluss nicht nur das Dasein, sondern auch das Wesen jedes einzelnen geschaffenen Seienden bestimmt, deshalb lassen sich die Naturgesetze nicht aus metaphysischen Prinzipien ableiten; sie müssen aus der Erfahrung erhoben werden. Für eine allgemeingültige Formulierung dieser Gesetze taugt dann die Begriffssprache auch nicht; es braucht dafür die Mathematik; denn nur die Mathematik kann auch bei Gott nicht anders und vollkommener sein als bei den Menschen. So entsprang aus dem Geist des Nominalismus, der ein ausgeprägt christlicher Geist war, philosophisch folgerichtig die moderne Naturwissenschaft. Das lässt sich auch historisch aus der Geschichte der Naturwissenschaften belegen.

Was wir schon bei Kant und bei der Gründungsgeschichte der Universität von Paris gesehen haben, wird damit nochmals bestätigt: die tragende Rolle der Philosophie für die Universität. In den deutschsprachigen, von den lutherischen Theologischen Fakultäten geprägten Universitäten hielt sich diese Rolle der Philosophie länger und deutlicher durch als in Frankreich und Italien, denn dort wurde der Philosophieunterricht weitgehend in den voruniversitären «Kollegien» vorweggenommen. Die amerikanischen *Colleges* erinnern noch an diese Studienordnung, ebenso der Philosophieunterricht am *Lycée* in Frankreich und am *Liceo* in Italien sowie in den letzten Klassen unserer katholischen Mittelschulen.

Der nächste Schritt in der Universitätsgeschichte führte dann zur Humboldt-Universität, die zwar aus dem Geist der Philosophie geboren wurde, aber die Philosophie nicht mehr zum Massstab akademischen Lehrens nahm, sondern eher die Philologie. Aus dem Geist der Philologie entstanden neben den Vorlesungen die Seminare, wo sich Lehrer und Schüler auf gleicher Ebene gemeinsam über einen Text beugen und eine Forschungsaufgabe zu lösen trachten. Ich erinnere mich, wie mein Zürcher Lehrer Ernst Howald die erste Stunde des altsprachlichen Proseminars mit den Worten einleitete: «So, jetzt sitze ich nicht mehr auf dem Katheder, jetzt sitzen wir alle am gleichen Tisch». Auf neue Weise sollte so die alte *universitas magistrorum et scholarium* wieder aufleben. Auch in dem heute leider oft zur Leerformel gewordenen Binom «Lehre und Forschung» sollte diese «Universitas» aufleben, indem der Professor, selbst ein Forscher, die Studierenden nach und nach in das Mit-Forschen einführte. Wenn das Binom «Lehre und Forschung» wegleitend bleibt, bleibt auch die Lehre wirklich universitär; sie kann durch die in der Forschung immer wieder neu auftauchenden Fragen (eine Erinnerung an die alten «Quaestiones») nie zur bloss dogmatischen oder gelehrten oder gar ideologischen Wissensvermittlung verkommen.

Neben den Seminaren, neben dem Binom «Lehre und Forschung» ist die «akademische Freiheit» das dritte Kennzeichen der Humboldt-Universität. Auch sie ist eine Erinnerung an die Autonomie und die Freiheiten, die den mittelalterlichen «Universitates» gewährt wurden; doch auch sie hat sich gewandelt. Die mittelalterliche Freiheit von staatlicher Bevormundung ist jetzt dahin; die meisten Universitäten der Neuzeit waren und sind staatliche Einrichtungen, wo der Staat sein gewichtiges Wort mitzureden hat, auch und gerade an der von Humboldt gegründeten Berliner Universität, an die schon Hegel als «preussischer Staatsphilosoph» berufen wurde. Noch ausgeprägter zeigte sich die staatliche Bevormundung bei der napoleonischen Neugründung der französischen Universitäten und bei den *Grandes Écoles*, den Beamtenschulen des französischen Staates.

Wenn so die äussere Autonomie dahin war, wurde dafür umso nachdrücklicher die innere Lehr- und Lernfreiheit betont, am deutlichsten, wenn auch nicht am glücklichsten, darin, dass die Studiengänge nicht vorprogrammiert waren. Durch ihre Lehr- und Lernfreiheit wurde die Humboldt-Universität bald zu einem Modellfall intellektueller Marktwirtschaft und damit auch des akademischen Darwinismus (wobei Darwin wohl eher von der Marktwirtschaft gelernt hat als umgekehrt). Erbarmungslose Auslese, das *survival of the fittest* und das *publish or perish* waren und sind auch heute noch ein Grundgesetz des Universitätslebens.

Gegen dieses universitäre Elitedenken hat sich nicht zuletzt die Revolution von 1968 gewandt. Sie war ja in erster Linie eine Revolution der Universität und nicht der Arbeiterklasse, weshalb sie schliesslich auch gescheitert ist. Neben dem Streben des akademischen Mittelbaus nach Gleichberechtigung wurden bei den Ideologen von 1968 im Hintergrund auch wieder die Grundideen der Universität sichtbar. Einerseits das Gemeinschaftsideal der «universitas scholarium et magistrorum», in dieser bezeichnenden Umkehrung der alten Pariser Formel, die jetzt mehr Jean-Jacques Rousseau als dem Mittelalter verpflichtet war, und anderseits das Ideal zweckfreier Wahrheitssuche in der «Dauerreflexion» und im «herrschaftsfreien Diskurs». Ja selbst der Blick auf das Ganze lebte jetzt wieder auf im Tadel, der den «Fachidioten» erteilt wurde.

Von aussen betrachtet (und ich war damals auf einem guten Beobachtungsposten) sah alles ziemlich idealistisch aus, beziehungsweise «kontrafaktisch», wie man das damals nannte. Das war vielleicht einer der Hauptgründe, weshalb die Revolution von 1968 für eine echte Universitätsreform relativ wirkungslos blieb. Sie trug im Gegenteil eher zur Auflösung der traditionellen Struktur einer Universität bei. Die Auflösung der Fakultäten in Departemente war damals ein beliebtes, immer wieder vorgetragenes Programm, womit der universitäre Grundgedanke eines *Studium generale* und einer *Universitas litterarum* geradezu grundsätzlich aufgegeben wurde. Heute, in der Zeit der Gründung von Fachhochschulen, ist auch der andere, noch ältere Grundgedanke der zweckfreien Forschung gefährdet; es wäre denn, diese neuen Schulen würden für die eigentlichen Universitäten wieder mehr Freiraum schaffen, so dass diese zu ihrer ursprünglichen Bestimmung zurückkehren können. Doch die Verschulung der Universitätsstudien durch die Bologna-Reform gibt da wenig Hoffnung.

III.

Damit sind wir beim Heute angelangt. Was sähe denn heute die Aufgabe der Universität aus? Und was hat denn heute die Universität noch mit der Kirche zu tun?

Die Kennzeichen universitären Lehrens und Forschens, wie sie sich in der Geschichte der Universität gezeigt haben, lassen sich kurz und thesenartig in drei Stichworten zusammenfassen: zweckfrei, kritisch, ganzheitlich. Universitäres Lehren, Lernen und Forschen sollte letztlich zweckfrei sein. Das meint nicht: selbstzwecklich oder gar selbstgenügsam, *l'art pour l'art*, sondern vielmehr: nicht von einem ihm fremden Zweck bestimmt, gebunden oder gar eingeschränkt und so in eine bestimmte Richtung gedrängt. Durch diese Zweckfreiheit unterscheidet sich die Universität von einer Berufsschule und die universitäre Forschung von der industriellen. In einer vom Leistungsdenken beherrschten Welt («New Public Management» ist so ein Stichwort) sind solche Oasen der Zweckfreiheit besonders wichtig. Die Zweckfreiheit akademischen Lehrens und Forschens darf jedoch nicht zur Leistungsverweigerung, zur Beliebigkeit, zum Bummelstudententum, zum nutzlosen gesellschaftlichen Luxus verkommen; auch an einer Universität muss zielstrebig harte Arbeit geleistet werden, die Resultate zeitigt. Das angestrebte Ziel liegt jedoch jenseits aller unmittelbar praktischen und partiellen Zwecke. Es kann kein anderes sein als die Erkenntnis der Wahrheit und die Verwirklichung der Werte. Philo-Sophie, liebendes Streben nach Weisheit ist auch heute noch die Grundlage alles universitären Tuns, wobei «sophia» im Griechischen bekanntlich lebenspraktisches Wissen meint.

Im Streben nach diesem zweckfreien Ziel ist universitäres Tun, zweitens, notwendig kritisch. Kritisch sowohl im griechischen Wortsinn des Unterscheidens und des Beurteilens wie auch im kantischen Sinne des Erkennens von Grenzen. Kritisch meint nicht einfach, dass es jeweils darum geht, das Wahre vom Falschen, den Wert vom Unwert zu unterscheiden. Denn die entscheidende und immer neue Frage lautet: Welches Kriterium, welches Unterscheidungsmerkmal erlaubt mir eine solche Unterscheidung? Deshalb heisst kritisches Urteilen zunächst und vor allem: Kenntnis und Anerkennung meiner Grenzen, zuerst meiner eigenen, sodann jener des von mir Gewussten und Erkannten. Ich weiss und stehe dazu, dass ich die Wahrheit noch nicht kenne und dass ich sie schon gar nicht «besitze» und dass auch meine Werte immer noch mit Unwert behaftet und nie voll verwirklicht sind. Oder, um es mit der schönen Formel von Paul Ricœur zu sagen: Ich «hoffe» nur, bei meinem Lernen und Lehren und Forschen «in der Wahrheit zu sein» («J'espère être dans la vérité»), das heisst, «von ihr nicht allzu weit entfernt zu sein», und mehr von ihr umgriffen als dass ich sie selbst zu ergreifen vermöchte.

Der kritische Zug, das vielleicht das Auffälligste und Kennzeichnendste bei allem universitären Lehren und Forschen, hält dieses akademische Tun auch in steter Bewegung. Es ist für den Lehrer wie für die Lernenden ein stetes Vorwärts, ein immer neues Suchen, kein befriedigtes Ausruhen, kein grosszügiges Weitervermitteln von längst Gewusstem und Bekanntem. Dogmatismus muss der Universität fremd sein. Doch es ist auch zu beachten, dass die Kritik sich nicht selbst vorantreiben kann. Es war der grosse Fehler der Achtundsechziger, dass sie letztlich nur wussten, was sie nicht wollten, aber nicht, was sie wollten. Kritik, die bloss verneint oder in Frage stellt oder die bloss den Verdacht äussert, alles könnte auch ganz anders sein, bleibt letztlich fruchtlos. Sie verharrt in blosser Dialektik, die sich um sich selber dreht. Die kritischen Fragen, das Hinterfragen, das In-Frage-Stellen, womit wir wieder bei der «Quaestio» sind, und jede einzelne Anfrage müssen sich daraus ergeben, dass sich hinter oder neben dem, was vor Augen steht, ein weiterer Horizont auftut. Nur weil ich geistigerweise mehr sehe oder erahne als das, womit ich gerade beschäftigt bin und was ich bereits erkannt habe, kann ich überhaupt fragen. Dieses Je-Mehr ist die Wahrheit oder der Wert, die nie ausgeschöpft werden können.

Darum setzt, drittens, richtige Kritik einen ganzheitlichen Blick voraus. Die «Universitas» meint etwas Ganzes, und zwar in doppeltem Sinn: als Gemeinschaft mit allen anderen Forschenden und Studierenden (die «universitas magistrorum et scholarium») und als das Ganze des Gewussten und, soweit möglich, des Wissbaren (die «universitas litterarum»). Die eine wie die andere Ganzheit jedoch lässt sich weder erfassen noch verwirklichen. Wer könnte denn heute noch ein Vollstudium an allen Fakultäten einer Universität absolvieren? Wenn wir Goethe glauben dürfen, meinte er noch, Faust habe es gekonnt. Ja, wer könnte überhaupt mit allen Kollegen und Kolleginnen zumindest in einem anfangshaften Dialog stehen? Bleibt die Universitas, im einen wie im anderen Sinn, nicht eine leere Utopie, eine Worthülse, bleibt sie nicht definitiv kontrafaktisch? Wie die Wahrheit und die Werte, deren, ich möchte sagen, geschichtliche Inkarnation die Universität ist, können wir die Universitas immer nur anstreben; doch das müssen wir auch.

Wir versuchen es heute auf einem doppelten Weg: Interdisziplinär gilt oft als ein Zauberwort. In der interdisziplinären Arbeitsweise (sofern diese sich nicht auf nebeneinandergestellte und zwischen zwei Buchdeckeln zusammengebundene Disziplinen beschränkt) verwirklicht sich tatsächlich etwas von der doppelten Universitas: im Dialog mit den Kollegen eines anderen Fachs und im Blick über den eigenen Fachzaun hinaus auf ein grösseres Ganzes. Wiederum vorausgesetzt, dass man nicht nur ein gemeinsam zu erzielendes Ergebnis im Blick hat, sondern darüber hinaus den Horizont der Wahrheit und der Werte, der ein Gespräch zwischen den Disziplinen überhaupt erst möglich macht.

Weniger zauberhaft und beliebt als «interdisziplinär» ist das Wort Tradition. Auch das bezeichnet einen Weg zur Universitas und ist noch enger mit den Ursprüngen der Universität verknüpft. Die ersten Universitäten begannen damit, die Tradition, die Texte der Antike, aufzuarbeiten und sie für ihre Gegenwart fruchtbar zu machen. Auch heute kommt keine universitäre Arbeit darum herum, sich in der einen oder anderen Weise mit dem Wissen der Vergangenheit auseinanderzusetzen, zwar kritisch, aber auch selbstkritisch, indem sie sich von diesem Wissen in Frage stellen lässt. So tritt sie in Dialog mit einer Gemeinschaft, zu der nicht nur ihre Zeitgenossen gehören, sondern auch andere Kollegen, die schon längst verstorben sind. Sie setzt sich notwendig mit einer Fülle des Wissens auseinander, die hinter dem gegenwärtigen Wissens- und Erkenntnisstand auch das Wissen und die Einsichten früherer Zeiten umfasst. Das war auch das Faszinierende an meinem eigenen Fach, der Philosophiegeschichte: der ständige Dialog und die Auseinandersetzung mit vielen grossen Denkern der Vergangenheit. Man brauchte nie zu befürchten, an ein Ende zu kommen.

Was hat nun das alles mit der Kirche zu tun? In erster Linie ist zu sagen: Die Kirche schätzt die Universität, ja, sie braucht sie, so wie wir sie beschrieben haben. Allenthalben wird heute ein Ruf nach Ethik laut. Ein gewisses *gentlemen's agreement* zur Abwendung des Schlimmsten kann als Antwort nicht genügen. In einer Welt, die immer komplexer wird, mit immer weniger überschaubaren technischen Möglichkeiten und bei immer grösserer Fragmentierung aller Lebensbereiche, braucht es vor allem Übersicht, Ausrichtung an einem Ganzen und Fähigkeit zu kritischer Grenzziehung. Über alles bloss praxisgerichtete Wissen hinaus will das universitäre Lehren und Forschen solche kritische Übersicht vermitteln und so ein ethisches Urteil allererst ermöglichen, eine Beurteilung des Jeweiligen aus grösseren Zusammenhängen, letztlich im Horizont des Wahren und der Werte. Durch den Abstand, den universitäres Lehren und Forschen von der jeweiligen Zwecksetzung hat (oder haben sollte), schafft es den Freiraum, in dem sich das Gewissen und der Anspruch des Anderen vernehmen lassen kann.

Deshalb liegt der Kirche daran, und es muss ihr daran liegen, dass die Universität nicht selbst wieder vom Leistungsdenken beherrscht und irgendwelchen ideologischen oder staatlichen Zielen dienstbar gemacht wird. Deswegen hat die Kirche in den letzten hundert Jahren zahlreiche neue, private, nicht-staatliche, katholische Universitäten gegründet, *Ex corde Ecclesiae*, aus der Herzmitte der Kirche heraus, wie die Anfangsworte der Apostolischen Konstitution über die katholischen Universitäten lauten. Der Tonfall dieses Dokumentes zeigt, wie sehr das Thema Papst Johannes Paul II. am Herzen lag, der selber lange Jahre, ja bis zu seiner Papstwahl, wie er mir einmal gesagt hat, Professor an einer katholischen Universität blieb. Die Universität lag ihm, dem Philosophen und Ethiker, am Herzen, weil er sich immer wieder für die Verteidigung der ethischen Werte für die Suche nach der Wahrheit eingesetzt hat; denn ohne die Wahrheit, so wiederholte der Papst immer wieder, gibt es keine echten Werte.

Wenn es heute scheint, dass in unserer Leistungsgesellschaft die geschichtlichen Ideale der Universität nicht mehr als Ideale bleiben, dann will die Kirche mit ihrer Lehrautorität der Universität Mut machen, wirklich Universität zu sein. Wie die Kirche am Ursprung der Universitäten diese zwar nicht gegründet, aber ihr Werden mit Wohlwollen verfolgt und mit ihrer Autorität gestützt und beschützt hat, so könnte es heute und in Zukunft eine Aufgabe der Kirche sein, die Universität, nicht zuletzt die katholischen Universitäten, in der Treue zu ihrem Wesen und zu ihrer Sendung zu ermuntern und zu unterstützen.

4. Ein alternatives Führungsmodell globaler Aktivität: die katholische Kirche

Obwohl mir ein Verständnis der Kirche als Netzwerk nahelag und ein Bezug der Kirche zur Universität nicht ferne, war ich doch sehr erstaunt, zu einem Festvortrag an der Diplomfeier des Departements Betriebs- und Produktionswissenschaften der ETH Zürich eingeladen zu werden. So habe ich versucht, aus meinem Kirchenverständnis herauszuklauben, was für die Zuhörer und Zuhörerinnen interessant sein könnte. Ob es dann tatsächlich interessiert hat, konnte ich leider nicht ermitteln.

Ich wurde gebeten, einen Vortrag über die Führungsstrukturen der katholischen Kirche als eines «Unternehmens» mit globalen Aktivitäten zu halten. Diese Anfrage hat mich zuerst erstaunt. Was hat die ETH mit der Kirche, was hat kirchliche Führung mit Betriebs- und Produktionswissenschaft zu tun? Allerdings: Ein Unternehmen mit globalen Aktivitäten ist die katholische Kirche allemal, nicht nur das älteste (es wird in absehbarer Zeit 2000 Jahre alt), sondern wohl auch das grösste: mit 1 038 000 000 Mitgliedern in weltweit 220 000 Pfarreien, die in 2834 territorialen Bistümern zusammengefasst sind, denen 3624 Bischöfe vorstehen. Wie muss ein solches Riesenunternehmen wohl geführt werden, dass es zu einer derartigen Ausbreitung kommen konnte, dass es sich durch so lange Zeit erhielt und dass es sich, alles in allem, auch heute noch weltweit so dynamisch erweist?

Im Folgenden möchte ich versuchen, zunächst drei «Geschäftsgeheimnisse» aufzuzeigen, die die Führungsstrukturen der katholischen Kirche bestimmen. Dann können wir auch nach der Rolle der zentralen Kirchenführung fragen und danach, wie die modernen Kommunikationsmittel diese Rolle beeinflusst und eventuell verändert haben.

I.

Das erste und grundlegende Geschäftsgeheimnis ist die entscheidende Rolle, die die mittlere Führungsebene spielt, die Ebene der Bistümer und der Bischöfe.

Man stellt sich die kirchliche Führung gerne als eine hierarchisch verfasste Pyramide vor; das Wort Hierarchie stammt ja schliesslich aus dem kirchlichen Wortschatz. An der Spitze stünde da der Papst mit seiner Zentralverwaltung, der römischen Kurie; darunter, auf einer zweiten Ebene, die Bischöfe, jeder in seinem Bistum und mit seiner eigenen Kurie; zuunterst schliesslich die Ortspfarreien mit ihren Pfarrern. Wenn dieses schlichte Organigramm stimmen würde, wäre die kirchliche Führungsstruktur relativ leicht zu erklären. Man müsste nur nach den Kanälen fragen, die die verschiedenen Ebenen miteinander verbinden, und nachschauen, wie gut oder wie schlecht sie funktionieren.

Leider stimmt aber das Organigramm nicht. In dem bald zweitausend Jahre alten Unternehmen der katholischen Kirche ist vieles geschichtlich bedingt, und zudem haben die Anfangszeiten dieser Geschichte sogar normativen Wert. Das erste kirchliche Geschäftsgeheimnis stammt aus der apostolischen Anfangszeit: dass die mittlere Ebene der Bischöfe (und nicht die päpstliche Spitze) die entscheidende Führungsebene ist. Jeder Bischof besitzt in seinem Bistum die volle, eigenständige Führungsgewalt und Führungsverantwortung.

Als die Urgemeinde von Jerusalem durch einsetzende Verfolgungen schon sehr bald auseinandergetrieben wurde, da haben die einzelnen Apostel nicht einfach Tochtergemeinden von

Jerusalem gegründet, sondern selbständige, weitgehend eigengeprägte Ortsgemeinden. Die katholische Kirche ist also nicht als ein einziges weltumspannendes Unternehmen zu verstehen, sondern als eine Kette, ein Netzwerk zahlreicher selbständiger und untereinander vernetzter örtlicher Unternehmen.

Dieses Strukturmodell hat sich durch die ganze Kirchengeschichte durchgehalten und seit dem II. Vatikanischen Konzil wieder vermehrt an Bedeutung gewonnen. Es garantiert eine grundsätzlich flexible und regionalisierte Führung, die auf die jeweiligen örtlichen Verhältnisse eingehen und sich ihnen anpassen kann. Die Diözesanbischöfe sind keine blossen Befehlsempfänger; sie haben auch nicht nur die Funktion einer Schnittstelle. Jeder Bischof kann und muss selbständig entscheiden und führen. Er kennt seine Pfarrer persönlich und ebenso seine Pfarreien sowie einen repräsentativen Teil seiner Gläubigen. So weiss er, wie er sie anzusprechen und zu motivieren hat. Das ermöglicht ein örtlich angepasstes «managment by persuasion» und im Idealfall gar ein «managment by friendship», das Einvernehmlichkeit anstrebt und erzeugt.

Einvernehmlichkeit verbindet auch die einzelnen Bischöfe und ihre Ortskirchen untereinander und stellt so die Einheit der Weltkirche her. Damit ist das zweite kirchliche Geschäftsgeheimnis angesprochen, das Prinzip der Kollegialität.

Die meisten von einem Bischof zu lösenden Probleme sind tatsächlich bistumsübergreifend. Sie müssen deshalb von mehreren Bischöfen gleichzeitig und gemeinsam angegangen werden. Das geschah von alters her in den Synoden oder Konzilien, in denen sich die Bischöfe einer Region oder der ganzen Weltkirche in unregelmässigen zeitlichen Abständen zur Behandlung hängiger Fragen und zu einem kollegialen Entscheidungsprozess versammelten. Heute bilden die Bischöfe jeder Nation eine Bischofskonferenz, die sich ihrerseits meist in internationalen Zusammenschlüssen organisieren.

In diesen Bischofsversammlungen findet das zweite kirchliche Führungsprinzip, die Kollegialität der Bischöfe, seine Anwendung. Die Kollegialität besagt einerseits, dass der einzelne

Bischof nur insofern Leitungsvollmacht besitzt, als er Mitglied des gesamtkirchlichen Bischofskollegiums ist. Mitglied dieses Kollegiums wird er durch die Bischofsweihe, die deshalb immer von mindestens drei Bischöfen zusammen erteilt wird. Diese Weihe ist für alle Bischöfe gleich, und daraus resultiert eine Art Verbundenheitsgefühl, eine innere Verwandtschaft der Bischöfe untereinander. Auch wenn ich das erste Mal einem mir völlig unbekannten Bischof aus einem fernen Erdteil begegne, spüren wir beide sofort, dass wir zusammengehören, und damit ist die Grundlage für ein gegenseitiges Verstehen und für ein mitbrüderliches Gespräch bereits gegeben.

Das ist auch die Voraussetzung dafür, dass es in den Bischofsversammlungen zu kollegialen Entscheidungsprozessen kommen kann. Ein solcher Prozess zielt darauf ab, dass sich eine einheitliche oder zumindest konvergente Meinung herausbildet, zu der alle Mitglieder des Kollegiums auch in der Öffentlichkeit stehen können und müssen. Als gemeinsam vertretbare Meinung unterscheidet sich ein derartiger Kollegialentscheid sowohl von einer Mehrheitsentscheidung wie auch von einem blossen Kompromiss, bei dem jede Seite gewisse Konzessionen machen muss. Doch ähnlich wie die Kompromisslösung verhindert auch das Kollegialitätsprinzip, dass die Entscheidungen einseitig ausfallen; es erschwert jedoch markante, innovative oder gar experimentierfreudige Entscheide. Solche kollegialen Prozesse kennen wir in der Schweiz auch von unserem grossenteils kollegialen und auf Konsens beruhenden Regierungssystem her.

Auch zwischen dem Bischof und seinen Priestern besteht aufgrund der gemeinsamen Priesterweihe eine ähnliche Kollegialität wie zwischen den Bischöfen. Sie findet in dem jedem Bischof beigegebenen Priesterrat und in manchen anderen Räten ihren Ausdruck. Wo diese Kollegialität gestört ist, wie das zum Beispiel zur Zeit von Bischof Wolfgang Haas der Fall war, ist kirchliche Führung nur mehr schwer oder zuletzt gar nicht mehr möglich.

Gelebte und praktizierte Kollegialität ist somit keineswegs selbstverständlich. Sie beruht ihrerseits auf einer unabdingbaren

Voraussetzung, dem dritten und entscheidenden «Geschäftsgeheimnis» der Kirche: dem persönlichen Glauben. Dieses Geschäftsgeheimnis hat die katholische Kirche mit allen anderen christlichen Kirchen gemeinsam.

Daraus ergeben sich zwei Spezifika der kirchlichen Führung. Zum einen erfüllen die Bischöfe ihre Führungsaufgabe in erster Linie dadurch, dass sie in Predigt und in persönlichen Gesprächen ihren eigenen Glauben bezeugen und weitergeben. Praktische Entscheidungen und Weisungen, ja sogar Lehräusserungen kommen erst in zweiter Linie, und auch sie stehen immer im Dienst der Glaubensweitergabe.

Zum andern hat sich aufgrund dieses Primats des Glaubens schon sehr früh neben der hierarchischen Führungstruktur eine andere, charimatische Struktur verschiedenster Ausprägung etabliert: als Mönchtum, als Bettelorden, als Missionsorden der Neuzeit oder als neue kirchliche Bewegungen. Sie alle bilden mehr oder weniger zentralisierte Netzwerke, die bistums-, ja Kontinente übergreifend der Kirche Halt und Zusammenhalt geben. Bemerkenswerterweise werden, zumindest seit dem Mittelalter, gerade die charismatischen Strukturen viel zentralistischer geführt als die ganze Kirche. Weil in diesen charismatischen Strukturen der personale Glaube deutlicher zum Ausdruck kommt als in der hierarchischen Führungsstruktur, hat man im Lauf der Zeit versucht, die beiden Strukturen wenigstens in einem Punkt miteinander zu verknüpfen. Das ist letztlich der tiefere Grund, weshalb man von den Bischöfen (und in grossen Teilen der katholischen Kirche auch von den Priestern) einen Verzicht auf die Ehe nach Art der Mönche verlangt.

II.

Nachdem wir so die drei Geschäftsgeheimnisse der kirchlichen Führung erkannt haben, den Primat der mittleren Führungsebene, das Kollegialitätsprinzip und den persönlichen Glauben als Grundlage aller Führung, können wir nun auch die Rolle und die Grenzen der zentralen Kirchenleitung betrachten. Wenn von der katholischen Kirche die Rede ist, denkt wohl jedermann zuerst an den Papst. So könnte man meinen, der Erfolg dieses weltweiten Unternehmens hänge in erster Linie von seiner zentralen Leitung ab. Dass dem nicht so ist, haben wir bereits angedeutet. Die Möglichkeiten einer direkten Einflussnahme des Papstes auf die Ortskirchen sind nämlich erstaunlicherweise recht gering.

Der Papst selbst gehört, genau besehen, zur mittleren Führungsebene. Als Bischof von Rom ist er einer der Ortsbischöfe, mit gleichem Weihegrad wie alle anderen, allerdings als *primus inter pares*. Darum ist das wichtigste päpstliche Führungsinstrument der direkte Austausch mit seinen Mitbischöfen. Institutionalisiert findet dieser zumindest alle fünf Jahre statt, wenn sich alle Bischöfe einer Nation zu einem Besuch nach Rom begeben, zum so genannten Besuch «ad limina». Dieses persönliche Gespräch ist keineswegs ein schwaches Führungsinstrument; einem dringend geäusserten Wunsch des Papstes wird sich so leicht kein Bischof verschliessen. Der Papst verfügt über eine hohe moralische Autorität.

Seine Sonderstellung im Bischofskollegium drückt sich von alters her in zwei Privilegien aus. Zum einen steht ihm der Vorsitz zu in den allgemeinen Bischofsversammlungen, den Konzilien und den allgemeinen Bischofssynoden, zum andern wurde ihm, als Nachfolger des Apostels Petrus, seit je eine Schiedsgerichtsbarkeit in Fragen der Glaubenslehre zuerkannt. Dementsprechend ist die Gemeinschaft mit dem Bischof von Rom das Kriterium für die Zugehörigkeit zum Bischofskollegium und damit für jede kirchliche Führungsvollmacht.

Daraus hat sich im Lauf der Zeit eine erste, eigentlich päpstliche Vollmacht herausgebildet, nämlich das Recht, alle Bischöfe zu ernennen. Dieses Recht ist, geschichtlich gesehen, den Päpsten von den Ortskirchen zugeschanzt worden, um einen Gegendruck zu haben gegen den Druck, mit dem sich politische Machthaber in die Bischofswahlen einmischen wollten. Heute ist das Recht der Bischofsernennungen ein wichtiges, wenn nicht gar das wichtigste Instrument der römischen Kurie zur Leitung der Weltkirche. Und aus der Erfahrung wird man sagen müssen, dass diese Ernennungen im Allgemeinen nicht schlechter, sondern wohl eher besser ausfallen, als wenn die Bischöfe (wie es früher meistens der

Fall war) demokratisch gewählt würden – immer vorausgesetzt, dass der Informationsfluss zwischen den Ortskirchen und Rom (eine der Hauptaufgaben der päpstlichen Nuntien) richtig funktioniert. Was bei einem gestörten Informationsfluss herauskommen kann, hat wiederum der Fall von Bischof Wolfgang Haas gezeigt.

Wesentlich heikler ist die richtige Ausübung der anderen päpstlichen Vollmacht, seiner Lehrautorität. Der Papst, haben wir gesagt, ist der oberste Richter in Glaubenssachen. Wenn es einfach darum ginge, zwischen zwei strittigen Meinungen einen Entscheid zu treffen, würde das kein grosses Problem darstellen. Die Lage ist jedoch meist komplexer. Auch in der Theologie bleibt manches im Fluss und in offener Diskussion. Da liegt die Versuchung nahe, durch Erlasse Ordnung schaffen zu wollen und «Lehrentscheidungen» zu einem Führungsinstrument umzufunktionieren. Ehrlicherweise wird man jedoch sagen müssen, dass eine solche Versuchung weniger den Papst als gelegentlich seine bürokratischen Verwaltungsorgane anwandelt.

Die soeben aufgezeigte Schwierigkeit wird heute verschärft durch die modernen Kommunikationsmittel. Eigentlich sollte man meinen, dass diese Kommunikationsmittel die Leitung der Weltkirche erleichtern und optimieren können. In Wirklichkeit ist jedoch das Gegenteil der Fall. Durch die kurzen Kommunikationswege und neuestens durch das Internet werden die strukturell richtigen kirchlichen Kommunikationskanäle allzu leicht umgangen.

Die heutige Medienwelt beeinflusst die kirchliche Führung jedoch auch in einer anderen, und diesmal vorwiegend positiver Weise. Sie verleiht den Führungspersonen, den Bischöfen und vor allem dem Papst, grössere und fast unmittelbare Sichtbarkeit und Präsenz. Dabei kommt weniger das hierarchische als das charismatische Element der kirchlichen Führung zum Tragen. Was wir vom dritten Geschäftsgeheimnis und von der Bedeutung der Predigt gesagt haben, wird hier von den Medien gefördert. Die Päpste sind in aller Regel charismatische Persönlichkeiten, besonders ausgeprägt Johannes XXIII. und Johannes Paul II. In den Medien können sie ihren personalen Glauben ebenso unmittelbar wie unaufdringlich zum Ausdruck bringen, und so sprechen sie viele, auch kirchenferne Menschen unmittelbar an. Auch hier werden die normalen kirchlichen Kommunikationskanäle übersprungen, aber zum Vorteil der Sache, weil es hier um die Grundlage aller kirchlichen Aktivität geht.

Nach diesem Blick auf das Papsttum ist vielleicht auch die Frage beantwortet, die uns unausgesprochen von Anfang an begleitet hat: Warum ist das Unternehmen Kirche so zählebig und, weltweit gesehen, immer noch so erfolgreich? Zum einen, weil die Führungsverantwortung nicht nur sehr weit hinunter delegiert wird, sondern von vorneherein sehr weit unten, sehr basisnah angesiedelt ist. Das ist, zweitens, nötig und möglich, weil das Unternehmensziel, die Verkündigung der Person Jesu Christi, immer ein persönliches Anligen sein muss, nicht nur eines jeden Bischofs, sondern auch eines jeden Pfarrers, eines jeden Seelsorgers und einer jeden Seelsorgerin, aber auch aller Gläubigen. Deshalb sind, drittens, das persönliche Gespräch und die persönliche Begegnung die wichtigsten Führungsinstrumente. Die katholische Kirche ist ein Betrieb, der fast ausschliesslich aus dem Personalwesen besteht, ähnlich wie eine Hochschule.

5. Religion und Selbstverantwortung in katholischer Sicht

Sozusagen posthum, nachdem ich schon nicht mehr Generalvikar war und nicht mehr in Zürich wohnte, bat mich der Club of Zurich im Turm der Universität zu seinem Jahresthema, der Selbstverantwortung, zu sprechen. Was konnte ich vor einem konfessionell und religiös so gemischten Publikum zu diesem Thema sagen?

Es ist ein heikles Thema, dass Sie sich und mir vorgegeben haben: «Religion und Selbstverantwortung». Gemeinhin ist man wohl der Ansicht, dass gerade in der Religion alle Verantwortung in die Hand einer höheren Instanz gelegt wird. So wäre es auch, wenn wir «Religion», nach Schleiermacher, als «Gefühl schlechthinniger Abhängigkeit» verstehen müssten. Doch wenn dem so wäre, dann wäre, wie Hegel über seinen Kollegen spottete, der Hund das religiöseste Geschöpf.

Ich möchte lieber von einem anderen Verständnis von Religion ausgehen, das auch geschichtlich bedeutsamer war. In einem zweiten Schritt werde ich dann das Christentum ins Auge fassen.

Religion und Selbstverantwortung

Richtiger als Schleiermachers Religionsverständnis scheint mir die Auffassung Kants zu sein, der die Religion als «Erkenntnis aller Pflichten als göttliche Gebote» versteht. Wenn wir in der Geschichte noch weiter zurückblättern, finden wir bei Cicero den Anfang des Religionsbegriffes. Er versteht *religio* als «rechtmässiges Pflegen und Verehren von etwas Höherem, das wir göttlich nennen», moderner umschrieben: als Übernahme einer bestimmten Geisteshaltung und als Beobachtung überlieferter Regeln bei verschiedenen Kulthandlungen, die den Göttern gefallen. Auch da scheint Selbstverantwortung zunächst ausgeschlossen zu sein. Man übernimmt, was überliefert ist, und ordnet sich so in einen soziokulturellen Kontext ein. Doch erinnern wir uns an das weise Wort Fausts: «Was du ererbt von deinen Vätern hast, erwirb es, um es zu besitzen!» Religiöses Brauchtum wird nur wirklich übernommen, wenn man es sich zu eigen macht, weil man einsieht, dass dieses Brauchtum gut ist. Das aber heisst, dass eine solche Übernahme durchaus selbstverantwortet ist. Alles andere wäre nicht Religion, sondern Heuchelei oder Konformismus, und die Selbstverantwortung würde dazu raten, das religiöse Brauchtum möglichst rasch aufzugeben.

Ich kann das an einem Beispiel aus meiner Jugend in Zürich erläutern. Ich erinnere mich, wie sich die Walliser Studenten, die aus einem Traditionskatholizismus kamen, wo sie der soziale Druck zum sonntäglichen Messebesuch verpflichtet hatte, in der Zürcher Diaspora zur Entscheidung gezwungen waren, ob sie die religiöse Praxis beibehalten oder aufgeben wollten – was sehr viele taten. Wir Zürcher Katholiken befanden uns dagegen in einer ganz anderen Situation. Unsere reformierten Mitschüler erwarteten, dass wir als Katholiken jeden Sonntag in die Kirche gehen mussten, und das hat uns dazu gebracht, dass wir tatsächlich jeden Sonntag in die Kirche gingen; ich möchte sagen, «ums ene z'zeige». Das war durchaus selbstverantwortet.

In dieser Jugenderinnerung zeigt sich zweierlei. Zum einen, dass im christlichen Kontext die ciceronianische «religio» als «Kirche» auftritt, und das nicht als hierarchische Institution, sondern als eine Glaubensgemeinschaft, der man sich zugehörig fühlt und deren Regeln man grundsätzlich, wenn auch nicht immer, befolgt.

Das Beispiel zeigt uns ferner, dass diese Zugehörigkeit zu einer Religionsgemeinschaft durchaus selbstverantwortet übernommen werden kann. Natürlich waren wir damals alle in einer zumindest zum Teil katholischen Familie aufgewachsen, in ihr mehr oder weniger katholisch erzogen und sozialisiert worden und folglich an den sonntäglichen Kirchgang gewöhnt. Doch früher oder später kam das Alter, in dem man solche Gewohnheiten nicht mehr fraglos übernimmt, sondern sie entweder abschüttelt oder einfriert (wie viele Walliser Studenten das taten) oder ganz im Gegenteil diese Gewohnheiten bewusst weiterführt und gar noch ausbaut. Diese zweite Möglichkeit hat sich darin gezeigt, dass aus meiner Generation nicht wenige den Priesterberuf ergriffen haben, jedenfalls selbstverantwortet. Was einer nicht selbstverantwortet «erwirbt», das wird er auf die Dauer auch nicht «besitzen».

Verallgemeinernd heisst das: Ein erwachsener Mensch kann einer Religion oder einer Kirche nur dann dauerhaft angehören, wenn er selbstverantwortet dazu steht. Andernfalls bleibt er bestenfalls ein Mitläufer. Ein konfessionell gespaltenes oder multireligiöses Umfeld erschwert jedoch eine solche Mitläuferschaft und fordert schon früh zu einer selbstverantworteten Entscheidung heraus. Wenn mich Firmlinge aufgrund des (nunmehr ehemaligen) KoKoRu – konfessionell-kooperativer Religionsunterricht – vor der Firmung fragten: «Warum sind wir eigentlich nicht Buddhisten? Das ist doch auch etwas Schönes», dann war eben diese Herausforderung zu spüren. Eine Antwort war gefragt, blosses Mitläufertum nicht mehr möglich.

Die Frage dieser jungen Menschen setzte jedoch noch etwas anderes voraus, das wir jetzt ins Auge fassen müssen: die Religionsfreiheit. Das Problem der Religionsfreiheit hat sich erst in der Neuzeit und nur im abendländischen Kulturraum ergeben. In früheren Zeiten und in anderen Kulturen wurde und wird als selbstverständlich vorausgesetzt, dass alle Erwachsenen die geltende, die überlieferte Gesellschafts- und Religionsordnung stillschweigend übernehmen. Nur im weltumspannenden römischen Kaiserreich herrschte eine fast unbegrenzte religiöse Toleranz, von der einzig die Christen ausgenommen waren, weil sie als staatsgefährdend galten.

In der zunehmend pluralistischen Welt der Neuzeit wurde schliesslich die Religionsfreiheit in zahlreichen Staaten als ein menschliches Grundrecht festgeschrieben und auch in die allgemeine Erklärung der Menschenrechte aufgenommen. Sie umfasst das Recht, ohne äussere Behinderung einer frei gewählten Religion anzuhangen, deren Verpflichtungen auch gesellschaftlich-öffentlich unbehindert auszuüben und gegebenenfalls diese Religionsgemeinschaft zu verlassen oder in eine andere überzutreten. So steht es auch in unserer Bundesverfassung, weshalb in allen staatskirchenrechtlichen Verfassungen der Kantone die Möglichkeit eines Kirchenaustritts vorgesehen werden muss. Das fördert und fordert eine selbstverantwortete religiöse Entscheidung. Erst wenn ich grundsätzlich die Möglichkeit habe, mich auch anders zu entscheiden, wird mir bewusst, dass ich den Verbleib in meiner Religionsgemeinschaft oder Kirche selbst zu verantworten habe.

Die katholische Kirche hat sich mit der Religionsfreiheit lange schwergetan. Im Mittelalter und in der frühen Neuzeit hat sie nicht selten im Widerspruch zur Religionsfreiheit gehandelt, und bis ins 20. Jahrhundert wurde wenigstens die Lehre von einer allgemeinen Religionsfreiheit theoretisch verworfen. Religionsfreiheit forderte man nur für die Katholiken in nichtkatholischen Ländern ein.

Deshalb war die Erklärung über die Religionsfreiheit, *Dignitatis humanae,* einer der umstrittensten Texte auf dem II. Vatikanischen Konzil. Sechs Textfassungen mussten erarbeitet werden, bis die Erklärung schliesslich in der allerletzten Arbeitssitzung, am 7. Dezember 1965, fast einstimmig approbiert werden konnte.

Inzwischen ist diese Erklärung trotz ihrer relativ geringen Lehrautorität zu einem der wirkmächtigsten Konzilstexte geworden. Ihr Untertitel besagt, was das Konzil unter Religionsfreiheit versteht: «Das Recht der Person und der Gemeinschaften auf gesellschaftliche und bürgerliche Freiheit in religiösen Dingen». In Nr. 2 wird das näher erklärt: «Diese Freiheit besteht darin, dass alle Menschen frei sein müssen von jedem Zwang sowohl vonseiten Einzelner wie gesellschaftlicher Gruppen, wie von jeglicher menschlichen Gewalt, so dass in religiösen Dingen niemand gezwungen wird, gegen sein Gewissen zu handeln, noch daran gehindert wird, privat und öffentlich, als einzelner oder in Verbindung mit andern – innerhalb der gebührenden Grenzen – nach seinem Gewissen zu handeln.» Diese «gebührenden Grenzen» werden dann etwas weiter unten als «Wahrung der öffentlichen Ordnung» erklärt.

So schafft die Religionsfreiheit die äussere Voraussetzung für eine selbstverantwortete religiöse Entscheidung. Mehr kann sie nicht; doch das tut sie. Dagegen kann keine öffentliche Instanz von einem allfälligen inneren Gewissenszwang befreien. Bedeutsam bleibt am Konzilsdokument, dass es einerseits die gleiche Religionsfreiheit allen Religionsgemeinschaften zugesteht, wenn auch mit gleichzeitiger Warnung vor Missbräuchen, und dass es anderseits zugibt, dass die Kirche diese Religionsfreiheit nicht immer beachtet hat. Das Konzil stellt zunächst fest, «dass der Grundsatz der religiösen Freiheit» im Evangelium selbst, in «der Würde des Menschen und der Offenbarung Gottes» begründet ist, und fährt dann fort: «Gewiss ist bisweilen im Leben des Volkes Gottes auf seiner Pilgerfahrt – im Wechsel der menschlichen Geschichte – eine Weise des Handelns vorgekommen, die dem Geist des Evangeliums wenig entsprechend, ja sogar entgegengesetzt war.» Nach diesem etwas verschämten Zugeständnis darf das Konzil dann auch feststellen: «[...] aber die Lehre der Kirche, dass niemand zum Glauben gezwungen werden darf, hat dennoch die Zeiten überdauert.»

Das führt uns zu einer zweiten Betrachtung.

Der Sonderfall Christentum

Das Christentum nimmt gegenüber dem Gesagten insofern eine Sonderstellung ein, als es sich da nicht so sehr um eine Religion oder um eine Kirche handelt, sondern um einen Glauben. Der christliche Glaube kann zwar gelegentlich auch die Züge einer Religion annehmen, besonders als kirchlicher Glaube; doch das Christentum ist seinem Wesen nach, wie Karl Barth gegen Schleiermacher unterstrichen hat, keine Religion, sondern ein Glaube.

Glaube im weitesten Sinn ist das Vertrauen, dass ich einer Person schenke. Ich glaube und vertraue dem Bäcker, dass er mir bekömmliches Brot verkauft, und jeder Forscher glaubt und vertraut seinen Forscherkollegen, dass sie eine wissenschaftlich brauchbare Arbeit leisten. Glaube ist in diesem Sinn eine zutiefst menschliche Haltung, ohne die menschliches Leben überhaupt nicht möglich wäre. Bei einem erwachsenen, mündigen Menschen ist diese Haltung selbstverantwortet, und sie muss es sein. Im Kindesalter ist sie als spontane Vertrauenshaltung herangewachsen, und sie bleibt auch später oft kaum bewusst. Wir geben uns kaum Rechenschaft darüber, wie vielen Menschen wir täglich «Glauben schenken», auch wenn wir, darüber befragt, ebenso spontan antworten würden: selbstverständlich selbstverantwortet.

Der christliche Glaube besteht nun darin, dass wir der Person Jesu Christi Glauben schenken, und zwar sowohl in dem mehr oberflächlichen Sinn, dass wir seinen Worten glauben, das heisst: sie vertrauensvoll als wahr hinnehmen, aber auch, und vor allem in dem tieferen und tragenden Sinn, das wir «an ihn glauben», dass wir uns ihm persönlich anvertrauen. Beide Weisen des Glaubens sind immer durch den Glauben der Apostel vermittelt. Nur durch die Apostel kennen wir die Worte Christi, nur durch sie wurde und wird uns die Person Jesu Christi nahegebracht, weil die Apostel ihrerseits ihm und an ihn geglaubt haben. Das aber heisst, dass niemand sich selbst den Glauben geben kann; dieser muss immer als ein Geschenk, als etwas Überkommenes übernommen werden. So waren es meistens die Eltern, die uns den schlichten menschlichen Glauben geschenkt und vermittelt haben. Weil sie glaubten, glaubten auch wir. Und ähnlich vermittelt ist immer auch der christliche Glaube. Daraus ergibt sich das Religionsmässige, das Gemeinschaftsgeprägte, das auch der christliche Glaube an sich trägt. Er ist immer kirchlicher, «religiöser» Glaube.

Dennoch bleibt der Glaube, mehr als die Religion, immer auch selbstverantwortet. Glaube ist etwas derart unvertretbar Persönliches, von Person zu Person, dass er notwendig immer selbstverantwortet sein muss, ähnlich wie die Liebe oder die eheliche Treue. Niemand kann stellvertretend für jemand anderen lieben oder treu sein, und niemand kann stellvertretend für jemand anderen glauben, so sehr man auch für jemand anderen beten oder stellvertretend für ihn eine kirchliche Handlung vollziehen und somit «Religion ausüben» kann. Glauben muss jeder und jede für sich selbst und in eigener Verantwortung. Wenn diese Selbstverantwortung fehlt, handelt es sich nicht mehr um Glauben, sondern entweder um eine Gewohnheit oder eine Gedankenlosigkeit oder dann um erzwungenes Mitläufertum.

Daraus ergab sich schon sehr früh die theologische Überzeugung, dass niemand zum Glauben gezwungen werden kann und darf. Trotz gelegentlich gegenteiliger Praxis hat sich diese Überzeugung immer durchgehalten. Die Religionsfreiheit muss somit in erster Linie als Gewissensfreiheit verstanden werden, und erst im Hinblick auf diese als eine besondere Art der öffentlichen Ordnung. Das Konzil hat die Gewissensfreiheit in der «Würde der menschlichen Person» begründet. Es leitet die Erklärung über die Religionsfreiheit so ein: «Die Würde der menschlichen Person kommt den Menschen unserer Zeit immer mehr zum Bewusstsein, und es wächst die Zahl derer, die den Anspruch erheben, dass die Menschen bei ihrem Tun ihr eigenes Urteil und eine verantwortliche Freiheit besitzen und davon Gebrauch machen sollen, nicht unter Zwang, sondern vom Bewusstsein der Pflicht geleitet.»

Die Erwähnung des «Bewusstseins der Pflicht» wirft nun aber auch eine Frage auf und weist auf einen Einwand gegen das selbstverantwortete Christsein hin. Man muss sich fragen: Nimmt die Pflicht, nehmen die Gesetze, Gebote und Vorschriften der christlichen Moral dem Menschen nicht alle Selbstverantwortung ab, ja machen sie diese nicht sogar unmöglich?

Der Sachverhalt ist zu komplex, als dass ich ihn in einem Kurzvortrag adäquat erörtern könnte. Ich kann nur zwei Hinweise auf eine mögliche Beantwortung unserer Frage geben. Zum einen: Auch für die Gebote und für die christliche Moral gilt das, was wir schon für die Religion, den Glauben und die Kirchlichkeit gesehen haben. Man kann sie selbstverantwortet übernehmen. Wenn die Moral wirklich Moral sein soll, ohne blosse Abrichtung oder reiner Konformismus zu bleiben, dann muss man sie auch selbstverantwortet übernehmen können. Ein Gehorsam, der nicht selbstverantwortet ist, ist kein Gehorsam,
sondern Unterwürfigkeit.

Zum andern, und diese Einsicht setzt einige spirituelle Erfahrung voraus: Was meiner Selbstverantwortung entgegensteht, das bin in erster Linie ich selbst. Was mich nicht selbstverantwortet handeln lässt, das sind vor allem meine Neigungen und Abneigungen, meine Triebe, meine Begehrlichkeiten und so fort, die mich zu verantwortungslosem Entscheiden und Handeln antreiben. Wenn dem so ist, dann kann und muss ich die Gebote und Vorschriften und Verbote als wertvolle Hilfe betrachten, um mich von mir selbst freizumachen. Erst in dieser Freiheit kann ich mich dann wirklich selbstverantwortet bewegen. Echt und selbstverantwortet wird diese meine Freiheit erst in dem Masse sein, als ich mir die Gebote, Vorschriften und Verbote, die ganze christliche Moral zu eigen gemacht, sie verinnerlicht habe. Dann sehe ich auch ein, dass sie meinem innersten Streben entsprechen und dass sie mich zu dem werden lassen, was ich eigentlich sein möchte.

Diese innere Übereinstimmung zwischen menschlichem Streben und Gottesgesetz nennt das Johannesevangelium «Wahrheit», und es lässt Jesus sagen: «Wenn ihr in meinem Wort bleibt […], werdet ihr die Wahrheit erkennen, und die Wahrheit wird euch frei machen» (Joh 8,31–32). Paulus nennt das Gleiche «Geist» und schreibt: «Das Gesetz des Geistes und des Lebens hat dich freigemacht vom Gesetz der Sünde und des Todes» (Röm 8,2); denn «die Frucht des Geistes ist Liebe, Freude, Friede, Langmut,

Freundlichkeit, Güte, Treue, Sanftmut und Selbstbeherrschung. Gegen all das steht kein Gesetz» (Gal 5,22–23). Besser könnte man Selbstverantwortung kaum umschreiben. Doch um dahin zu gelangen, ist viel geistliche Unterscheidung erfordert zwischen Wesentlichem und Unwesentlichem.

So können und müssen wir bezüglich der religiösen Selbstverantwortung drei Gruppen von Katholiken unterscheiden: Einerseits die schlichten, unkomplizierten Menschen, wie wir es in unserer Jugend waren, die alle Pflichten als selbstverständlich auf sich nehmen. Auf der anderen Seite jene, die in einer Art «zweiter Naivität» zu dem eben beschriebenen «Leben im Geist» gefunden haben. Beide Gruppen handeln selbstverantwortet.

Zwischen den beiden steht eine grosse mittlere Gruppe. Die einen, der kleinere Teil, fliehen vor der Selbstverantwortung und halten deshalb unbesehen, aber auch rein äusserlich an allem Vorgeschriebenen fest; wir bezeichnen sie als «Fundamentalisten». Die andern, die meisten und wohl auch wir, befinden sich irgendwo auf dem Weg zwischen der ersten und der zweiten Gruppe. Ein Weg, der manchmal beschwerlich, manchmal erfreulich ist. Und selbst wenn er das Ziel vielleicht nicht erreicht, ist er jedenfalls auf dieses Ziel, die vollkommene Selbstverantwortung, hin ausgerichtet.

1

2

3

1 Das «Feldschlösschen» in Belgien: die Fakultät Saint-Albert-de-Louvain in Eegenhoven-Leuven. Dort wurde kein Bier gebraut, sondern eine zeitgemässe Theologie. **2** Pius XII. liess sich stets auf der *Sedia gestatoria* tragen, damit man ihn sehen konnte. Auf dem Weg durch die Peterskirche musste er jeweils unzählige Male ein neues weisses Käppchen entgegennehmen, es kurz aufsetzen und wieder zurückgeben – eine feste Einnahmequelle für die Schwestern, die diese Käppchen nähten. Sein Privatsekretär P. Robert Leiber, ein Kirchenhistoriker, meinte: «Pius XII. war kein Heiliger, aber er war ein guter Christ; und das ist nicht wenig für einen Papst.» **3** Sechs Jahre lang war ich Repetitor am Germanikum. Zu meiner Zeit trugen die Germaniker noch rote Soutanen. Viele meiner damaligen Studenten sind dann Professoren oder Bischöfe oder beides geworden.

4

5

6

4 Papst Paul VI. im Gespräch mit einem Germaniker. Der Montini-Papst war der erste, der die Moderne und die «neue Theologie» wirklich kannte. Nur er konnte das Konzil ungeschmälert zu Ende führen. Als «Pillen-Papst» wurde er völlig verkannt. Mit seiner Enzyklika *Humanae vitae* wollte er 1968 in erster Linie die amerikanische Birth-Controll-Politik in den Ländern der Dritten Welt einschränken. **5** Der junge Professor: Was wird er wohl sagen? Seine Zuhörer sind so gespannt wie er selbst. **6** Metaphysikkurs für die «Studentische Schulungsgemeinschaft» auf dem Beatenberg. Ihr geistiger Leiter, Hans Urs von Balthasar (rechts), versucht, sich einen Überblick zu verschaffen.

7

8

9

10

7 Der Nuntius und Kirchengeschichtler Angelo Roncalli wurde 1944 von Pius XII. (zur Strafe für die französische Nachkriegsregierung) von Istanbul nach Paris versetzt. Bei seiner Pensionierung wurde er daraufhin Patriarch von Venedig und so Papst. Ich lernte Roncalli 1958 beim Internationalen Philosophenkongress in Venedig kennen. Da erlaubte er uns Klerikern grosszügig, die vorgesehene Vorstellung im Teatro «La Fenice» zu besuchen – was sonst verboten war. Gegeben wurde «Peter und der Wolf», als Marionettentheater. **8** Einzug der Bischöfe zum Konzil. Der Zeremoniar ruft über den Platz: «Die Bischöfe in Viererreihen / A quattro e quattro i vescovi!». Der Bischof von Trier, Matthias Wehr, kommentiert: «In Rom kann man sich als Bischof wieder einmal als Masse fühlen.» **9** Während des Konzils konnte man im Germanikum am Mittagstisch jeweils die letzten Nachrichten aus der Konzilsaula erfahren. **10** Das Mosaik, das die Konzilsväter bekehrt hat (vgl. Seite 36).

11

12

13

14

11, 12 Nicht nur die Kirche hat sich gewandelt, auch die altehrwürdige Gregoriana und ihre Studentenschaft. Was wird das Neues bringen? **13** Bischofsweihe am Pfingstmontag, 31. Mai 1993, dem traditionellen Zürcher Wallfahrtstag, in Einsiedeln. Während die Allerheiligenlitanei gesungen wird, liegen die Weihekandidaten am Boden, ein Zeichen der Demut, der Sammlung und der flehentlichen Bitte – ein letzter Moment der Besinnung. **14** Der Diözesanbischof mit seinen zwei neugeweihten Weihbischöfen. Ihre Ernennung hat der Präsident der Bischofskonferenz, Abt Henri Salina, den Journalisten so erklärt: «Wenn in Asien ein junger Elefant nicht gut arbeitet, spannt man ihn zwischen zwei alte Elefanten.»

15

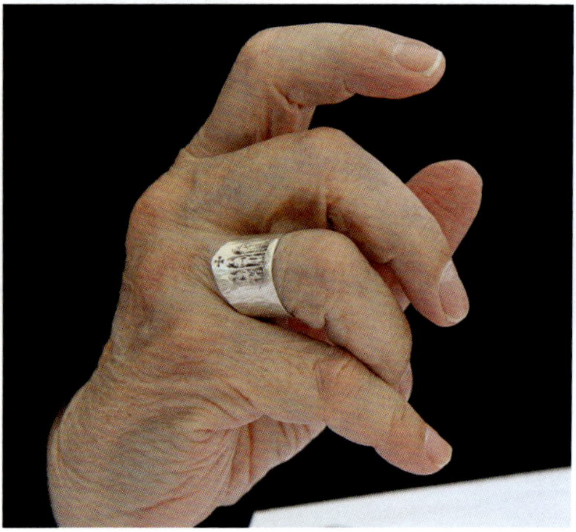

16

17

15 Zwei Ordensleute, die sich vorher nicht kannten und von denen sich keiner hätte träumen lassen, jemals Bischof zu werden. Aber bald haben wir uns gut verstanden. **16** Mein Bischofring ist ein echter Konzilsring, wie ihn Paul VI. am Ende des Konzils allen Teilnehmern übergab. Ich fand ihn im Schaufenster eines römischen Ladens für kirchliche Gegenstände. **17** Erzbischof Karl-Josef Rauber konnte mich erst zur Übernahme des Bischofsamtes bewegen, als er mir mitteilte, er werde Nuntius in der Schweiz. Er war dann ein treuer Begleiter in schwieriger Zeit.

18

18 Mein Titularbistum auf der nördlichsten kroatischen Insel in der Adria. Es geht auf urchristliche Zeiten zurück und wurde erst von Napoleon aufgehoben und mit dem Bistum Krk vereinigt. Auch nach der Emeritierung durfte ich dieses Titelbistum behalten. 19 Papst Johannes Paul II. hat mir noch etwas zu sagen. In ein, zwei Worten sagte er oft viel.

19

20

21

22

23

20 Meine wichtigste Kirchenerfahrung als Bischof war die Mitarbeit in der Bischofskonferenz. Ich kam in eine mitbrüderich-freundschaftliche Gemeinschaft, wo wir gemeinsame Anliegen kritisch besprechen und manchmal sogar lösen konnten. **21** Deutlicher könnte das neue Verhältnis zwischen Kirche und Staat nicht ausgedrückt werden: Das katholische Kirchenparlament tagt dort, wo sonst der Zürcher Stadtrat und der Zürcher Kantonsrat tagen. **22** Meine wichtigsten Mitarbeiter als Generalvikar. Ohne Einverständnis mit den Dekanen kann ein Generalvikar weder etwas entwerfen noch etwas verwirklichen. Weihbischof Peter Henrici mit seinen fünf Dekanen und dem Personalbeauftragten: Dekan Gebhard Matt, Dekan Vitus Schmid, Dekan Jakob Romer, Dekan Gebhard Jörger (Glarus), Pfarrer August Durrer, Dekan Martin Kopp (v.l.n.r.). **23** Ökumenisches Tischgespräch zwischen Ruedi Reich und mir. Zwei Kirchenverantwortliche haben sich viel zu sagen. «Einvernehmlichkeit» ist auch in der Ökumene das Zauberwort.

24

25

24 Zu meinem 70. Geburtstag schenkte mir die Evangelisch-reformierte Kirche des Kantons Zürich ein Faksimile der Zwingli-Bibel. 25 Im Gespräch mit René Zihlmann, dem Präsidenten der Zentralkommission während meiner Zeit als Generalvikar in Zürich. 26, 27 Während der Predigt bei einer Priesterweihe und bei der Zürcher Behindertenseelsorge.

26

27

28

29

30

28 Weltumspannende Kirche im Kanton Zürich: Syro-Malabarischer Gottesdienst in St. Agatha, Dietikon (9. Juni 2012) mit Erzbischof Kardinal George Alencherry. Die syro-malabarische Kirche (besser bekannt unter der Bezeichnung Thomas-Christen; malabarisch heisst der im südindischen Kerala heimische Ritus, weil Kerala früher Malabar hiess) in Indien feiert einen mit lokalen Gesten und Ritualen bereicherten Gottesdienst. Ausser mir war auch Weibischof Marian Eleganti (links neben dem Kardinal) dabei. **29** Joseph Ratzinger kannte ich seit der Konzilszeit. Als er als Präfekt der Glaubenskongregation nach Rom kam, bat er mich, seine Nachfolge in der Herausgeberschaft der Zeitschrift «Communio» zu übernehmen. Wir trafen uns dann öfters. Jahre danach, nach einer Sitzung der Päpstlichen Medienkommission, wollte mich deren Präsident, Erzbischof John P. Foley, dem Papst vorstellen. Der Papst: «Ach, wir haben uns lange nicht mehr gesehen. Wie geht es?» **30** Redaktionssitzung der Internationalen Zeitschrift Communio in Mainz: Kardinal Walter Kasper, Kardinal Karl Lehmann, Hans Maier und Weihbischof Henrici (v.l.n.r.).

31

32

33

34

31 Bei meiner ersten kurzen Begegnung mit Papst Franziskus durfte ich ihm meine alte, inzwischen neugedruckte Übersetzung des «Memoriale» des damals noch seligen Peter Faber überreichen. Er zeigte sich erfreut und sagte: «Ich werde ihn noch vor Jahresende heiligsprechen.» Das schien mir unwahrscheinlich, aber er hat es getan. **32** Zu meinen 90. Geburtstag gewährte mir der Papst eine Privataudienz. Wieder eröffnete ein Büchlein den Dialog: Meine Auswahlübersetzung von Schriften des seligen Alberto Hurtado, einem chilenischen Jesuiten. Dann folgte ein längeres, gutes Gespräch. Zum Schluss meinte der Papst: «Wir sind zwei Jesuiten im Exil.» **33, 34** Meine vielleicht wichtigste Initiative als Generalvikar, die viel Zusammenarbeit erforderte, war die Wiederansiedlung einer Ordensgemeinschaft auf der Klosterinsel Rheinau: der «Spirituellen Weggemeinschaft» im «Haus der Stille».

35

36

35 Eine andere Initiative, die mir am Herzen lag, war das «forum für alle», die kostenlose Verteilung des Zürcher Pfarrblatts an alle katholischen Haushaltungen des Kantons. **36** Auf Rat des Papstes bot ich auch als Weihbischof weiterhin einige Vorlesungen und Seminare an der Theologischen Hochschule Chur an, wo ich 2003–2008 auch wohnte. Zu meinem 80. Geburtstag wurde ich deshalb zum Honorarprofessor der Hochschule ernannt. **37–39** Neben der Hochschultätigkeit war ich in Rom mit zwei Gruppen von Laien freundschaftlich-seelsorgerlich verbunden: Mit den Führern der Pfadfinderabteilung «Roma 6» (hier bei ein Hochzeitsessen im Palazzo Barberini; am Tisch mein Mitbruder und Kollege P. Carlo Huber, Roverkaplan in der gleichen Abteilung), zu denen ich als «Baloo» (Kaplan der Wölflinge) zwölf Jahre lang gehörte. Und 1977–1993 mit einigen Neokatechumenalen Gemeinschaften der Pfarrei «Gran Madre di Dio» beim Ponte Milvio. Auch das war erlebte Kirche. Diese Erfahrungen haben mir viel geholfen.

37

38

39

Venerabilem Fratrem

Petrum Henrici, S.I.,

Episcopum titulo Absoritanum et Auxiliarem olim Cu-
riensem, episcopalis ordinationis argenteum celebrantem
iubilaeum, fraterno cordis affectu prosequimur, dum una
cum eo sinceras gratias Deo agimus pro misericordia
eius omneque genus beneficiis quae nonaginta annis
vitae, sexaginta presbyteratus et viginti quinque episco-
patus sui ipse expertus est aliisque obtulit, eique Be-
nedictionem Nostram, caelestis gratiae pignus, amanter
largimur, dum vicissim eius orationem petimus ut Petri-
num officium fideliter explere valeamus.
Ex Aedibus Vaticanis, die XI mensis Maii, anno MMXVIII.

Franciscus

Den ehrwürdigen Bruder Peter Henrici S.J., Titularbischof von Osor und ehemaligen Weihbischof des Bistums Chur, beglückwünschen wir in brüderlicher Zuneigung zu seinem silbernen Bischofsjubiläum. Zusammen mit ihm danken wir Gott für seine Barmherzigkeit und jede Art von Wohltaten, die er in seinen 90 Lebensjahren, in seinen 60 Priesterjahren und in den 25 Jahren seines Bischofsamtes erfahren und weiterschenken durfte.
Wir erteilen ihm unseren Segen als Pfand der göttlichen Gnaden, und wir selbst bitten ihn um sein Gebet, damit wir das Petrusamt gut ausüben können.
Aus dem Vatikan, am 11. Mai 2018 *Franciscus*

V. KIRCHE UND STAAT IN DER SCHWEIZ

Das Staatsrecht hat mich schon immer interessiert, vielleicht ein mütterliches Erbgut. In meiner kurzen Studienzeit in Zürich besuchte ich aus reiner Neugier die Vorlesungen von Prof. Werner Kägi über schweizerisches Staatsrecht. In meinen Vorlesungen und Seminaren in Rom konnte ich mich dann mit den philosophischen Staatstheorien auseinandersetzen, von Machiavelli bis Hegel. So war ich einigermassen gerüstet zur Begegnung mit dem Zürcher Staatskirchenrecht als Generalvikar in Zürich.

1. Die Zukunft der Kirche in der Schweiz im Licht des II. Vatikanischen Konzils

Als ehemaliger Römer und «Ehrenphilister» der Studentenverbindung «Helvetia Romana» wurde ich schon 1994 gebeten, einen Vortrag zur Zentraldiskussion des Schweizerischen Studentenvereins beizusteuern, zuerst auf Französisch in Freiburg und einige Monate später auf Deutsch in Zürich. Der Abdruck dieses Vortrags dient nicht nur dokumentarischem Zweck. Was vom Zweiten Vatikanischen Konzil für die Zukunft vorgespurt worden war, wartete nicht nur 1994 auf seine Realisierung, auch heute, mehr als fünfzig Jahre nach Abschluss des Konzils, scheint die Zukunft, für die man damals arbeitete, noch in weiter Ferne.

Sie haben mich gebeten, im Rahmen ihrer Zentraldiskussion etwas über die Zukunft der Kirche in der Schweiz zu sagen. Nun bin ich leider weder ein Prophet noch ein Soziologe, weshalb ich weder eine Vorhersage noch eine Projektion in die Zukunft wagen kann. Ich kann nur aus theologischer Sicht und aus der Perspektive meiner noch sehr kurzen Kirchenerfahrung in der Schweiz, die aber vielleicht noch etwas von der Naivität des ersten Blicks an sich hat, ein paar Feststellungen machen, die für die Zukunft der katholischen Kirche in der Schweiz bedeutsam sein könnten.

Die Zukunft der Kirche

Wenn wir nach der Zukunft der Kirche Schweiz fragen, müssen wir in theologischer Sicht als Erstes feststellen, dass die Kirche jedenfalls Zukunft hat und haben wird. Wir brauchen dafür nicht einmal das Wort von den «Pforten der Unterwelt» anzuführen, die die heilige Versammlung (die *ekklesía*) nicht verschlingen werden, weil diese auf den Felsengrund des gottgeschenkten Glaubensbekenntnisses des Petrus gegründet ist (Mt 16,18; vgl. Mt 7,24 und Lk 22,32). Die Kirche ist überhaupt erst dafür gegründet und eingesetzt worden, dass sie Zukunft hat und in die Zukunft weist: «Geht zu allen Völkern, tauft und lehrt sie. Ich bin bei euch alle Tage bis zum Ende der Welt» (Mt 28,19–20). «Ihr werdet meine Zeugen sein in Jerusalem und in ganz Judäa und Samarien und bis an die Grenzen der Erde» (Apg 1,8). Die Apostelgeschichte erzählt von diesem Zugehen der jungen Kirche auf ihre Zukunft, und darum schliesst sie «open ended». Sie deutet nicht einmal an, wie die Geschichte des paulinischen Appells an den Kaiser ausging, was den Exegeten einige Mühe bereitet. Genauso offen muss alle Geschichte der Kirche bleiben; man würde das Warten auf die Wiederkunft Christi, das diese Geschichte bestimmt, missverstehen, wenn man es als ein Zugehen auf einen Schlusstermin betrachtete. Das sagt schon die älteste Schrift des Neuen Testaments, der 1. Thessalonicherbrief (1 Thess 4–5). Christus in seiner Herrlichkeit wird bestimmt wiederkommen, er ist uns immer nahe, genauso wie das Gottesreich «kommt» und «nahe ist», seit bald zweitausend Jahren. Das ist die Zukunft für die Kirche. «Beim Herrn sind tausend Jahre wie ein Tag», mahnt der 2. Petrusbrief am Ende des apostolischen Zeitalters (2 Petr 3,8).

Der Blick auf das kommende Gottesreich, um das wir in jedem Vater Unser beten, führt zu einer zweiten Überlegung. Die Kirche als in die Welt hinausgesandte Zeugenschaft hat jedenfalls Zukunft. Wie steht es aber mit der Kirche als festgefügter, sichtbarer, für uns oft allzu festgefügter Institution? Ist sie nicht wie jede menschliche Institution ebenfalls dem Wandel und dem Vergehen unterworfen? In der Tat, so lehrt das II. Vatikanische Konzil mit Nachdruck, ist sie selbst nicht das Endgültige; sie ist nur «das Sakrament, das heisst Zeichen und Werkzeug» für dieses Endgültige, sie ist nur «Keim und Anfang des (Gottes-)Reiches auf Erden. Während sie allmählich wächst, streckt sie sich verlangend aus nach dem vollendeten Reich», das vom Konzil als «die innigste Vereinigung mit Gott wie [...] die Einheit der ganzen Menschheit» verstanden wird (LG Nr. 1 und 5), sicher nicht ganz ohne Einfluss der Zukunftsvision Teilhard de Chardins.

Wenn wir beide Sichtweisen zusammenfassen, müssen wir also sagen: Die in die Welt gesandte Gemeinschaft der Kirche hat deshalb je und je Zukunft, weil ihre eigentliche Zukunft ausserhalb ihrer liegt, im menschlich unmessbar heranwachsenden Gottesreich. Doch was bedeutet diese theologische Aussage für unser gegenwärtiges kirchliches Dasein? Sie sagt uns zunächst und vor allem, negativ, dass sich die Zukunft der Kirche nicht mit menschlichen Mitteln und Massstäben fassen, voraussehen oder gar vorausplanen lässt. So sehr die Kirche als (auch) menschliche Gemeinschaft für eine (auch) soziologische Betrachtung offen ist, so unzuständig ist die Soziologie für die Zukunft der Kirche. Die Apostelgeschichte und die ganze Geschichte der Kirche ist, mit ihren immer wieder unvorhersehbaren Wendungen, ein unübersehbares Lehrstück für diese Wahrheit. Auch für die Kirche als ganze gilt, richtig – das heisst im Heiligen Geist – verstanden: «Sorgt euch nicht um den morgigen Tag; sucht zuerst das Reich Gottes» (Mt 6,34.33; vgl. Lk 12,16–21). Das bedeutet, positiv gewendet, dass wir uns zuerst und vor allem um das kirchliche Heute und um die darin unmittelbar anstehenden Entscheidungen zu kümmern haben, ohne mögliche Zukunftsvisionen entwerfen zu müssen. Im Blick auf dieses vom Gestern bestimmte Heute möchte ich nun versuchen, zunächst ein paar kennzeichnende Züge herauszstellen, die das Heute der Kirche in der Schweiz bestimmen, um dann aus dem Gestern des Konzils herauszulesen, ob sich daraus Richtlinien ergeben für ein auf das Morgen ausgerichtetes Verhalten als Kirche in der Schweiz.

Besonderheiten der Kirche in der Schweiz

Wir sprechen, auch im Blick auf das kirchliche Leben, gerne vom «Sonderfall Schweiz». Meistens tun wir das, um anzudeuten, dass

sich die allgemeinen Regeln in unseren Schweizer Verhältnissen nicht ohne Weiteres anwenden lassen. Doch abgesehen von diesem Hintergedanken: Wie weit ist die Kirche in der Schweiz wirklich ein Sonderfall innerhalb der römisch-katholischen Weltkirche? Es braucht keine tiefen Voruntersuchungen, um einige Züge aufzuzeigen, die für das kirchliche Leben in der Schweiz kennzeichnend sind, die sich aber andernorts so nicht finden. Die meisten von ihnen wirken sich positiv, einige eher negativ auf unser kirchliches Leben aus. Denn wie die meisten Dinge auf dieser Welt hat jede dieser Besonderheiten zwei Seiten, eine gute und eine weniger gute. Im Folgenden möchte ich auf sechs Besonderheiten hinweisen, die mir für die Zukunft der Kirche in der Schweiz bedeutsam scheinen.

1. Polykultureller Hintergrund

Dass die Schweiz viersprachig ist, gehört zu den ersten Gemeinplätzen, die in jeder Beschreibung der Schweiz zu lesen sind. Es ist schon weniger ein Gemeinplatz, dass diese sprachliche Verschiedenheit in tiefgreifenden kulturellen Unterschieden wurzelt. Im kirchlichen Leben finden sich diese Unterschiede eher verstärkt als abgeschwächt, und das nicht erst seit der Einführung der Volkssprache in der Liturgie. Denn mindestens drei unserer vier Sprachregionen orientieren sich kulturell und damit auch kirchlich an einer je verschiedenen Nachbarkultur. Es braucht keine grosse europäische Kirchenerfahrung und Kenntnis der Kirchengeschichte, um einzusehen, wie verschieden der deutsche, der französische und der italienische Katholizismus sind, nicht nur was ihr kirchliches Leben, sondern auch und vor allem was das ihr zugrundeliegende Kirchenbild und ihre Theologie betrifft. Trotz aller gesamteuropäischen Bemühungen scheinen diese verschiedenen Katholizismen heute eher noch weiter auseinanderzudriften; der Verlust einer einheitlichen, lateinischen Schultheologie und Schulphilosophie im letzten halben Jahrhundert ist nur ein, vielleicht jedoch besonders folgenreiches Beispiel dafür.

In der Schweiz richtet man sich nun in jedem Landesteil, soweit man das kirchliche Ausland überhaupt wahrnimmt, nach dem Modell kirchlichen Lebens in der gleichsprachigen Nachbarkirche aus. Der Rückgang der kulturellen Mehrsprachigkeit unter der jüngeren Generation verstärkt noch diese Ausrichtung. Zur Nazizeit lebten auch wir Deutschschweizer Katholiken notgedrungen und weitgehend von der kulturell-spirituellen Blüte des französischen Katholizismus; man denke nur an die grossen katholischen Dichter und an die *Nouvelle Théologie*. Heute dagegen zeigt der Deutschschweizer überhaupt wenig Öffnung gegenüber dem Ausland. Ein kulturell-theologischer Austausch findet kaum mehr statt (auch Hans Küng ist ein Schweizer), höchstens gelegentlich mit den lateinamerikanischen Theologien, wobei die fehlende kulturelle Übereinstimmung für einige Missverständnisse sorgt. Anderseits scheint der deutsche Katholizismus für Französisch- und Italienischsprachige, heute wie ehedem, wenig attraktiv, und von dem grossen Aufbruch, den das kirchliche Leben derzeit in Italien erlebt, hat man, ausser im Tessin, kaum Kenntnis. Den vielzitierten «Röschtigraben» gibt es auch im kirchlichen Leben, und das ist bis in die Bischofskonferenz hinein spürbar.

Dort wird aber auch spürbar, dass die kulturell-kirchliche Verschiedenheit tatsächlich ein grosser Reichtum ist, weil die Kirche in der Schweiz, wie wohl kaum eine andere, in sich selbst die Möglichkeit zu vielfältigem Ausgleichs und vielfältiger Ergänzung hat. Dabei muss der eher zweifelhafte Ausgleich zwischen «progressiven» und «konservativen» Strömungen, zwischen «Rechts» und «Links» gar nicht ins Spiel gebracht werden.

Noch ein Letztes, und nicht das Unbedeutendste ist zur kulturellen Vielfalt der katholischen Kirche in der Schweiz anzumerken. Sie ist, vor allem in den städtischen Agglomerationen, weitgehend eine Kirche der Einwanderer, spürbar nicht zuletzt in Zürich, wo der Ausländeranteil 40 Prozent (und unter der jungen Generation noch mehr) erreichen kann. Diese demografische Tatsache führte zunächst zur Gründung der Fremdsprachigen-Missionen, deren Bedeutung kaum überschätzt werden kann; sie könnte und sollte sich aber auch auf das Leben der Pfarrgemeinden befruchtend auswirken. Die reiche Orchestrierung durch katholische Traditionen verschiedener Herkunft kann (oder könnte) das Deutschschweizer Pfarreileben vor der Gefahr einer gewissen Eindimensionalität bewahren. Unser polykultureller Hintergrund ist jedenfalls eine der verheissungsvollsten Vorgaben für die Zukunft der Kirche in der Schweiz.

2. Aktive Gemeinden

Gemeindeautonomie ist ein zweites schweizerisches Stichwort, wenigstens für Kenner. Sie wirkt sich auch im staatskirchenrechtlichen Bereich aus, zum Beispiel in der Bildung von Kirchgemeinden und in deren Steuerhoheit. Dies hat zur durchaus nicht unerwünschten Folge, dass die kirchliche Finanzverwaltung und damit ein Grossteil der Sorge für das Leben der Pfarrgemeinden seit Langem in der Hand der Laien liegt. Die vom Konzil gewünschte Einrichtung von Pfarrei- und Seelsorgeräten konnte bei uns als Gutheissung der gewachsenen schweizerischen Strukturen verstanden werden. In den letzten Jahren hat sich dieser mitverantwortliche Einsatz von Laien im kirchlichen Leben noch verstärkt, und er hat sich in den gezwungenermassen priesterlosen Pfarreien vielfach bewährt. Man wird sagen können, dass die Laien in der Schweiz die Kirche ganz allgemein aktiver, bewusster und mit grösserer Veranwortung mittragen als anderswo. In einzelnen Gemeinden kann das allerdings auch zur Folge haben, dass man den Priester fast nur noch als Sakramentenspender und nicht mehr in seiner Leitungsfunktion sieht.

3. Ökumenische Nachbarschaft

Die neuzeitliche Geschichte der Schweiz ist geprägt von der Geschichte der Reformation und von deren Folgen. Jahrhundertlang gab es deshalb festgefahrene Grenzen und Feindbilder, die jedoch ein freundeidgenössisches Miteinander nicht ganz verunmöglichten. Mit dem Bundesstaat von 1848 und mit der zunehmenden Durchmischung der Bevölkerung haben sich die Grenzen zwischen den katholischen Stammlanden und den Diasporagebieten zusehends verwischt. Das II. Vatikanische Konzil hat auch kirchlicherseits das ökumenische Miteinander erleichtert, vor allem zwischen den beiden grossen Landeskirchen. Viele kirchliche Aufgaben, vor allem im Bereich der Diakonie, lassen sich heute nur noch in ökumenischer Zusammenarbeit lösen. An der Kirchenbasis, um auch dieses ursprünglich neomarxistische Schlagwort einmal zu gebrauchen, sind die konfessionell gemischten Ehen fast zum Normalfall geworden. Auch da wird das Verbindende meist stärker empfunden als das Trennende, bis hin zu einer immer wieder geforderten Abendmahlsgemeinschaft wenigstens für konfessionell gemischte Familien. Diese ökumenische Nachbarschaft ist für beide Kirchen hilfreich; beide können manches voneinander lernen. Evangelischerseits zeigt sich dies beispielsweise in der Aufwertung des Abendmahls; katholischerseits in der Aufwertung der Wortgottesdienste, die nicht nur als Notmassnahme wahrgenommen werden, und in der Aufwertung der synodalen Strukturen, die man dann leider oft als «demokratisch» missversteht. Voraussetzung für ein solches wechselseitiges Lernen ist jedoch, dass das je Eigene jeder Konfession nicht verwischt wird, eine Gefahr, die mir nicht immer ganz gebannt scheint. Mit einem Ausverkaufsökumenismus, der das Christliche auf den kleinsten gemeinsamen Nenner beschränkt, ist keiner der beiden Kirchen gedient.

4. Eine reiche Kirche

Die Schweiz ist ein reiches Land, weltweit eines der reichsten. Dank der in vielen Kantonen obligatorischen Kirchensteuer kommt dieser Reichtum auch der Kirche zugute. Das ist in der

Sicht des Evangeliums nicht unbedenklich. «Nur für die Armen ist die Botschaft eine frohe» hat der gleiche Yves Congar die evangelische Botschaft zusammengefasst, der auch das Programmwort des II. Vatikanischen Konzils von der «armen und dienenden Kirche» geprägt hat. Deshalb drängt sich für den Schweizer Katholizismus eine Gewissenserforschung auf. Mit dem zur Verfügung stehenden Geld wird zweifellos viel Gutes getan. Und doch muss man sich fragen, ob in der Sicht des Evangeliums nicht da und dort eine ärmere Arbeits- und Lebensweise fruchtbarer wäre. Von den doch recht engen Grenzen, die wir der inner- und ausserschweizerischen Solidarität setzen, wird noch zu reden sein. Denn Reichtum gepaart mit Gemeindeautonomie führt leicht zum Kirchturmdenken, auch wenn viele neuere Kirchenbauten kaum mehr hochragende Kirchtürme aufweisen. Mit unserem Reichtum hängen dann auch die beiden letzten Besonderheiten der Kirche in der Schweiz zusammen, die wir jetzt noch erwähnen müssen.

5. Glaube an Machbarkeit und Effizienz

Wer reich ist, verfügt über viele Mittel, mit denen er etwas zustande bringen kann. Der Reiche kann und will etwas leisten. Nicht nur von unserer Leistungsgesellschaft, sondern auch in unserer religiösen Erziehung wurden wir von Kind an auf Leistung getrimmt. Das Resultat ist offensichtlich. Wir haben zahlreiche leistungsfähige kirchliche Strukturen aufgebaut, und wir stützen unser kirchliches Leben weitgehend auf sie ab. Auch in unserem persönlichen Christenleben sind wir oft der Meinung, Gott komme es vor allem auf unsere Leistung an. Kirchengeschichtlich nennt man diese Haltung Pelagianismus: eine Überbetonung menschlich-aszetischer Leistung, verbunden mit dem Glauben, dass wir unser Heil letztlich selbst erwirken können und müssen, während es doch ein unverdientes und unverdienbares Geschenk Gottes ist. Der Pelagianismus stammt zwar aus dem 5. Jahrhundert; er ist aber auch die Häresie des modernen Menschen, des Menschen, der erfahren hat, wie viel er selbst zu leisten und zu bewirken vermag. Damit geht ihm der Sinn für das Nicht-Machbare verloren, das gerade im religiösen Leben das Entscheidende ist: für Kontemplation, Vergebung, Erlösung, Gnade … In dem heute vielfach geäusserten Wunsch nach Meditation regt sich vielleicht eine Erinnerung an den Wert des Nicht-Machbaren; doch auch da meinen wir wieder, Meditation durch Erlernen einer bestimmten Technik selbst «machen» zu können.

Im persönlichen Christenleben zeigt sich die Überbewertung des Machbaren nicht zuletzt im heute gängigen Moralverständnis und in der daraus folgenden Krise der kirchlichen Moral. Die von der Kirche vorgelegten sittlichen Normen, meint man, seien etwas unbedingt Abzuleistendes, während die Päpste, von *Humanae vitae* bis *Veritais splendor,* unermüdlich darauf hingewiesen haben, dass das sittlich gute Leben letztlich ein Geschenk der Gnade Gottes ist (HV Nr. 25, 29; VS Nr. 23 u.ö.). Weil man die angeblich geforderte Leistung, nicht zuletzt in der Sexualmoral, oft nicht zu erbringen vermag, zweifelt man die Richtigkeit der sittlichen Normen an. So aber gehen für die christliche Verkündigung so unerlässliche Wahrheiten, wie Sünde und Sündhaftigkeit des Menschen, Vergebung und Gnade Gottes, Vorliebe Jesu zu den Sündern … verloren, ja, sie werden schliesslich als menschenunwürdig zurückgewiesen.

Parallel dazu meinen wir «sündlosen» Menschen dann, das Leben der Kirche selbst organisieren zu können und zu müssen. Wie oft habe ich bei Pfarreibesuchen den Vergleich der Kirche mit einem Betrieb zu hören bekommen! Gewiss, es braucht auch im kirchlichen Bereich Organisation, Überlegung, Effizienz. Doch das muss immer gepaart sein mit dem Bewusstsein, dass das alles nicht das Entscheidende ist, weil die Kirche nicht Selbstzweck ist, sondern immer nur «Zeichen und Werkzeug» (LG Nr. 1) für das Gottesreich. Und das Gottesreich ist definitiv von uns Menschen nicht machbar ist; es «kommt» vielmehr, wie wir das im Vater Unser erbitten. Entscheidender als alle menschliche Organisation ist deshalb das unberechenbare Wirken des Geistes. Statt an unsere Leistungen zu glauben, sollten wir im kirchlichen Leben vor allem zu erkennen suchen, wohin der Geist uns führen will.

6. Abschottungen, nach innen und nach aussen

In helvetischer Selbstkritik hat man früher oft vom Kantönligeist gesprochen; heute spricht man vom «Röschtigraben» und von Europafeindlichkeit, zumindest der Deutschschweizer. Beides entspringt einem oder zwei gut schweizerischen Wesenszügen: Selbstgenügsamkeit und Misstrauen gegen alles Fremde. Sie bewirken Abschottungen, geringe Kommunikation auf allen Ebenen des öffentlichen Lebens: zwischen den Gemeinden, zwischen den Kantonen und mit dem Ausland. Kirchlicherseits folgt daraus einerseits eine gewisse Abschottung der Kirchgemeinden gegeneinander und gegenüber dem Bistum. Dass mehr als 80 Prozent der Steuereinnahmen in den Kirchgemeinden bleiben, ist nur *ein* Ausdruck dieser Abschottungen. Anderseits zeigt die Kirche in der Schweiz, trotz ihrem polykulturellen Hintergrund, erstaunlicherweise die Tendenz, vom kirchlichen Geschehen in den Nachbarländern wenig Notiz zu nehmen. Der «Sonderfall Schweiz» ergibt sich, kirchlich wie politisch, nicht nur aus den konstitutiven Eigenheiten des schweizerischen Wesens; er ergibt sich auch, und nicht weniger, aus einer gewissen grundsätzlichen Abwehrhaltung, die gegenüber mächtigeren Nachbarn auch verständlich sein kann.

Im kirchlichen Leben kommt seit einigen Jahren noch eine weitere Abschottung hinzu. Die mit dem Wesen der Kirche gegebene Spannung zwischen «Konservativen» und «Progressisten», die sich in der Nachkonzilszeit bis zum Zerreissen verstärkt hat, droht neuerdings, wenigstens in der Deutschschweiz, zu vollkommener Kommunikationslosigkeit zwischen einander nicht mehr verstehenden Gruppen zu entarten. Am erschreckendsten kommt dies zum Ausdruck, wenn am gleichen Ort getrennte Sonntagsgottesdienste verschiedener Richtung gefeiert werden. Das gefährdet die Einheit der Kirche in erschreckender Weise; denn diese Einheit muss immer Einheit in der Vielfalt sein. In der katholischen Kirche in der Schweiz müssten notwendig das gut eidgenössische Prinzip des «Me muess halt rede mitenand» und die wohlwollende Toleranz verschiedenster poltischer Meinungen vermehrt zum Zuge kommen.

Anstösse des Konzils für die Zukunft der Kirche

Aus dem Gesagten würden sich bereits einige Imperative für die Zukunft der Kirche Schweiz ableiten lassen. Ihre positiven Besonderheiten müssten gefördert, den Gefahren, die sie mit sich bringen, müsste gewehrt werden. So wäre für eine polykulturelle Kirche, in der zudem verschiedene Strömungen herrschen, die innerkirchliche Toleranz besonders wichtig; eine reiche Kirche müsste sich vermehrt diakonischen Aufgaben widmen; gegen die Gefahr der Kirchturmpolitik und des kirchlichen Kantönligeists wäre innerkirchliche Weltoffenheit zu fördern; und nicht zuletzt müsste der Wert des Nicht-Machbaren vermehrt erkannt und gelebt werden.

Diese zunächst pragmatisch begründeten Imperative bedürfen zur Motivation und zu ihrer Rechtfertigung einer theologischen Vertiefung. Diese dürfen wir von der Theologie des II. Vatikanischen Konzils erwarten. Sie ist, so scheint mir, in ihrer Tiefgründigkeit und Weite nicht nur in der Schweiz noch nicht voll zum Tragen gekommen ist.

Die Aufnahme des Konzils in der Schweiz hat eine wechselvolle Geschichte, die zu erforschen der Mühe wert wäre. Auf eine erste grosse Konzilsbegeisterung voll hochgespannter – allzu hochgespannter – Erwartungen folgte, schon in der Konzilszeit, eine gewisse Ernüchterung, um nicht zu sagen eine Enttäuschung, weil sich manche der Schweizer Hoffnungen auf das Konzil als unerfüllbar erwiesen: eine grosszügige Pastoral für Mischehen und Geschiedene, volle Interkommunion, Frauenordination … Eine Gruppe von Schweizer Frauen hatte als Erste, wenn nicht als Einzige, der vorbereitenden theologischen Kommission das Postulat der Priesterweihe für Frauen eingereicht. Eine eigentliche Krise erlebte die Konzilsrezeption jedoch ein paar Jahre später. Die Kulturrevolution von 1968 blieb nicht ohne Folgen für das Kirchenverständnis und für den Schweizer Katholizismus. Durch ein unglückliches Zusammentreffen erschien im Sommer 1968 auch die Enzyklika *Humanae vitae* von Papst Paul VI. über eine verantwortete Elternschaft. Sie enttäuschte die Hoffnung auf eine päpstliche Freigabe der «Pille» und löste im katholischen Kirchenvolk, aber auch im Klerus, eine tiefe Krise der päpstlichen Autorität aus. Diese Krise wurde nicht zuletzt dadurch ausgelöst, dass sich der Papst für seinen Entscheid, in scheinbarer Missachtung der vom Konzil nach harter Diskussion proklamierten Kollegialität der Bischöfe, auf sein persönliches Gewissen berief. Durch ein weiteres unglückliches Zusammentreffen ging gerade in jenen Jahren in der Schweiz die Einzelbeichte zugunsten der Bussfeiern massiv zurück. So fiel die wichtigste Möglichkeit zu persönlicher Beratung und Gewissensbildung weitgehend aus, die gerade nach *Humanae vitae* besonders notwendig gewesen wäre. Heute erfahren die Gläubigen die kirchlichen Weisungen

zur Morallehre vorwiegend aus den Massenmedien, in kaum vermeidlicher verkürzter und oft verfälschter Form. Die Synode 72, auf die man grosse Hoffnungen setzte, vermochte die schwelende Krise offenbar nur teilweise zu überwinden; ihr Einfluss ist, soviel ich sehe, wenigstens in der Deutschschweiz gering geblieben. Und das Konzil selbst bleibt, abgesehen von einigen Schlagworten, wie *aggiornamento,* Zeichen der Zeit, Volk Gottes, Kollegialtät, Ökumenismus, Gewissensfreiheit und dem viel beschworenen «Geist des Konzils», weitgehend vergessen und jedenfalls unaufgearbeitet.

Dabei finden sich in der theologischen Grundstruktur, in der Architektur des Konzils Ansätze, die für die Zukunft der Kirche, auch und gerade in der Schweiz, wegweisend sein könnten. Gewiss, das Konzil befasste sich thematisch vor allem mit der Kirche; «Kirche nach innen» und «Kirche nach aussen» lautete die von Kardinal Léon-Joseph Suenens vorgeschlagene Gliederung der Konzilsarbeit. Doch die zentrale dogmatische Konstitution über die Kirche, *Lumen gentium*, ist durch die vorhergehende Konstitution über die Erneuerung der Liturgie, *Sacrosanctum Concilium,* und die nachfolgenden Konstitutionen über die Offenbarung, *Dei Verbum,* und über die Kirche in der Welt von heute, *Gaudium et spes,* in tieferen und weiträumigeren theologischen Dimensionen verankert. So unterstreicht die Liturgiekonstitution vor allem die Bedeutung des Ostergeheimnisses von Kreuz, Auferstehung und Geistsendung, und das nicht nur für den Gottesdienst, sondern für das ganze Leben der Kirche. Die Konstitution über die Offenbarung nimmt die Ermahnungen der Liturgiekonstitution über die grundlegende Wichtigkeit des Gotteswortes auf und unterstreicht die Bedeutung der Person Jesu Christi als dem eigentlichen Ort der Selbstoffenbarung Gottes. Die gleiche Christozentrik findet sich auch in der Pastoralkonstitution *Gaudium et spes*; diese verweist für die Klärung und Lösung der anstehenden Gegenwartsfragen immer wieder auf die Person und das Ostergeheimnis Jesu Christi. So sei wenigstens ein Schlüsseltext aus dieser Konstitution zitiert, der auch als Schlüssel für das ganze Konzil gelten kann: «Die Kirche aber glaubt: Christus, der für alle starb und auferstand, schenkt dem Menschen Licht und Kraft durch seinen Geist, damit er seiner höchsten Berufung nachkommen kann; es ist kein anderer Name unter dem Himmel den Menschen gegeben, in dem sie gerettet werden sollen. Sie glaubt ferner, dass in ihrem Herrn und Meister der Schlüssel, der Mittelpunkt und das Ziel der ganzen Menschheitsgeschichte gegeben ist. Die Kirche bekennt überdies, dass allen Wandlungen vieles Unwandelbare zugrunde liegt, was seinen letzten Grund in Christus hat, der derselbe ist gestern, heute und in Ewigkeit. Im Licht Christi also, des Bildes des unsichtbaren Gottes, des Erstgeborenen vor aller Schöpfung, will das Konzil alle Menschen ansprechen, um das Geheimnis des Menschen zu erhellen und dabei mitzuwirken, dass für die dringlichsten Fragen unserer Zeit eine Lösung gefunden wird» (GS Nr. 10).

Kein Wunder, dass gerade diese radikal christozentrische Pastoralkonstitution zum wirkmächtigsten Konzilstext geworden ist. Das ganze Pontifikat Johannes Pauls II. kann als eine Auslegung und Weiterführung von *Gaudium et spes* verstanden werden. Als Bischof hatte er an diesem Text mitgearbeitet, und er zitiert ihn in seinen Lehrschreiben weitaus am häufigsten.

Von diesen christozentrischen Verankerungen aus wird man auch die Kirchenkonstitution als einen zutiefst christozentrischen Text lesen müssen. Schon ihre Eingangsworte legen diese Lesart nahe: «Christus ist das Licht der Völker. Darum ist es der dringende Wunsch dieser im heiligen Geist versammelten Synode, alle Menschen durch seine Herrlichkeit, die auf dem Antlitz der Kirche widerscheint, zu erleuchten, indem sie das Evangelium allen Geschöpfen verkündet» (LG Nr. 1). Die Kirche soll nicht um sich selbst und nicht um ihre innerkirchlichen Probleme kreisen; sie führt den Verkündigungsauftrag Jesu Christi fort, im Blick auf die kommende Gottesherrschaft. In dieser Perspektive erhalten die Aussagen der Kirchenkonstitution über die Berufung aller Gläubigen zur Heiligkeit (Nr. 11, Nr. 39–42) und über die Verschiedenheit ihrer Sendungsaufträge (der Charismen) (Nr. 12, Nr. 30–35) ihr volles Gewicht. Jeder und jede nimmt in der Kirche, auf je eigene Weise, am Sendungsauftrag Christi teil, ähnlich wie Maria, der das Schlusskapital der Kirchenkonstitution gewidmet ist. Das macht unsere Zukunft als Kirche, über alle vordergründige Zukunftssorge hinaus, zu einer Verpflichtung.

Imperative für die Zukunft der Kirche Schweiz

Um dieser Verpflichtung nachzukommen, lassen sich im Licht des Konzils wie der Besonderheiten der katholischen Kirche in der Schweiz einige Imperative für unser Zugehen auf die Zukunft formulieren.

1. Ernstnehmen des Gotteswortes

Gemeindeleben wird in der Kirche Schweiz gross geschrieben. Eine Gemeinde ist jedoch nur dann eine christliche Gemeinde, wenn sie sich vom Wort Gottes, in erster Linie vom Evangelium leiten lässt. Darum hat das Konzil wieder und wieder auf die Bedeutung des Gotteswortes hingewiesen und bei der Erneuerung der Eucharistiefeier den Wortgottesdienst aufgewertet, «auf dass den Gläubigen der Tisch des Gotteswortes reicher bereitet werde» (SC Nr. 51). Bei unseren Sonntagsgottesdiensten, von den immer seltener werdenden Werktagsmessen ganz zu schweigen, gewinnt man leider oft den Eindruck, dass dieser Tisch, aus Zeitgründen oder um die eigene Gedankenfülle anbringen zu können, eher kärglich gedeckt wird. Und doch könnte gerade das Gotteswort mit seinen unerhörten Verheissungen und Anforderungen neue Anregungen und neues Leben in die Gemeinden bringen, vorausgesetzt, dass es weder fundamentalistisch instrumentalisiert noch exegetisch zerredet, sondern schlicht und einfach gehört wird.

2. Zentrierung auf das Mysterium von Kreuz, Auferstehung und Geistsendung

Gelegentlich gewinne ich den Eindruck, im Gemeindeleben stehe die Sorge um die künftige eucharistische Versorgung, um Fragen der Interkommunion oder um die Stellung der Frauen in der Kirche im Vordergrund. Aus diesen Sorgen könnte uns der Hinweis des Konzils hinausführen, dass es im Gottesdienst wie im Leben der Kirche zutiefst um das Ostergeheimnis geht. Das Geheimnis von Kreuz und Auferstehung erneuert sich im kirchlichen Leben je und je, und gerade deshalb steht die gottesdienstliche Feier des Ostergeheimnisses im Mittelpunkt des Gemeindelebens. Wir müssen alles, was kirchlich geschieht, im Leben der Einzelnen wie der Gemeinden, von diesem Geheimnis her verstehen. So kann auch manches Kreuz, manches Sterben seinen guten Sinn bekommen, und der Auferstehungsglaube bleibt kein blosses Lippenbekenntnis. Das Gemeindeleben verkündet ihn «durch Worte und Werke» (DV Nr. 4) als seinen tragenden Grund. Die Auferstehung wird sichtbar in der Geistsendung, in der Zuteilung besonderer Gaben an einzelne Gemeindemitglieder für das Wohl der ganzen Gemeinde. Damit ist nicht mehr die perfekte Organisation, sondern das Nicht-mehr-Machbare das eigentlich Tragende.

3. Vom Glauben getragene Diakonie

Angeleitet von der Pastoralkonstitution, müssen wir auch die Ereignisse und Situationen der heutigen Welt vom Christusgeheimnis her zu deuten und zu verstehen suchen. Das meint das vielzitierte Lesen der «Zeichen der Zeit» (GS Nr. 4 und 11). Das Christusgeheimnis gibt den diakonischen Aufgaben ihren christlichen Sinn und auch eine erhöhte Dringlichkeit. Diakonie ist die bevorzugte Weise, wie die Kirche in der Welt präsent ist und von Christus Zeugnis ablegt. Nicht von ungefähr haben sich die christlichen Missionare oft vor allem diakonischen Aufgaben wie Schulunterricht und Krankenpflege zugewandt. In dem Masse, wie wir es in der Schweiz mit Nichtgläubigen zu tun haben, wird auch das Zeugnis diakonischer Arbeit umso wichtiger, ganz abgesehen von den drängenden objektiven Nöten. Und im gleichen Sinn sollte auch die Entwicklungshilfe der Schweizer Kirchen nicht nur von Glaubensgeist getragen sein, sondern ausdrücklich von Christus Zeugnis ablegen.

4. Innerkirchliche Toleranz

Die Diakonie zeigt die Liebe, das Kennzeichen echten Christentums (1 Joh 3–4), vor allem gegenüber Aussenstehenden; innerkirchliche Toleranz ist Erweis der gleichen Liebe in der Gemeinde. «Ertragt euch gegenseitig, und vergebt einander, wenn einer dem andern etwas vorzuwerfen hat» (Kol 3,12; vgl. Eph 4,2): Das ist das Mindestmass, aber auch schon ein echter Erweis christlicher Liebe. In unserer Kirche in der Schweiz, mit ihrer Gefahr der Abschottungen gegen innen und aussen, ist liebende Toleranz besonders notwendig, nicht nur zwischen Gruppen verschiedener Richtung, sondern auch gegenüber den Priestern und den Bischöfen, ja selbst gegenüber dem Papst. Die Offenheit, die das Konzil in seinen Texten über den Ökumenismus, die Religionsfreiheit und über die nichtchristlichen Religionen zeigt, muss in erster Linie auch innerkirchlich gelebt werden.

5. Kirchliche Medienarbeit

Als Nachschrift ist noch ein Imperativ anzuführen, der sich nicht aus dem Gesagten ergibt, den aber das Konzil durch eine Symbolhandlung nahegelegt hat. Als erste Konzilstexte wurden in der gleichen Sitzung die Konstitution über die Erneuerung der Liturgie und ein kurzes und ziemlich unbefriedigendes Dekret über die «sozialen Kommunikationsmittel» verabschiedet. So wurden das innerste Herzstück und die äusserste Peripherie kirchlichen Lebens sichtbar mit einander verknüpft, und der ganze Spannungsbogen der Konzilsarbeit war entworfen. Für unser kirchliches Leben in der Schweiz gewinnt die Peripherie, die Medienkultur, in der wir leben, mehr und mehr an Bedeutung. Kirchliche Verkündigung erreicht die meisten Menschen nur noch über die Medien; das Leben, Denken und Fühlen aller Kirchenglieder ist heute von den Medien mitgeprägt. Deshalb ist es vielleicht eher ein erster als ein letzter Imperativ für den Weg unserer Kirche in die Zukunft, dass sie einerseits auf allen Ebenen eigene Medien bereitstellen muss und anderseits die Kirchenglieder zu kritischen Mediennutzern erziehen müsste.

2. Kirche und Staat in der Schweiz

Es tönt fast paradox, zum Jubiläum der Neugründung des Bistums Basel wurde ich, ein Zürcher Weihbischof, zum Festvortrag eingeladen. Da kam nur ein Bistums- und kantonsübergreifendes Thema in Frage. Es war ein Vorentwurf für das, was wir ein paar Jahre später in Lugano zwischen der Bischofskonferenz und Vertretern der römischen Kurie ausführlicher und vertieft zu diskutieren hatten.

Kirche und Staat: Eignet sich ein seit Jahrhunderten umstrittenes, belastetes und belastendes Thema für einen Festvortrag? Doch das neue Bistum Basel ist vor 175 Jahren durch eine Übereinkunft zwischen Kirche und Staat, genauer gesagt zwischen einigen eidgenössischen Ständen und dem Heiligen Stuhl, zustande gekommen. Dass die Kantone dabei weitgehend das Sagen hatten und die Kirche nachzog, das steht auf einem anderen Blatt und soll hier nicht thematisiert werden.

Ich möchte nicht historisch auf das Zustandekommen des neuen Bistums Basel eingehen. Dafür gäbe es berufenere Referenten. In einer geschichtlichen Betrachtung unseres Themas müsste ich zudem weit über die Bistumsgeschichte zurückgehen, bis in das Alte Testament, wo sich Könige und Propheten in einem nicht immer harmonischen Verhältnis gegenüberstanden und wo schliesslich die Priesterschaft, stellvertretend für die ausgefallene Staatsmacht, die Führung übernehmen musste, mit den Folgen, die wir kennen. All das kann hier nicht erörtert werden; ich beschränke mich auf einen mehr systematischen Blick, wie sich das Verhältnis zwischen Kirche und Staat heute in der Schweiz darstellt.

Schon ein kurzer Blick in die Bibel zeigt, dass das Verhältnis zwischen Kirche und Staat offenbar von Natur aus ziemlich viel Konfliktpotenzial in sich birgt. Warum das so ist, ist leicht einzusehen. Beide, Staat wie Kirche, bemühen sich um das Gemeinwohl, um das Wohlergehen der menschlichen Gesellschaft. Sie tun es jedoch aus verschiedener Perspektive, mit verschiedener Zielsetzung und in verschiedenem Interesse. Die Propheten, wie heute die Kirche, hatten zu vertreten, wie sich das Gemeinwohl aus der Sichtweise Gottes darstellt. Die Entscheidungsträger im Staat dagegen vertreten oft ganz anders geartete Interessen. Ein gewisses Spannungsverhältnis ist also vorprogrammiert, namentlich dann, wenn die Kirche als Institution der Institution Staat sozusagen Gleich zu Gleich gegenübertritt und wenn sie dabei nicht nur den Gesichtspunkt Gottes, sondern auch ihre eigenen Interessen zu vertreten scheint.

Doch nicht von Konflikten soll hier die Rede sein. Wir feiern ja das Ergebnis einer Übereinkunft. Sie wurde ermöglicht durch die besondere Struktur des Verhältnisses zwischen Kirche und Staat in der Schweiz. Deshalb möchte ich hier auf diese typisch schweizerischen Verhältnisse und Strukturen eingehen, um aufzuzeigen, wie sie die Beziehungen zwischen Kirche und Staat zwar erleichtern, aber auch erschweren. In Bezug auf das Verhältnis Kirche und Staat ist die Schweiz tatsächlich jener Sonderfall, vielleicht sogar der absolute Sonderfall, auf den man gerne immer wieder gerne hinweist.

Eine einfache Beobachtung kann uns an die Problematik heranführen. Im benachbarten Ausland steht der eine Staat normalerweise einer Vielzahl von Bischöfen gegenüber, ausser etwa in Luxemburg und in Liechtenstein. Hier bei uns ist es gerade umgekehrt. Hier steht der eine Bischof, ausser im Tessin und im Wallis, einer Vielzahl von Staaten gegenüber. Dass dies den Dialog zwischen Kirche und Staat zunächst eher erschwert, dürfte einsichtig sein, und die Geschichte des Basler Konkordats hat dies auch gezeigt.

Erst auf Bundesebene ist das Dialogverhältnis wieder ausgeglichen. Da steht, wie in unseren Nachbarstaaten, die eine und normalerweise auch einige Bischofkonferenz der einen Bundesregierung gegenüber, und der Dialog funktioniert dementsprechend, auch wenn er in der Öffentlichkeit kaum wahrgenommen wird.

Unsere schweizerische Kantonalstruktur hat dennoch auch ihre Vorteile, ihre menschlichen Vorteile. In kleineren Verhältnissen kennt man sich besser, und man redet miteinander über konkretere Probleme. Es ist für den einzelnen Bischof oder Bischofsvikar trotz allem leichter, mit mehreren Kantonsregierungen zu verhandeln, die er gut kennt, als mit dem doch eher fernen Bundesrat. Ohne den Druck der Kantone und ohne den Ausgleich der Kantone untereinander wäre das Basler Konkordat und die Neuordnung des Bistums Basel wohl kaum zustande gekommen. Als Gegenbeweis mag die immer noch ungeordnete Churer Bistumssituation gelten, wo der weitaus bevölkerungsreichste Teil des so genannten Bistums seit 200 Jahren nur Verwaltungsgebiet des Churer Bischofs ist.

Wir müssen aber noch eine Stufe tiefer steigen, bis in die Grundlagen unseres schweizerischen Staatswesens hinein. Was die Schweiz auch in staatsrechtlicher Hinsicht auszeichnet, ist das Prinzip der Gemeindeautonomie. Die Schweiz ist nicht, wie fast alle anderen Staaten, in Gemeinden, Regionen oder Provinzen eingeteilt; sie baut sich vielmehr aus den Gemeinden und den Kantonen auf. Unsere staatliche Grundeinheit ist die Gemeinde. Aus den Gemeinden setzt sich der Kanton zusammen und aus den Kantonen der Bund. Einen solchen Aufbau des Staates von ganz unten her kennen die anderen Staaten nicht. Selbst wo der Staat aus Teilstaaten (wie in den USA) oder aus relativ eigenständigen Ländern besteht (wie in unserem nördlichen Nachbarland), ist die eigenständige, die staatstragende Funktion der Gemeinden unbekannt. Jeder italienische Bürgermeister oder «Podestà», der zwar vom Volk seiner Gemeinde gewählt ist, trägt doch zum Zeichen seiner Macht, seiner *potestas*, die Landesfarben um den Bauch. Einem schweizerischen Gemeinde- oder Stadtpräsidenten würde es kaum einfallen, sich die Schweizerfahne umzubinden. Er hat seine Vollmacht nicht vom Bund, sondern vom «wohlgelaunten Souverän», wie man früher gerne gesagt hat, von den Stimmbürgerinnen und Stimmbürgern, die ihn gewählt haben.

Doch diese schweizerische Staatsstruktur mit ihrem doppelten Element, dem Aufbau von den Gemeinden her und der demokratischen Legitimierung der Vollmacht, steht nun in genauem Gegensatz zur Struktur und zum Selbstverständnis der katholischen

Kirche. Die Kirche baut sich nicht von unten, von den Pfarreien her auf, sondern von oben her, zunächst von den Bischöfen und den Bistümern, und in letzter und eigentlicher Instanz von Jesus Christus, von dem alle kirchliche Vollmacht herkommt Es ist oft nicht leicht, den Gemeindebehörden klarzumachen, dass ihre Wahl nicht genügt, um ihren Pfarrer zum Pfarrer zu machen; dass er erst durch die Ernennung durch den Bischof zum Pfarrer wird. Für die Ernennung ihrerseits ist zuvor und noch grundlegender etwas anderes erfordert, seine Weihe zum Priester. Kirchliche Vollmacht wird grundsätzlich weder durch Wahl noch durch Ernennung übertragen, sondern sakramental durch eine Weihe, die das «von oben her» markant unterstreicht.

Diese Gegenläufigkeit von schweizerischer Staats- und von katholischer Kirchenstruktur ist eine fröhlich sprudelnde Quelle von Missverständnissen. Man meint (ich brauche hier mit Absicht das unpersönliche «man»), die Kirche sei wie der Staat von unten her, von den Pfarreien her aufgebaut, und diese seien die eigentlichen «Ortskirchen». Das Bistum wird als eine Art Zusammenschluss dieser Ortskirchen gesehen, und damit als ein manchmal zwar nützlicher, aber letztlich nicht unentbehrlicher Überbau. Mit der Weltkirche, d.h. mit den Pfarreien auf der ganzen Welt, fühlt man sich sympathisch und geschwisterlich verbunden, mit dem Repräsentanten dieser weltweiten Kirche, dem Bischof von Rom, oft eher unsympathisch. Die Pfarrgemeinde betrachtet sich ähnlich wie die politische Gemeinde als autonom, sie sucht und wählt sich ihre Seelsorger und Seelsorgerinnen selbst. Im besten Fall hört man subsidiär auch auf den Bischof, und im schlimmsten Fall entscheidet die autonome Gemeinde auch über die Sakramentenspendung und darüber, wer in der Eucharistiefeier den Vorsitz führen darf.

Das mag eine Karikatur des durchschnittlichen schweizerischen Kirchenverständnisses sein; doch sie macht deutlich, dass dieses Verständnis in theologischer Sprache als Kongregationalismus zu bezeichnen wäre, einer aus Einzelgemeinden aufgebauten Kirche. Der Kongregationalismus behauptet, um das *Lexikon für Theologie und Kirche* zu zitieren, «die uneingeschränkte Selbständigkeit jeder Gemeinde, welche jede für sich durch die Kraft des Hl. Geistes, gestützt auf die Alleingenügsamkeit der Hl. Schrift, die Vollmacht und Befähigung zur verantwortlichen Ordnung ihres Gottesdienstes und Lebens hat». Diesem kongregationalistischen Missverständnis sind unsere reformierten Glaubensbrüder und -schwestern noch leichter ausgesetzt als wir, obwohl ihre evangelisch-reformierten Landeskirchen sich keineswegs als kongregationalistisch verstehen. Auf die praktischen Folgen, die sich aus dem kongregationalistischen Missverständnis für die Beziehungen zwischen Kirche und Staat ergeben, komme ich gleich noch zu sprechen.

Zunächst ist jedoch zu sehen, dass das schweizerische demokratische Gemeindeprinzip für die Beziehungen zwischen Kirche und Staat grundsätzlich nicht geringe Vorteile bietet. Die Beziehungen bahnen sich hier auf der untersten, menschennächsten Ebene an, wo sie sozusagen zum täglichen Brot des Gemeindelebens gehören. Wehe, wenn der Pfarrer oder das Seelsorgeteam nicht in ständigem, kreativem Austausch mit den Gemeindeverantwortlichen stehen, die mit demokratischen Rechten ausgestattet der Kirche gegenüber echte Verantwortung übernehmen können und müssen. Aus diesem Kerndialog ergeben sich dann die weiteren Beziehungen. Alle Gläubigen können und sollen als stimmberechtigte Gemeindemitglieder auch über Fragen, die das kirchliche Leben betreffen, mitverantwortlich mitentscheiden; anderseits steht die Kirchenleitung, der Bischof, nicht einem mehr oder weniger anonymen Staatswesen gegenüber, das sich um die täglichen Nöte und Anliegen der Bürger wenig kümmert; der Bischof hat es unmittelbar mit konkreten Menschen und mit deren Anliegen zu tun, die die Gläubigen demokratisch zum Ausdruck bringen. Deshalb geht es bei uns im Dialog zwischen Kirche und Staat normalerweise nicht um allgemeine Prinzipien, sondern um handfeste Anliegen hier und jetzt. Das mag härter durchzustehen und durchzufechten sein; es ist aber auch fruchtbarer, und es führt weiter.

Wenn jedoch das kongregationalistische Missverständnis um sich greift, wird das Verhältnis zwischen Kirche und Staat schon auf der untersten Dialogebene belastet. Die Gemeinde meint dann, auch in kirchlichen Fragen autonom zu sein. Der Kirchgemeinderat oder die Kirchenpflege versteht sich nicht nur als Wahl- und Anstellungsbehörde, sondern auch als Aufsichtsbehörde über den Pfarrer, was die Vorstände der reformierten Kirchgemeinden tatsächlich sind. Schliesslich will sie dem Pfarrer und dem Seelsorgeteam nicht nur vorschreiben, wie viele Stunden sie zu arbeiten haben, sondern auch, was in seelsorglicher Hinsicht zu tun und zu lassen ist und wie das zu geschehen hat. Solche unbefugten Eingriffe in die Seelsorge geschehen umso leichter, als die Gemeinden die Steuerhoheit haben, mit der sie durch die Finanzzuteilung die Seelsorgearbeit effizient und, wenn sie wollen, auch ziemlich selbstherrlich steuern können.

Das führt uns zu einem dritten Aspekt im schweizerischen Verhältnis zwischen Kirche und Staat, zu dem, worin man vor allem, und nicht zu Unrecht, den «Sonderfall» sieht. Ich meine damit nicht die finanzielle Abhängigkeit der Bischöfe vom Wohlwollen der Kirchgemeinden und der kantonalen kirchlichen Körperschaften, sondern, viel grundlegender, von der Existenz dieser staatskirchenrechtlichen Gebilde, die tatsächlich weltweit einzig dastehen.

Diese staatskirchenrechtlichen Strukturen sind (ich zitiere Bischof Hänggi) «eine staatliche Organisationsform für das Kirchenvolk». Sie sind vom Staat zur Ordnung des «Kirchenwesens» eingesetzt; sie unterstehen staatlichem Recht, und sie verfügen in erster Linie über die ihnen vom Staat übertragene Finanzhoheit. In vielen, ja vielleicht in den meisten Kantonen gilt die öffentlich-rechtliche Anerkennung seitens des Staates nicht der römisch-katholischen Kirche oder ihren Pfarreien, sondern diesen staatskirchenrechtlichen Körperschaften und Kirchgemeinden.

Die Wurzeln der Kirchgemeinden sind schon im Mittelalter zu suchen. Wenn sich die politischen Gemeinden um die Organisation und die Finanzierung der zugehörigen Pfarrei und der Kaplaneien kümmerten, insbesondere auch um die Wahl eines geeigneten Pfarrers oder Kaplans, dann erfüllten sie bereits die Funktion einer Kirchgemeinde. Die Herauslösung von Kirchgemeinden aus den so genannten Einheitsgemeinden erfolgte vor allem aus zwei Gründen: Zum einen, weil seit der Reformation die Deckungsgleichheit zwischen Gemeindemitgliedern und Kirchenmitgliedern nicht mehr durchwegs gegeben war, zum andern, weil vor allem reformierte Kantonsregierungen auf lokaler Ebene geeignete Partner zur Gestaltung und Verwaltung des «Kirchenwesens» haben wollten. Nach diesem Vorbild sind deshalb, drittens, zur öffentlich-rechtlichen Anerkennung der katholischen Kirche in einigen Kantonen, z.B. in Zürich, demokratisch verfasste und den reformierten Kirchgemeinden nachempfundene katholische Kirchgemeinden eigens geschaffen worden.

Den evangelisch-reformierten Landeskirchen nachempfunden sind auch die kantonalen kirchlichen Körperschaften oder «Kantonalkirchen», die nach und nach geschaffen wurden. Für die Kantone bilden diese ein willkommenes kirchliches Gegenüber auf kantonaler Ebene, wenn die eigentliche kirchliche Grundeinheit, das Bistum, kantonsübergreifend ist.

Dieses typisch schweizerische System zur Ordnung der Beziehungen zwischen Kirche und Staat kann man auf seine Weise als genial bezeichnen. Beide Seiten haben hier als Dialogpartner ein ihnen wesensverwandtes Gebilde. Der Staat steht der Kirche als einer nach seiner eigenen Gesetzgebung organisierten Gemeinschaft von Kirchenmitgliedern gegenüber; der Kirche tritt der Staat nicht als anonymes Staatswesen, sondern als eine staatlich organisierte und gutgeheissene Gemeinschaft von Gläubigen entgegen. Die möglichen Konflikte zwischen Kirche und Staat sind hier in erster Instanz in das Gewissen der Gläubigen verlegt, in ihre doppelte Verantwortung und doppelte Loyalität als Stimmbürger und als getaufte Katholiken.

So kann aus diesen schweizerischen Sonderstrukturen viel Gutes für die Kirche erwachsen. Die staatskirchenrechtlichen Körperschaften sind nicht nur Puffer oder Vermittler; sie haben die Möglichkeit zu eigener Initiative und auch die finanziellen Mittel dazu. Tief christlich und kirchlich gesinnte Gemeindemitglieder und Körperschaftsverantwortliche können hier für das kirchliche Leben ebenso viel Gutes bewirken, wie ehemals christlich und kirchlich gesinnte Herrscher; in Basel denkt man spontan an den heiligen Kaiser Heinrich II. Als konkretes Beispiel möge man sich vergegenwärtigen, wie viel die kantonalkirchlich eingerichteten und finanziell getragenen Dienst- und Arbeitsstellen zur Unterstützung der Seelsorge beitragen.

Mit dieser realen, auf Finanzkompetenz abgestützten Macht der staatskirchenrechtlichen Gremien liegt auch die Versuchung zu einer Art von Josephinismus nahe, so wie sich aus der Gemeindeautonomie das kongregationalistische Missverständnis ergab. Unter Josephinismus verstehe ich die Tendenz staatskirchenrechtlicher Körperschaften, auch über spezifisch kirchliche und seelsorgerliche Fragen ohne Einvernehmen mit den kirchlich Verantwortlichen zu entscheiden und im Extremfall solche Entscheide sogar institutionell festzumauern oder gar vorschreiben zu wollen, wie die Kirche organisiert zu sein habe und was sie erlauben oder verbieten soll. Dieser josephinistischen Versuchung entgeht man auf Gemeindeebene durch eine enge, kontinuierliche und einvernehmliche Zusammenarbeit zwischen Pfarrer, Pfarreirat und Kirchgemeinderat. Auf kantonaler Ebene gelingt eine solche Einvernehmlichkeit am besten dort, wo, wie in den Kantonen Zürich und Graubünden, der für diesen Kanton zuständige Generalvikar in den kantonalen staatskirchrechtlichen Behörden selbst Einsitz hat und so die Entscheidungsprozesse laufend mitgestalten kann.

Damit sind wir wieder bei unserem Ausgangspunkt angelangt, bei dem, was meines Erachtens die Grundschwierigkeit in der

Beziehung zwischen Kirche und Staat in der Schweiz ist, bei der Inkongruenz zwischen Kantons- und Bistumsstrukturen. Wenn die schweizerische Lösung der Beziehungen zwischen Kirche und Staat einen kontinuierlichen und intensiven Dialog zwischen den beiden Partnern, das heisst zwischen den kirchlich Verantwortlichen und den staatskirchenrechtlichen Gremien voraussetzt, dann müsste es überall, nicht nur in den drei kleineren Bistümern, eine Art Eins-zu-Eins-Verhältnis geben. Es ist jedoch undenkbar, jedem Kanton ein eigenes Bistum zuzuordnen. Diese Kleinbistümer wären weder lebensfähig, noch würde sich der administrative Aufwand für sie lohnen. Die Lösung muss anderswo gesucht werden: einerseits in einer Regionalisierung der grossen Bistümer, anderseits in einer intensiveren Solidarität und Zusammenarbeit der kantonalen staatskirchenrechtlichen Körperschaften untereinander, genauso, wie nur die vermehrte Solidarität der Kirchgemeinden untereinander, ihre Solidarität mit der Kantonalkörperschaft und mit dem Bistum das kongregationalistische Missverständnis ausräumen kann.

Das neue Bistum Basel ist letztlich aus der Solidarität verschiedener Kantone untereinander entstanden. Das lässt für die Zukunft hoffen.

3. Zur Partnerschaft zwischen Kirche und Staat im Kanton Zürich

Nicht nur grundsätzlich musste ich mich mit der Beziehung zwischen Kirche und Staat in der Schweiz auseinandersetzen, ich hatte vor allem im «forum», dem Pfarrblatt der Zürcher Pfarreien, mehr als einmal zu konkreten Problemen Stellung zu nehmen, die sich aus dieser Beziehung ergaben. Die grundsätzlichen Überlegungen in einigen dieser Stellungnahmen fasse ich hier zusammen.

Partnerschaft zwischen Kirche und Staat: Das gibt es für uns Zürcher Katholiken erst seit 1963, seit einem Menschenalter, hätte man früher gesagt. So mag es an der Zeit sein, Bilanz zu ziehen, was uns diese Partnerschaft, kirchlich gesehen, gebracht hat. Das Kirchengesetz von 1963 beinhaltete dreierlei. Zuerst und vor allem die öffentlich-rechtliche Anerkennung der römisch-katholischen Körperschaft, sodann eine staatskirchenrechtliche Struktur dieser Körperschaft in Anlehnung an die Strukturen der evangelisch-reformierten Landeskirche und schliesslich die Steuerhoheit.

I.

Am wichtigsten und unverzichtbar ist die öffentlich-rechtliche Anerkennung; um sie ging es meinem Vorgänger, Dr. Alfred Teobaldi, dem ersten Generalvikar für den Kanton Zürich, in erster Linie. Die katholische Kirche darf sich nicht mit dem Status eines privaten Vereins begnügen; sie hat ihrem Wesen gemäss einen Öffentlichkeitsauftrag. Die Heilszusage Gottes, die sie zu verkünden hat, gilt nicht nur den einzelnen Menschen, sondern gleich ursprünglich der ganzen menschlichen Gesellschaft und der ganzen Welt. Bei diesem Öffentlichkeitsanspruch geht es der Kirche nicht um Macht, sondern um einen Dienst in und an der Gesellschaft.

Das Konzil hat dies in der Pastoralkonstitution über die Kirche in der Welt von heute (schon der Titel sollte aufhorchen lassen) unmissverständlich zum Ausdruck gebracht: «Die politische Gemeinschaft und die Kirche sind auf je ihrem Gebiet voneinander unabhängig und autonom. Beide aber dienen, wenn auch in verschiedener Begründung, der persönlichen und gesellschaftlichen Berufung des gleichen Menschen. Diesen Dienst können beide zum Wohl aller umso wirksamer leisten, je mehr und besser sie ein rechtes Zusammenwirken miteinander pflegen; dabei sind jeweils die Umstände von Ort und Zeit zu berücksichtigen» (GS Nr. 76). Gleich anschliessend wird die Verflechtung mit dem Staat allerdings auch eingeschränkt: «[…] die Kirche selbst bedient sich des Zeitlichen, soweit es ihre eigene Sendung erfordert. Doch setzt sie ihre Hoffnung nicht auf Privilegien, die ihr von der staatlichen Autorität angeboten werden. Sie wird sogar auf die Ausübung von legitim erworbenen Rechten verzichten, wenn feststeht, dass durch deren Inanspruchnahme die Lauterkeit des Zeugnisses in Frage gestellt ist, oder wenn veränderte Lebensverhältnisse eine andere Regelung fordern. Immer und überall aber nimmt sie das Recht in Anspruch, in wahrer Freiheit den Glauben zu verkünden, ihre Soziallehre kundzumachen, ihren Auftrag unter den Menschen unbehindert zu erfüllen und auch politische Angelegenheiten einer sittlichen Beurteilung zu unterstellen, wenn die Grundrechte der menschlichen Person oder das Heil der Seelen es verlangen. Sie wendet dabei alle, aber auch nur jene Mittel an, welche dem Evangelium und dem Wohl aller je nach den verschiedenen Zeiten und Verhältnissen entsprechen.»

In diesen beiden Texten sind «die Umstände von Ort und Zeit», «je nach den verschiedenen Zeiten und Verhältnissen» die entscheidenden Klauseln. Das Modell des Zusammenwirkens von Kirche und Staat liegt nicht ein für alle Mal fest; es ist je und je geschichtlich gewachsen und folglich auch veränderbar. Im Kanton Zürich bedeutet dieses geschichtliche Gewachsen-Sein ein Doppeltes. Zum einen ist Zürich ein aus christlichen Wurzeln erwachsenes Staatswesen. Wenn wir das vergässen, würden es uns die Kirchtürme der Altstadt und die Kirchenglocken immer wieder ins Gedächtnis rufen. Und es ruht auch heute noch auf diesen christlichen Wurzeln, auf einer grundlegend christlichen Wertordnung auf. Zum andern ist dieses Staatswesen seit bald fünf Jahrhunderten von der Reformation geprägt, zunächst in einer fast theokratischen Einheit von Staat und Kirche, sodann (seit 1831) in wachsender Verselbständigung der reformierten Landeskirche gegenüber dem Staat. Für die katholische Kirche bedeutet dies einerseits, dass sie sich aufgrund des über zwölfhundert Jahre gemeinsamen christlichen Erbes im Kanton Zürich durchaus heimisch fühlen darf; anderseits ist für uns Zürcher Katholiken die Partnerschaft mit dem Staat immer auch, und sehr ausgeprägt, eine Partnerschaft mit unserer evangelisch-reformierten Schwesterkirche. Für mich persönlich ist dies sogar der wichtigste und wertvollste Aspekt dieser Partnerschaft.

Konkret bringt dieses geschichtliche Erbe es mit sich, dass die Beziehungen zwischen Kirche und Staat bei uns in der Schweiz in einer in der Weltkirche wohl einzig dastehenden Weise geregelt sind, nämlich normalerweise nicht durch ein Konkordat zwischen zwei voneinander unabhängigen Institutionen, sondern durch ein einseitig staatliches, jedoch in demokratischem Einverständnis auch der katholischen Kirchenglieder erlassenes Gesetz. An die Stelle von Konkordatsbestimmungen treten so staatskirchenrechtliche Strukturen. In ihnen sorgen die katholischen Staatsbürger als Staatsbürger und zugleich als Katholiken dafür, dass die Kirche ihren Auftrag unter bestmöglichen Bedingungen erfüllen kann. Als Erste dieser staatskirchenrechtlichen Strukturen wurden im Kanton Zürich schon 1863 einige und 1963 alle katholischen Kirchgemeinden errichtet. Das geschah zweifellos nach dem Vorbild der evangelischen Kirchgemeinden und in einer gewissen

Parallelität zu ihnen. Man hätte sich dafür aber auch auf die Rolle berufen können, die die politischen Gemeinden in früheren Jahrhunderten, und z.B. im Wallis auch heute noch, für das kirchliche Leben spielten und spielen. In Gegensatz dazu deuten die eigenständigen Kirchgemeinden, vor allem aus reformierter Sicht, eine Abgrenzung der kirchlichen Strukturen von den staatlichen an, und dies, obwohl die katholischen Kirchgemeinden allein staatlichen Rechts bleiben. Doch sie werden als solche von den kirchlichen Autoritäten und Behörden anerkannt.

Damit ist im Kanton Zürich eine «duale» katholische Kirchenstruktur entstanden, die weltweit einzigartig dasteht, die aber von verschiedenen anderen Schweizer Kantonen übernommen wurde. Weil jetzt neben der eigentlich kirchlichen Territorialstruktur, den Pfarreien, die nicht immer deckungsgleichen Kirchgemeinden stehen, ergibt sich das Problem ihrer Zusammenarbeit. Dieses Problem besteht auf reformierter Seite nicht; denn dort sind Kirchgemeinde und Pfarrei identisch. Die Kirchenpflege ist dort das eigentliche kirchliche Leitungsorgan, gleich wie auf ihrer Ebene die reformierte Synode und der Kirchenrat.

Katholischerseits ist das nicht der Fall, doch die «duale» Struktur hat zweifellos auch ihre Vorteile. In den Kirchenpflegen nehmen Laien, oft mit hoher Fachkompetenz, entscheidende kirchliche Verantwortung wahr. Sie entlasten die Pfarrei und den Pfarrer von mancherlei Aufgaben, namentlich von der Finanzverwaltung, sodass er sich intensiver der Seelsorge und der spirituellen

Pfarreileitung, seiner eigentlichen Aufgabe widmen kann. Wenn neben der Kirchenpflege ein Pfarreirat besteht, was in jedem Fall zu wünschen ist, können sich diese beiden Gremien, das staatskirchenrechtliche und das kirchliche, in guter Weise ergänzen. In der Kirchenpflege haben die kirchlichen Autoritäten, der Pfarrer, der Generalvikar und der Bischof, eine kompetente und autorisierte Ansprechpartnerin, namentlich bei Pfarrvakanzen, wie sie heute leider nicht selten sind und oft lange andauern. Schliesslich und nicht zuletzt verfügen die Gemeindeglieder in der Kirchgemeindeversammlung über echte demokratische Rechte. So können sie aktiv gestaltend ins Gemeindeleben eingreifen.

Die genannten Vorteile ergeben sich jedoch nur, wenn die
Zusammenarbeit zwischen den staatskirchenrechtlichen und den kirchlichen Organen gut funktioniert. Dafür kann es keine rechtlichen Regeln geben; denn hier laufen zwei verschiedene Rechtsordnungen nebeneinander her. Die Organe beider Ordnungen verfolgen jedoch ein und dasselbe Ziel: das Heil der Menschen, gefördert durch ein gutes Pfarreileben. Dieses gemeinsame Ziel vor Augen, sollte es in aller Regel nicht allzu schwer sein, in den anfallenden Fragen Einvernehmlichkeit zu erzielen, auch bei manchmal weit auseinanderliegenden Ausgangspunkten. Diese Einvernehmlichkeit ist auf verschieden Ebenen gefragt: zwischen der Kirchenpflege und dem Pfarrer, zwischen dem Pfarreirat und der Kirchenstiftung und schliesslich und nicht zuletzt auch mit dem Generalvikar und mit dem Bischof.

Gefördert wird die Einvernehmlichkeit einerseits durch eine klare Aufgabentrennung und Kompetenzabgrenzung, wie sie durch die beiden Rechtsordnungen weitgehend vorgegeben ist. Anderseits ist eine intensive Kommunikation und eine gute Kommunikationskultur unerlässlich, indem man zum Beispiel Kirchenpflege und Pfarreirat durch delegierte Mitglieder miteinander verzahnt. Beides, Kompetenzverteilung und Kommunikation, ist zudem nicht nur horizontal, auf Gemeindeebene zu beachten, sondern ebenso sehr vertikal, zwischen Kirchenpflege und Synodalrat bzw. dem Generalvikariat.

II.

Kein System ist vollkommen, und so weist auch unser Zürcher staatskirchenrechtliches System aus katholischer Sicht zwei gravierende Mängel auf. Der eine, inzwischen behobene, bestand darin, dass nicht alle erwachsenen Pfarreimitglieder in der Kirchgemeinde Stimm- und Wahlrecht hatten. Der andere ist systemimmanent: Während in der kirchlichen Ordnung das Bistum die Grundeinheit, die «Ortskirche» bildet und die Pfarreien von ihr abhängen, baut sich das staatskirchenrechtliche System, gleich wie unser Staat, von unten, von der Autonomie der Kirchgemeinden her auf. Wenn man sich dieser Gegenläufigkeit bewusst bleibt, muss sie nicht zur Quelle von Konflikten werden. Zwar ergibt sich aus unserem «dualen» System eine Verdoppelung der kirchlichen Führungsstrukturen, und das könnte im unwahrscheinlichen Grenzfall die Entstehung einer staatlich gestützten Parallelkirche möglich machen. Doch die Verdoppelung bindet auch sehr viele Laien in eine echte Verantwortung für das kirchliche Leben ein, und es entbindet zugleich die kirchliche Führung von einem grossen Teil der Verantwortung im finanziellen Bereich, der ohnehin oft als eher kirchenfremd betrachtet wird.

Nimmt man noch dazu, dass die «duale» Struktur in Anlehnung an die reformierte Tradition volkskirchlichen Charakter trägt, so wird man sagen müssen, dass das Zürcher Kirchenmodell nicht nur eine gute und funktionierende Partnerschaft zwischen Kirche und Staat ermöglicht; es bietet auch neue Möglichkeiten für eine Entfaltung des kirchlichen Lebens. Mitverantwortung und Gemeindebildung mögen als Stichworte genügen.

Zusammenfassend und je nach Sichtweise als letzter Vorteil oder Nachteil der Zürcher Kirchenverfassung gilt, dass in diesem «dualen» System die Beziehung zwischen Kirche und Staat letztlich auf dem Gewissen der einzelnen Gläubigen aufruht. Jeder und jede Getaufte lebt als Bürger und Bürgerin zweier Welten. Zum einen warten sie mit ihrer ganzen Existenz auf das Anbrechen der «nahe herangekommenen» Gottesherrschaft (Mk 1,15), und folglich ist, wie Paulus schreibt, «unsere Heimat (unser *politeuma,* unsere bürgerliche Existenz) im Himmel. Von dorther erwarten wir Jesus Christus, den Herrn, als Retter» (Phil 3,20). Zum andern leben die Christen, wie alle anderen, als Bürger eines Staates, als aktive Mitgliede einer Gesellschaft, in der sie nach dem gleichen Paulus «ein rechtschaffenes Leben führen» sollen (1 Thess 4,12), indem sie jedem das geben, was sie ihnen schuldig sind, «sei es Steuer oder Zoll, sei es Furcht oder Ehre» (vgl. Röm 13,7).

Die beiden Lebenswelten stehen jedoch nicht unverbunden nebeneinander. Der Staat ist von Gott beglaubigt (Röm 13,1–6), und die nahe Gottesherrschaft schwebt nicht über den Wolken. Sie ist zwar «nicht von dieser Welt» (Joh 18,36), sie folgt nicht den Gesetzen weltlicher Macht; doch sie soll sich durch den Glauben der Jünger durchaus jetzt schon «in dieser Welt» auswirken (vgl.
Mt 5–7, Joh 13–16 und dazu GS). Für die einzelnen Gläubigen heisst das, dass sie sich nicht nur in beiden Welten zurechtfinden müssen; sie müssen in ihrem Leben die beiden auch in Einklang bringen: in ihrem bürgerlichen Leben nach den Grundsätzen ihres Glaubens handeln, und so ihren Glauben auch in ihr bürgerliches Leben einbringen und in die darin sich ergebenden Entscheidungen. Aus dieser immer neu zu suchenden Harmonie im Leben und Denken der Einzelnen kann sich dann, öffentlich, die Einvernehmlichkeit ergeben, auf der unser «duales» System beruht. Die Möglichkeiten, die sich aus diesem System ergeben, gilt es pastoral zu nutzen.

III.

Bis hierher habe ich von der zweifellos augenfälligsten und vielfach willkommensten Folge des Kirchengesetzes von 1963 abgesehen, der obligatorischen Kirchensteuer. Als Bischof möchte ich dazu vor allem zwei kritische Anmerkungen machen. Aus der Sicht des Evangeliums birgt die Zürcher Steuerordnung eine doppelte Gefahr in sich, eine Gefahr, die es zu sehen und zu meiden gilt. Zwei christliche Grundprinzipien sehe ich gefährdet. Das eine ist die christliche Solidarität oder Geschwisterlichkeit, die gefährdet sein könnte durch das Eigeninteresse so vieler voneinander unabhängiger Kirchgemeinden. Das andere ist die evangelische Armut. Nur eine arme Kirche kann eine lebendige

Kirche sein, das lehrt uns die ganze Kirchengeschichte. Allerdings zeigt uns das Evangelium auch, dass man vom Reichtum durchaus rechten Gebrauch machen kann, im Sinne von Lk 16,1–15 und Mk 10,17–31. Nicht eine Trennung vom Staat ist der Kirche im Kanton Zürich zu wünschen, sondern dass sie sich an die genannten evangelischen Prinzipien hält.

Die kurz nach meinem Amtsantritt fällig gewordene und später wieder aufgenommene Volksinitiative Trennung Kirche und Staat hat als Hintergrund in erster Linie das oft begreifliche Verlangen nach Befreiung von der obligatorischen Kirchensteuer. Sie erstrebt diese jedoch mit einem Mittel, das weit über das anvisierte Ziel hinausschiesst und letztlich das Wesen von Kirche und Staat und ihr grundsätzliches Verhältnis zueinander angreift. Deshalb sah ich mich wiederholt veranlasst gegen eine solche Trennung Stellung zu nehmen, und das mit folgenden Überlegungen:

Das amerikanische Modell scheinbar völlig privatisierter Kirchen kann für unsere schweizerischen Verhältnisse nicht massgebend sein; denn es bezieht sich auf einen ganz anderen Kontext und geschichtlichen Hintergrund, mit beispielsweise weitestgehender Privatisierung des Bildungswesens. Kein einziger Schweizer Kanton hat sich dieses Modell zu eigen gemacht.

Das II. Vatikanische Konzil hat zwar als Konsequenz der Erklärung über die Religionsfreiheit den weltanschaulich neutralen und pluralistischen Rechtsstaat als gültige Verwirklichung des Gemeinwesens anerkannt. Das zeitliche Gemeinwohl, das ihm als Aufgabe übertragen ist, schliesst keine direkte Verantwortung für das religiöse und sittliche Wohl der Bürger und Bürgerinnen ein. Das verbietet jedoch in keiner Weise eine Zusammenarbeit von Staat und Kirche, wenn dadurch der Dienst beider für die Menschen wirksamer gestaltet werden kann. Bei einer solchen Zusammenarbeit soll sich der Staat vom Prinzip der Parität leiten lassen, das heisst von der Gleichberechtigung und Gleichbehandlung aller gesellschaftlichen Gruppen, sowie vom Prinzip von Leistung und Gegenleistung. Angesichts der grossen Bedeutung der Kirchen für Gesellschaft und Staat wäre es für den modernen Sozial- und Kulturstaat eine unerklärliche Einseitigkeit, wenn er aufgrund seines Gemeinwohlauftrags zwar Familien-, Sprachen-, Kultur-, Berufs- und Wirtschaftsförderung betreibt, Kirchen und religiöse Gemeinschaften aber ausdrücklich davon ausnähme. Eine öffentlich-rechtliche Anerkennung der Kirchen ist im geschichtlich gewachsenen Zürcher Staatswesen keineswegs ein Anachronismus.

Die geltende Kirchenordnung bietet einen institutionellen Rahmen nicht nur für eine effektive Partnerschaft zwischen Kirche und Staat, sondern, innerkirchlich gesehen, auch für eine echte Mitverantwortung der Laien. Der ehemalige Nuntius Karl-Josef Rauber schrieb seinerzeit dazu: «Interessant ist festzustellen, dass sowohl die Bundesverfassung wie auch die Verfassung der einzelnen Kantone die vom Konzil geforderte Religionsfreiheit garantieren, dass sie auch die Unabhängigkeit und Eigenständigkeit der Kirche betonen, dass es aber doch noch gewisse Einschränkungen gibt, sowohl auf Bundesebene wie auch auf kantonaler Ebene. Andererseits hat sich für die vom Konzil ebenfalls gewünschte Zusammenarbeit zwischen Kirche und Staat, zwar nicht auf Bundesebene, sondern auf kantonaler Ebene eine in der Gesamtkirche wohl einzig dastehende und vom Kirchenrecht nicht vorgesehene Form der Zusammenarbeit in den Kirchgemeinden und Landeskirchen gefunden, bei der hauptsächlich Laien durch die staatliche Gesetzgebung für kirchliche Belange engagiert werden.»

Die Folgen einer Trennungsinitiative würden unsere evangelisch-reformierte Schwesterkirche strukturell am härtesten treffen. Die römisch-katholische Kirche erhielt 1963 ihre öffentlich-rechtliche Anerkennung dank der ökumenischen Solidarität der evangelisch-reformierten Landeskirche. Die gleiche Solidarität verlangt, dass wir uns heute mit der gleichen Entschiedenheit auch für die Rechte unserer Schwesterkirche einsetzen.

Nach diesen grundsätzlichen Überlegungen darf auch gesagt werden, dass die rechtliche Ausgestaltung der Partnerschaft zwischen Kirchen und Staat im Kanton Zürich meines Erachtens durchaus verbesserungsfähig war und im neuen, nach meiner Amtszeit erlassenen Kirchengesetz in nicht wenigen Punkten verbessert wurde.

4. Volkskirche als Schicksal. Kirchen im postkonfessionellen Zeitalter aus katholischer Sicht

Nach zahlreichen Podiumsgesprächen gemeinsam mit dem Kirchenratspräsidenten der Evangelisch-reformierten Landeskirche Zürich, Pfr. Ruedi Reich, wurden wir 1998 von der Arbeitsgemeinschaft christlicher Kirchen in Zürich gebeten, zur Situation unserer beiden Kirchen im postkonfessionellen Zeitalter zu sprechen. Nachfolgend mein Diskussionsbeitrag, der die damalige Situation und Sichtweise im Auge hatte.

Gegenwärtig gleicht die Situation der römisch-katholischen Kirche in der Deutschschweiz, soziologisch gesehen, weitgehend jener der reformierten Landeskirchen. Beide Kirchen arbeiten in staatskirchenrechtlichen Belangen beständig, eng und geschwisterlich zusammen, und auch in Glaubenssachen sind die gemeinsamen Zeitprobleme wichtiger geworden als die historischen Unterscheidungslehren. Trotz diesen Gemeinsamkeiten stellt sich jedoch der kirchenübergreifende Prozess wachsender Entkonfessionalisierung für die katholische Kirche anders dar als für die evangelisch-reformierte. Er bedeutet nicht nur das Einebnen der konfessionellen Gegensätze und, theologisch gesehen, wachsenden Konsens in den Unterscheidungslehren, sondern auch den Verlust von «Konfession», von Glaubensbekenntnis überhaupt. Ohne einen Glaubensentscheid, der sich in einer Lebenshaltung äussert, gibt es kein Christentum, und dieser Entscheid ist in katholischer Sicht unlösbar mit dem Ja zu der konkreten kirchlichen Gemeinschaft verknüpft. Der Weg ins postkonfessionelle Zeitalter hat für die Schweizer Katholiken durch eine echte Kirchenkrise geführt. Von einer Ausgangslage aus, die wesentlich anders war als jene der evangelisch-reformierten Landeskirchen, ist die katholische Kirche in der Schweiz durch das Geschehen des II. Vatikanischen Konzils und durch verschiedene Krisenfaktoren in eine Situation gekommen, die heute jener der reformierten Landeskirchen ähnlichsieht. Diese Situation muss aufgrund der vorhergehenden Ereignisse aus katholischer Sicht pessimistischer beurteilt werden als aus evangelisch-reformierter.

Zunächst und vor allem war die Ausgangslage eine andere. Die evangelisch-reformierten Landeskirchen verstehen sich schon ursprünglich als Volkskirchen und können somit vor allem um die Wahrung dieses Volkskirchentums besorgt sein. Die römisch-katholische Kirche dagegen versteht sich als Beteiligungskirche. Die Kirchengliedschaft ist zwar grundlegend mit der Taufe gegeben; doch nur ein «praktizierender» Katholik kann im vollen Sinn als Katholik gelten. Im allgemeinen Verständnis galt darum bis vor ein oder zwei Generationen die Verpflichtung zum sonntäglichen Kirchenbesuch als die wichtigste katholische Unterscheidungslehre. In den katholischen Stammgebieten wurde diese Verpflichtung durch den sozialen Druck der Dorfgemeinschaft gestützt; in der Diaspora legte sie sich als Bekenntnis zur katholischen Identität nahe. Mancher Zug der von Urs Altermatt dargestellten katholischen Sondergesellschaft, des sogenannten Milieukatholizismus, namentlich das blühende katholische Verbands- und Parteiwesen, muss über seine soziale und politische Bedingtheit hinaus als ein Ausdruck des katholischen «Praktizierens» verstanden werden. Aber auch die in der Weltkirche einzig dastehende aktive Mitbeteiligung der Schweizer Laien in den staatskirchenrechtlichen Strukturen darf als «praktizierender» Katholizismus gelten.

Mit diesen Voraussetzungen ging der Schweizer Katholizismus als einer der weltweit aktivsten in die Konzilszeit und stellte dementsprechend hohe, ja manchmal allzu hohe Erwartungen an das Konzil. Dieses sanktionierte zwar grundsätzlich die schweizerische katholische Lebensart; enttäuschte jedoch auch, weil es längst nicht alle Schweizer Sondererwartungen erfüllen konnte, namentlich jene bezüglich der «Mischehen»-Praxis, der Interkommunion und der Freiwilligkeit des Priesterzölibats. Das Konzil wurde denn auch in der Schweiz ziemlich selektiv rezipiert. Man verstand die konziliare Grundaussage von der Kirche als «Volk Gottes» im Sinne einer Demokratisierung der Kirche und als Ermunterung zur Volkskirchlichkeit. Die vom Konzil empfohlenen Räte wurden als demokratische Mitentscheidungsgremien verstanden; die ökumenische Öffnung des Konzils liess eine weitreichende Ökumene an der Basis entstehen. Doch zu einer eigentlichen Krise kam es zunächst nicht. Nur bezüglich der eher marginalen und schon von Pius XII. begonnenen Liturgiereform witterten konservative Kreise eine Gefahr für den alten Glauben. Immerhin liegen Écône, Standort des Priesterseminars der Piusbruderschaft Erzbischof Lefebvres, in der Schweiz und Wigratzbad, jenes der romtreuen Petrusbruderschaft, in der Nähe der Schweizer Grenze.

Infolge dieser günstigeren Ausgangslage nahm die nachkonziliare Krise in der Schweiz einen langsameren und unauffälligeren Verlauf als in den ebenfalls von einem starken Milieukatholizismus geprägten Niederlanden und in Kanada. Wo eine Krise festzustellen ist, kann man diese in aller Regel nicht dem konziliaren Aufbruch anlasten. Vielmehr haben mehrere, vom Konzil unabhängige Gründe sowohl soziologischer wie theologischer Art in den Jahrzehnten seit dem Konzil zu einer schleichenden Krise geführt.

In erster Linie ist dafür der kirchenunabhängige gesellschaftliche Mentalitätswandel zu nennen, der in den Umbrüchen des Jahres 1968 seinen Ausdruck gefunden hat. Wie in Italien und in Frankreich gehörten auch in der Schweiz engagierte Katholiken zu den Hauptakteuren dieser Umbrüche. Durch die Schule und die Medien weitervermittelt wirken diese Umbrüche bis in unsere Tage hinein fort. Mit dem vielzitierten «Geist des Konzils» haben sie zwar nur die Zeitgleichheit gemein; doch es konnte umgekehrt kaum ausbleiben, dass man das Konzil im Geist von 1968 verstand. Ob und wie weit dieser Geist die in allen Schweizern Bistümern getrennt durchgeführte Synode 72 mitgefärbt hat, müsste erst noch genauer untersucht werden. Doch erstaunlicherweise hat diese Synode zwar ausführliche Texte, aber nur wenige praktische Auswirkungen gezeitigt.

Diese Wirkungslosigkeit dürfte nicht zuletzt drei innerkirchlichen Krisenfaktoren zuzuschreiben sein, die sich seit dem Ende der sechziger Jahre bemerkbar zu machen begannen. Im Sommer 1968 trug die Enzyklika *Humanae vitae* mit ihrem neu eingeschärften Verbot künstlicher Empfängnisverhütung eine Morallehre vor, mit der sich die Mehrheit der Gläubigen, aber auch der Seelsorger nicht identifizieren konnte. Eine bis heute andauernde Krise der katholischen Morallehre, die irrigerweise vor allem als Sexualmoral verstanden wird, war die Folge. Die Entstehungsgeschichte dieser Enzyklika liess ihre Morallehre als eine einsame Entscheidung des Papstes erscheinen. So wurde der fast nur noch durch die Medien vermittelte Papst mehr und mehr zu einem Zerrbild. Die einen steigerten seine Lehrautorität fundamentalistisch ins Wörtlich-Absolute; die andern und die Mehrheit der Katholiken sehen im Papst nur noch eine Stimme, die nicht mehr ernstzunehmen ist.

In den beiden folgenden Jahrzehnten begann sich dann mehr und mehr ein Problem abzuzeichnen, das heute die tägliche Sorge aller Kirchenverantwortlichen darstellt: ein markanter Priesterrückgang. Die Hintergründe dieses Rückgangs, in erster Linie der jahrelange, fast vollständige Ausfall von Priesterberufungen zusammen mit überdurchschnittlich vielen Übertritten von Priestern in einen anderen Beruf, können hier nicht erörtert werden. Wichtig ist vor allem, dass die ausfallenden Priester mehr und mehr durch Laientheologen ersetzt wurden und dass diese Laien immer wichtigere Funktionen der Gemeindeleitung übernehmen. So entsteht, paradoxerweise, eine Art Laienklerus, der in seinen Anstellungsverhältnissen und Funktionen der reformierten Pfarrerschaft immer ähnlicher wird, doch ohne die in den reformierten Kirchen so wichtige Ordination. Auch die von diesen Laientheologen gefeierten Wortgottesdienste sehen den reformierten Gottesdiensten immer ähnlicher, sodass schliesslich die katholische Identität des Gemeindelebens in Frage gestellt scheint.

Erst in diesem Zusammenhang gewinnen nun auch die anderen Faktoren Gewicht, die zu einem Einebnen der konfessionellen Unterschiede führen. Mit der zunehmenden Durchmischung der Bevölkerung und dem Wegfall konfessioneller

Abschottungen und Berührungsängste, mit der raschen Zunahme konfessionell gemischter Ehen, die fast zum Normalfall werden, mit dem oftmals gemeinsamen schulischen Religionsunterricht und den vielfach parallelen staatskirchenrechtlichen Strukturen, aber auch mit der wachsenden Gleichgültigkeit in Glaubensfragen, die den kleinsten gemeinsamen Nenner gerne als das ökumenische Nonplusultra betrachtet: mit all dem fiel im durchschnittlichen katholischen Bewusstsein nicht nur der Unterschied zwischen den christlichen Konfessionen praktisch aus, sondern darüber hinaus auch das Bewusstsein, dass es im christlichen Glauben überhaupt um ein Bekenntnis, ja um ein lebensprägendes Bekenntnis geht. Die Kirchen werden mehr und mehr als Dienstleistungsbetriebe verstanden, die am Nutzen ihrer Leistungen für den Einzelnen und für die Gesellschaft zu messen sind. Volkskirchliche Ansprüche erscheinen jetzt geradezu als eine Maximalforderung.

Einigen engagierten katholischen Kreisen, die sich an das Selbstverständnis der katholischen Kirche als Beteiligungskirche erinnern, erscheint dagegen der Trend zur Volkskirche verdächtig. Um ihn abzuwehren, versuchen sie sich zur reinen Bekenntniskirche, zur «kleinen Herde» zu formieren. Eine manchmal fundamentalistische Überbetonung der Tradition kennzeichnet diese Bemühungen, wobei diese Tradition oft nur bis in die ersten Jahrzehnte unseres Jahrhunderts zurückreicht. Diese Abwehrhaltung kann sektenhafte Züge annehmen, wenn sich diese Gruppierungen als die einzigen wahren Christen betrachten. Wo das der Fall wäre, müssten diese Bemühungen als kirchentrennend abgewehrt werden. Doch es gibt in der katholischen Kirche auch durchaus legitime, je lebensnotwendige Bewegungen auf ein entschiedener und bekenntnishafter gelebtes Christentum hin. Wie die alten Ordensgemeinschaften erstreben dies heute jene neuen geistlichen Bewegungen, die seit dem Konzil in reicher Vielfalt aufgeblüht sind. Ihnen gegenüber erweist sich der Schweizer Katholizismus jedoch erstaunlich resistent, wenn nicht gar renitent.

Ein ähnliches Unverständnis zeigen die Schweizer Katholiken auch gegenüber der Einbindung des ortskirchlichen katholischen

Geschehens in die Weltkirche, gleichsam ein Abbild der politischen Auslandfeindlichkeit. Dieses Unverständnis wird nur in wenigen kirchlichen Kreisen durch ein waches Interesse für basiskirchliche und befreiungstheologische Vorgänge in der Dritten Welt und durch eine entsprechende Bereitschaft zur Entwicklungshilfe von Gemeinde zu Gemeinde kompensiert.

Die eigentliche Anfrage bezüglich der Zukunft der katholischen Kirche in unserem Land geht jedoch nicht von den einzelnen hier aufgezählten Krisenfaktoren aus. Entscheidender scheint mir die mentalitätsgeschichtliche Feststellung, dass unsere Schweizer Gesellschaft gegenwärtig, mit zweihundertjähriger Verspätung, ein Aufklärungszeitalter durchmacht samt seinen historisch bekannten Begleiterscheinungen des Deismus, der Leugnung der Erbsünde, der Kirchen- und Priesterkritik und des wuchernden Aberglaubens. Doch wie der Weltgeist, um mit Hegel zu sprechen, die Aufklärung bald und gründlich überwunden hat, so steht auch zu hoffen, dass dies dem Schweizer Geist in absehbarer Zeit ebenfalls gelingt.

Nach all dem Gesagten befinden sich heute die evangelisch-reformierten Landeskirchen und die römisch-katholische Kirche in der Schweiz im gleichen Boot, und sie sehen sich weitgehend vor ähnliche Aufgaben gestellt. Das gilt nicht nur bezüglich ihres Öffentlichkeitsanspruchs gegenüber staatlichen und parteipolitischen Privatisierungstendenzen. Beide Kirchen müssen sich Sorgen machen bezüglich der Weitergabe des christlichen Glaubens und bezüglich seiner Sichtbarkeit in einer mehr und mehr säkularisierten und multikulturellen Gesellschaft. Dafür müssen sie sich zurückbesinnen auf ihren Verkündigungsauftrag und auf ihr Bekenntnis zu Jesus Christus, zu seiner Auferstehung und zum Kommen des Gottesreiches. Um das zu zeigen, müssen sie sich um eine glaubhafte Verwirklichung des Gebotes der Nächstenliebe in den Nöten der heutigen Menschen, mit anderen Worten um eine zeitgemässe Diakonie bemühen. Kurz gesagt: Sie müssen mehr und mehr echt christliche Kirchen sein.

5. Missverhältnisse in kirchlicher Kommunikation in und mit der Deutschschweiz

Für eine Gedenkveranstaltung der katholischen Akademie in München anlässlich des 1931 erfolgten Sendebeginns von Radio Vatikan wurde ich 2001 als Deutschschweizer Medienbischof eingeladen, einen Vortrag aus schweizerischer Sicht zu halten. Das gab mir Gelegenheit, über die Probleme kirchlicher Kommunikation in und mit der Deutschschweiz nachzudenken.

Die Schweiz, namentlich die Deutschschweiz, gehört offenbar zu den Sorgenkindern der römischen Kurie. Diesen Eindruck kann man jedenfalls im Verkehr mit den vatikanischen Behörden manchmal gewinnen. Tatsächlich betrachten sich die Deutschschweizer selbst gerne als «Sonderfall», nicht zuletzt in kirchlichen Belangen. Politisch äussert sich dieses Sonderdasein vor allem darin, dass die Schweiz als einer der letzten Staaten Mitglied der UNO wurde und dass sich das Schweizer Stimmvolk beharrlich dagegen wehrt, der EU beizutreten. Im kirchlichen Bereich bringt es der schweizerische Föderalismus mit sich, dass es in den sechsundzwanzig Kantonen sechsundzwanzig verschiedene Systeme des Verhältnisses zwischen Kirche und Staat gibt. So hat es beispielsweise ein einziger Bischof nicht nur mit acht Kantonsregierungen zu tun, sondern auch mit acht verschiedenen staatskirchenrechtlichen Kirchenstrukturen. Meistens handelt es sich dabei um «duale» Systeme, indem neben der kirchenrechtlichen Struktur, wie wir sie in der ganzen Weltkirche kennen, und parallel zu ihr eine kirchliche Organisationsstruktur staatlichen Rechtes aufgebaut wurde. Deren Grundlage bilden die autonomen örtlichen «Kirchgemeinden» mit weitgehenden demokratischen Rechten. Das Pfarrwahlrecht der Kirchgemeinden, das aus den mittelalterlichen Präsentationsrechten herausgewachsen ist, und das Recht der Bischofswahl in drei Schweizer Bistümern sind nur ein Ausdruck dieses Aufbaus der katholischen Kirche in der Schweiz «von unten her». Wenn man dann noch bedenkt, dass 88 Prozent der Kirchensteuereinnahmen in den örtlichen Kirchgemeinden und in deren Verfügung bleiben, dann ist leicht zu verstehen, wo in der Schweizer Kirche die reale Macht sitzt. Und es wird niemand verwundern, dass nicht wenige Deutschschweizer Katholiken, ähnlich wie ein Grossteil unserer evangelisch-reformierten Mitchristen, *de facto* ein kongregationalistisches Kirchenverständnis haben.

Das Gesagte gilt in erster Linie von der deutschsprachigen Schweiz. Ähnlich wie sich die drei grossen Landesteile nicht nur sprachlich, sondern auch kulturell weitgehend an das gleichsprachige Ausland anlehnen, so geht es auch mit dem kirchlichen Leben und mit dem Kirchenverständnis. Nicht nur in der Schweizer Bischofskonferenz treffen so drei verschiedene kirchliche Wirklichkeiten aufeinander, übrigens durchaus zum Vorteil der Kirche in der Schweiz, sondern auch schon in den einzelnen Bistümern. Von den insgesamt sechs Schweizer Bistümern sind nur zwei kleinere einsprachig, Lugano und Sankt Gallen. Und der rätoromanische Bevölkerungsteil im Bistum Chur stellt mit zwei bis drei eigenen liturgischen Sprachen nochmals einen Sonderfall dar. In dieser Vielfalt ist eigentlich von vorneherein anzunehmen, dass es in der katholischen Kirche in der Schweiz Kommunikationsprobleme gibt.

Kirche und Kommunikation grundsätzlich

Kommunikation ist grundlegend für die Kirche und für ihren Auftrag. Damit ist zunächst und vor allem die Kommunikation *nach aussen* angesprochen. Grundauftrag der Kirche ist es ja, das Evangelium Jesu Christi in aller Welt und zunächst in ihrer jeweiligen Umwelt zu verkündigen und bekannt zu machen hat. Das aber setzt auch kirchliche Kommunikation *nach innen* voraus, Kommunikation der einzelnen Ortskirchen untereinander und mit dem Zentrum der Kircheneinheit, dem Heiligen Stuhl. Gerade die Gemeinschaft, die *communio* der Kirche selbst, ist nicht nur Träger der Botschaft des Evangeliums, sondern auch deren Beglaubigung. Denn die Existenz der Kirche als Gemeinschaft ist das Werk der Auferstehung Jesu Christi und folglich auch die durch die Zeiten fortdauernde Bezeugung dieser Auferstehung.

Doch so sehr sie ein Werk des Heiligen Geistes ist, kann auch die kirchliche *communio*, wie jede andere Gemeinschaft, nur in fortwährender Kommunikation Bestand haben. «Die Kirche ist Kommunikation», so darf man ohne Übertreibung sagen.

Damit wird aber auch die Geschichtlichkeit des Kirche-Seins unterstrichen. Die Kommunikationsstrukturen haben sich im Lauf der Zeit verändert, nicht zuletzt, aber auch nicht nur durch das Aufkommen neuer Kommunikationsmittel. Deshalb könnte man die Veränderungen in ihrer Organisationsstruktur, die die katholische Kirche im Lauf ihrer langen Geschichte durchgemacht hat, wohl unschwer aus den jeweils veränderten Kommunikationsstrukturen erklären. Mit dem Aufkommen der Massenmedien, der Telekommunikation und neuestens der Sozialmedien und mit der Beschleunigung der Verkehrsmittel hat das vergangene Jahrhundert einen qualitativen Sprung im Leben der Kirche als *communio* bewirkt, dessen Folgen noch gar nicht abzusehen sind. Er dürfte für die Zukunft der Kirche mindestens ebenso folgenreich sein, wie das seinerzeit das Zeitalter der Entdeckungen und die Erfindung des Buchdrucks waren.

Schon immer musste sich die kirchliche Kommunikation in zwei *Dimensionen* abspielen, einerseits in der Horizontalen zwischen den einzelnen Ortskirchen und innerhalb ihrer, und andererseits in der Vertikalen zwischen den kirchlich Verantwortlichen untereinander und mit dem Kirchenvolk. Doch seit dem Aufkommen der Massen- und sozialen Medien haben sich in dieser vertikalen Dimension zwei verschiedene, nebeneinander herlaufende, voneinander weitgehend unabhängige, aber sich gelegentlich überschneidende Kommunikationsstränge herausgebildet. Im einen Strang geht die innerkirchliche Kommunikation mit den gleichen Mitteln wie bisher und im Wesentlichen unverändert weiter; doch in einem anderen Strang kommunizieren jetzt, dank den Medien, die kirchlichen Autoritäten, vor allem der Papst und manchmal auch die Bischöfe, unmittelbar und unvermittelt mit allen und mit jedem einzelnen Gläubigen, und selbst weit über den Kreis der Gläubigen hinaus mit jedem einzelnen Menschen, der diese Botschaft aufnehmen will. Paradoxerweise haben gerade die sogenannten Massen- oder Soziale Medien die Kommunikation individualisiert und sozusagen atomisiert. Während sich die Predigt, die Hirtenbriefe und die Auskündigungen am Ende des Gottesdienstes in einer liturgischen Versammlung an alle Gottesdienstbesucher gemeinsam wandten, wenden sich jetzt Radio, Fernsehen und die Presse, nicht zu reden vom Internet, immer nur an je einzelne Empfänger, Leser oder Hörer, in einer neuen, Raum und Zeit überbrückenden Direktheit. Mit anderen Worten: Durch die Medien sind die kirchlichen Verantwortlichen dem Kirchenvolk so nahegekommen wie bisher noch nie, vielleicht sogar allzu nahe.

In diesem grossen welt- und kirchengeschichtlichen Rahmen
müssen wir nun die eher kleinkarierten Kommunikationsprobleme der Kirche in der Deutschschweiz zu sehen und zu verstehen versuchen. Sie betreffen zunächst nur die innerkirchliche Kommunikation, nicht die viel wichtigere Kommunikation nach aussen, die kirchliche Verkündigung. Diese wird glücklicherweise von den angedeuteten Kommunikationsproblemen nur am Rande berührt; denn die Probleme der Verkündigung des Evangeliums in der heutigen Welt und für die Menschen von heute stellen sich auch in der Deutschschweiz nicht viel anders dar als im umliegenden Europa.

Die kirchliche Kommunikation in der Schweiz

Angeregt vom von der Pastoralinstruktion *Aetatis novae* und nicht zuletzt auf Wunsch der mitfinanzierenden staatskirchenrechtlichen Organe haben wir in den Jahren 1994–1999 einen *Pastoralplan für Kommunikation und Medien der katholischen Kirche in der Schweiz* ausgearbeitet. Dabei wurde deutlich, dass die katholische Medienarbeit in der Schweiz nicht nur so vielfältig und so verzettelt ist, wie man das erahnt hatte, sondern dass auch wesentlich höhere Summen darin investiert werden, als bisher angenommen, nämlich gegen 25 Mio. Schweizerfranken jährlich. Davon werden nur etwa 2.5 Mio. durch die Römisch-katholische Zentralkonferenz und das Fastenopfer sowie durch das jährliche Medienopfer zentral finanziert; der Rest kommt durch Eigenfinanzierung und durch regionale, vor allem kantonale Finanzzuschüsse zustande.

Schon diese wenigen Zahlen weisen auf eine Eigenart kirchlicher Medienarbeit in der Schweiz hin. Wie das kirchliche Leben selbst ist sie nicht nur sprachregional, sondern auch lokal aufgesplittert, nach Kirchgemeinden und vielleicht noch mehr nach Interessengruppen wie Vereine, Orden und Bewegungen. Folglich ist die kirchliche Innenkommunikation in der Schweiz zwar menschen- und basisnah, «grassroot communication», wie dies für kirchliche Kommunikation immer wieder gefordert wird, aber nicht sehr öffentlichkeitswirksam. So gibt es beispielsweise in der Schweiz zwar über hundert verschiedene katholische Presserzeugnisse, doch eine massgebliche katholische Tageszeitung fehlt. In den öffentlichen Radio- und Fernsehanstalten haben religiöse Sendungen zwar ihren festen, aber doch sehr bescheidenen Platz, während sie eben deswegen in den langsam sich etablierenden Privatsendern fast ganz abwesend sind. Noch relativ am meisten Ausstrahlungskraft besitzt die zweisprachige Kirchliche Presseagentur (KIPA/APIC), übrigens die älteste kirchliche Presseagentur. Sie bleibt zwar zur Information für Insider und für kirchliche Medienleute unverzichtbar, findet jedoch in den öffentlichen Medien nur wenig Wiederhall. Dagegen ist das Pfarrblatt *forum* für den Kanton Zürich, das gratis an alle katholischen Haushalte abgegeben wird, mit einer Auflage von fast 200 000 Bezügern das wohl auflagenstärkste katholische Presseerzeugnis in der Schweiz, so wie alle Pfarrblätter zusammen den wichtigsten Bestand an kirchlichen Printmedien ausmachen. In ihnen finden sich zwar auch kurze Meldungen aus dem Bistum und aus der Weltkirche, die meist der KIPA entnommen sind; doch sie bleiben marginal, während das Hauptgewicht auf dem eigenen Pfarreileben liegt.

Alles in allem: Die kirchliche Kommunikation bewegt sich in der Deutschschweiz in ebenso kleinen Räumen wie das kirchliche Leben selbst. Innerhalb der Pfarreien ist die Kommunikation meistens gut bis sehr gut gewährleistet. Doch schon die Kommunikation zwischen den Pfarreien, auch innerhalb des gleichen Kantons, geschweige denn innerhalb des gleichen Bistums, bietet erhebliche Schwierigkeiten. Ein Deutschschweizer Bischof findet nur schwer geeignete Kommunikationskanäle, um gleichzeitig mit allen Gläubigen, Pfarrern oder Pfarreien seines Bistums kommunizieren zu können. Diese sozusagen strukturelle Kommunikationslücke vermögen auch die offiziellen Kommunikationsorgane, die «Schweizerische Kirchenzeitung» (SKZ), die Priesterräte und die diözesanen Seelsorgeräte nicht auszufüllen.

Das Internet dagegen, das jüngste Medium, könnte in diese Lücke springen. Mit Zustimmung der Bischofskonferenz hat sich die Kirche denn auch vor allem in der Deutschschweiz sehr früh und sehr intensiv im Internet engagiert. Die Bischofskonferenz und alle Bistümer haben ihre laufend aktualisierte Homepage, und inzwischen gibt es auch ein katholisches Internetradio, das ähnlich wie Radio Vatikan zu allen Tageszeiten abgehört werden kann und dessen kurze Informationssendungen auch die Privatradios herunterladen und ausstrahlen dürfen. Im Internet haben auch die meisten staatskirchenrechtlichen Organe und fast alle Pfarreien und kirchlichen oder sich kirchlich gebärdenden Gruppierungen ihre Homepage, sodass im Endresultat in diesem neuen, pluralistischen und erzdemokratischen Medium die Zersplitterung des Deutschschweizer Katholizismus eher noch akzentuiert erscheint.

Die Kommunikation zwischen dem Vatikan und der Deutschschweiz

Vor diesem Hintergrund ist nun auch die Kommunikation oder, wenn man so will, die mangelnde Kommunikation zwischen dem Deutschschweizer Katholizismus und dem Vatikan zu sehen. Einerseits besteht ja eine sehr enge Beziehung zwischen der Schweiz und dem Vatikan, nicht nur weil in der UNO beide lange nebeneinander auf der Beobachterbank sassen, sondern vor allem durch die Schweizergarde, auf die alle Schweizer doch heimlich stolz sind. Andererseits aber spielt auch hier ein untergründiger Abwehrinstinkt gegen alles Ausländische mit, vor allem wenn es gar den Geruch des Undemokratischen an sich trägt. Zudem sind in der ökumenischen Osmose, in der wir in der Deutschschweiz seit einigen Jahrzehnten leben, antipäpstliche Argumente und Befürchtungen auch für manche Katholiken zur Selbstverständlichkeit geworden, während der konfessionelle Reflex spontaner Papsttreue, der früher Ultramontanismus hiess, ausser in einigen kleineren Gruppierungen fast ganz erloschen ist.

Wie kommt der durchschnittliche Deutschschweizer Katholik überhaupt mit dem Papsttum in Berührung, wenn er nicht gerade eine Romreise macht? Die Antwort ist einfach: durch die öffentlichen Medien. Unsere reformierten Mitchristen beneiden uns um diese immer wiederholte, sichtbare und hörbare Präsenz des Papsttums in unseren Medien. Präsenz aber besagt noch nicht notwendig Kommunikation. Bei aller persönlichen Ausstrahlung eines Johannes Pauls II., auch und gerade als alter, gebrechlicher Mann, oder eines bescheiden auftretenden Franziskus wird damit die Botschaft, die er vermitteln will, höchstens zum Teil vermittelt. Sie kann sogar ausdrücklich verfälscht werden, sei es durch den gesendeten Ausschnitt, sei es durch einen nicht entsprechenden Kommentar, sei es, nicht zuletzt, durch ein negatives Vorurteil seitens des Zuschauers oder Zuhörers. Es kommt nicht nur bei der journalistischen Arbeit vor, dass ein eiliger Leser aus einem Text oder aus einer Begebenheit nur das herausliest, was er selbst schon weiss oder erwartet und was, für den Journalisten, dann auch den Erwartungen seiner Kunden entspricht. Bei aller scheinbaren Direktheit und Lebensnähe der Medien vermitteln doch vor allem die elektronischen Medien oft mehr eine Karikatur als ein Bild der Wirklichkeit, wobei auch in einer Karikatur oft mehr als nur ein Quäntchen Wahrheit stecken kann.

Ein Zweites kommt dazu. Päpstliche Verlautbarungen und Verlautbarungen der römischen Kurie, ja sogar das ganze ordentliche Lehramt des Papstes bedürfen normaler- und verständlicherweise einer Übersetzung. Nicht nur einer sprachlichen Übersetzung aus dem Urtext in ein einigermassen lesbares Deutsch, wobei sich auch da gelegentlich gravierende Übersetzungsfehler einschleichen können, sondern vor allem einer Übersetzung aus einer theologischen Fachsprache in den christlichen Alltag und aus einem Anliegen des Lehramtes in eine Hilfe und einen Anstoss für das christliche Leben. Deswegen sind die Erstadressaten solcher Verlautbarungen normalerweise die Diözesanbischöfe. Von ihnen erwartet man zu Recht, dass sie diese Übersetzungsarbeit für ihre Gläubigen leisten und so die Anliegen des Papstes in den Alltag der Pfarreien einbringen können. Würde die innerkirchliche Kommunikation nach dem Normalmodell verlaufen, nach dem sie wohl kaum je verlaufen ist, dann würden zuerst die Bischöfe über die päpstlichen Verlautbarungen und deren Hintergründe informiert, die Bischöfe würden diese sodann in geeigneter Form an ihre Pfarrer weitergeben und durch sie an alle daran interessierten Gläubigen.

Nun aber erhalten den Gläubigen durch die Medien oft noch vor den Bischöfen eine erste, oft verkürzte und entstellte Information, ohne über das entsprechende Umfeld- und Hintergrundwissen zu verfügen. Es fällt dann schwer, diese einseitige Information nachträglich richtigzustellen und zu erklären, ja ihr überhaupt erst Annahme zu verschaffen. So wertvoll die unmittelbare Präsenz des Papstes in den Medien für die Kirchenliebe nicht weniger Gläubiger ist, so problematisch ist die Vermittlung seiner Botschaften durch eben diese Medien. Man mag dagegen einwenden, dass heute ja jeder, der es wissen will, die Möglichkeit hat, sich relativ leicht den vollen und nicht entstellten Wortlaut solcher Botschaften zu verschaffen, in kürzester Frist aus dem Internet und mit einiger Verzögerung aus der deutschen Ausgabe des *Osservatore Romano*. Hier stellen sich jedoch die oben angeführten Schwierigkeiten erneut und vielleicht sogar verschärft ein. Durch das Internet und gelegentlich auch durch allzu eilfertige Mitteilungen aus dem Vatikanischen Pressesaal werden die Bischöfe im wörtlichen Sinne übersprungen. Es kommt vor, dass sie erst von dritter Seite erfahren, sie müssten sich einen Text aus dem Internet herunterladen, der eigentlich an sie adressiert wäre. Und wenn dann Journalisten oder Gläubige dabei gar noch anfragen, wie denn dieser Text zu verstehen sei, dann beginnt es peinlich zu werden. Und doch ist das chronologische Problem noch das geringste. Problematischer wird es, wenn den wörtlich zugänglichen Texten die nötige Übersetzung fehlt. Denn selbst da, wo ein offizieller Kommentar mitgeliefert wird, ist dieser meistens so sehr auf Insider zugeschnitten, dass er seinerseits nochmals eines Kommentars bedarf.

All das will nur einige der Schwierigkeiten aufzeigen, die sich in der modernen Medienwelt für die innerkirchliche Kommunikation ergeben. Nicht zuletzt wäre dabei wäre auch zu bedenken, was eine Herausforderung auch für uns Bischöfe bedeutet, dass sich auch die innerkirchliche Kommunikation heutzutage immer an Menschen wendet, deren Aufnahmefähigkeit und deren Aufnahmegewohnheiten durch die Medienkommunikation geprägt sind. Ins Positive gewendet heisst das, dass nicht so sehr eine rasche, unverfälschte und wortgetreue Übermittlung der Verlautbarungen aus dem Vatikan notwendig ist. Diese ist heute zur Genüge gewährleistet. Wichtiger und entscheidender sind vielmehr die Verständnishilfen zur richtigen Aufnahme und Annahme dieser Verlautbarungen, journalistisch gesprochen der Kommentar. Gerade dort, wo es sich nicht einfach um Fakten, sondern um Sinngehalte handelt, ist in jedem Fall der Kommentar wichtiger als die Information oder gar die blosse Übermittlung. Und gerade da liegt nun meines Erachtens die grosse Chance für Radio Vatikan. Man mag es bedauern, dass die deutsche Ausgabe des *Osservatore* mit Komentaren und erläuternden Artikeln geizt; CIC (das katholische Informationszentrum in Rom) und die KIPA und ihre Schwesteragenturen sind da etwas ergiebiger. Radio Vatikan dagegen wurde vor siebzig Jahren gegründet, um «die Stimme des Papstes in alle Welt zu tragen». Wir wissen, wie wichtig dies gerade für jene Teile der Welt geworden ist, in denen offiziell keine andere Stimme als jene des herrschenden Regimes gehört werden konnte. Heute hat das gleiche Radio, vor allem für unsere deutschsprachigen Länder, wohl in erster Linie die Aufgabe, die Stimme des Papstes verständlich zu machen, einsehbar und eingängig für alle Menschen guten Willens. Für jedes Radioprogramm, das nicht ein reines Musikradio ist, gehören heute der Kommentar und das kommentierende Interview oder Gespräch zu den wichtigsten Senderubriken.

Auch und gerade für uns Katholiken in der Deutschschweiz könnte diese Arbeit des durchaus auch offiziösen Kommentierens ihre besondere Bedeutung haben. So kommen wir zum Schluss nochmals auf den «Sonderfall Schweiz» zurück. Die Enwicklung seit der Konzilszeit hat hierzulande zu erheblichen Spannungen unter den Katholiken geführt. Die einen leben geistig schon nach dem dritten Vatikanischen Konzil, andere möchten am liebsten zum I. Vatikanum zurückkehren. Nur vor dem Hintergrund dieser Spannungen können die Auseinandersetzungen um die Person von Bischof Wolfgang Haas richtig gesehen werden. Seit jenen Jahren gibt es in der Deutschschweiz eine recht rührige Gruppe besorgter Katholiken, die sich um den wahren katholischen Glauben ängstigen. Neben ihren durchaus berechtigten Anliegen misstrauen sie sogar den Bischöfen und suchen diese zu überwachen. Sie berufen sich dabei auf die heutzutage leicht zugänglichen römischen Verlautbarungen, die sie, meist ohne Kenntnis des Umfelds, im engsten Sinne verstehen und daran das Vorgehen ihrer Bischöfe messen. Wenn Fundamentalismus definitionsgemäss die Ablehnung jeglicher Hermeneutik beinhaltet, dann muss man das Vorgehen dieser Katholiken als einen lehramtlichen Fundamentalismus bezeichnen. Er generiert Frustrationen und Verurteilungen, baut aber nichts auf, da hier die innerkirchliche Kommunikation auf ein einfaches Für oder Gegen reduziert wird. Wenn jedoch seitens des Vatikans nicht nur Texte übermittelt werden, die sich, wie jeder Text, mannigfach missbrauchen lassen, sondern auch auf die einzelnen Sprach- und Kulturregionen abgestimmte Kommentare, die den aufbauenden kirchlichen Sinn dieser Texte erschliessen, dann könnte dies vielleicht auch diese Gruppe von Deutschschweizer Katholiken aus ihrer Sackgasse herausführen.

So enden mein Glückwunsch und mein Dank an Radio Vatikan für siebzig Jahre treue und aufbauende Arbeit im Dienste des Papstes in einem Wunsch für die Zukunft, auch für die Zukunft unseres «Sonderfalls» Kirche in der Deutschschweiz.

VI. ÖKUMENISCHE NACHBARSCHAFT: MÖGLICHKEITEN UND GRENZEN

Zum Erfreulichsten in meiner Zeit als Generalvikar in Zürich gehörten die ökumenischen Beziehungen zur Evangelisch-reformierten Landeskirche Zürich und zu ihrem Kirchenratspräsidenten, Pfr. Ruedi Reich. Die Ökumene lag mir schon von meiner Herkunft her nahe; in Zürich aufgewachsen, habe ich meine ganze Schulzeit, zuletzt im Kantonalen Literargymnasium, zusammen mit einer Mehrzahl von reformierten Mitschülern und Freunden verbracht. Sie standen mir teilweise sehr nahe, und zwei von ihnen wurden reformierte Theologen, der eine, Heinz Baltensweiler, als Professor für Neues Testament in Basel, der andere, Dölf Hägeli, als Leiter des Zürcher Zwingli-Verlags. In meinem Theologiestudium habe ich dann mindestens ebenso viel evangelische wie katholische Literatur gelesen, und als Professor für neuere Philosophiegeschichte musste ich mich ohnehin weitgehend im Raum der Reformation bewegen.

Dennoch war ich überrascht und erfreut, wie selbstverständlich und brüderlich ich vom ersten Tag an als katholischer Bischof in der Zwingli-Stadt aufgenommen wurde, als erster ansässiger Bischof seit der Reformation und zudem noch als Jesuit, der zwanzig Jahre früher noch als «Staatsfeind» zu gelten hatte – woran mein Ururgrossvater, Ercole Daverio, 1848 Redaktor der Neuen Zürcher Zeitung, vielleicht nicht ganz unschuldig war.

1. Predigt zum Reformationssonntag

Im Herbst 1996 lud mich Pfarrer Gerhard Trachsel ein, in seiner reformierten Kirche in Zürich-Witikon am Reformationssonntag die Predigt zu halten. Als Lutheraner war Pfarrer Trachsel ökumenisch höchst interessiert und engagiert. Auf seine Initiative geht unter anderem der ökumenische Kreuzweg zurück, der jeweils am Karfreitag in der Zürcher Innenstadt Vertreter verschiedener Kirchen und ein grosse Zahl Gläubige versammelt. Es war für ihn auch eine feste Tradition die Osternacht zusammen mit der benachbarten katholischen Kirche Maria Krönung zu feiern, zu der er mich zwei Jahre später auch einlud.

Liebe Brüder und Schwestern im gemeinsamen christlichen Glauben!

Mit grosser Freude habe ich die Einladung von Pfarrer Trachsel angenommen, bei Ihnen die Predigt zum Reformationssonntag zu halten. Die Reformation ist ein derart einschneidendes Ereignis in der Kirchengeschichte, dass sie uns alle, Reformierte wie Katholiken, gleicherweise angeht. So wollen wir uns heute gemeinsam auf die Reformation besinnen.

Es geht mir dabei für einmal nicht um das viele Gemeinsame, das uns Katholiken und Reformierte bei aller Trennung immer noch verbindet und das, ich zitiere den Papst, «viel mehr ist als das, was uns trennt». Dieses Gemeinsame wollen wir dankbar anerkennen und es gemeinsam ins Werk setzen. Wir werden nach der Predigt unseren gemeinsamen Glauben bekennen, wir werden zusammen die eine Taufe feiern (Eph 4,5), und wir werden gemeinsam das Unser Vater beten. Das Tun ist wichtiger als das Reden darüber.

Es geht mir aber auch nicht um einen schmerzlichen Rückblick auf die Geschichte der Kirchenspaltung, auf jene Spaltung, an der wir immer noch leiden. Spaltungen, das wissen wir, sind schneller angezettelt als überwunden. Um eine jahrhundertealte Spaltung zu überwinden, braucht es beiderseits guten Willen, gegenseitiges

Verstehen und Verzeihen und vor allem viel Geduld. Einen Schritt auf diesem langen Weg darf ich heute mit Ihnen tun, indem ich mich vor Ihnen, mit Ihnen frage, was denn die Reformation uns heutigen Katholiken zu geben und zu lehren hat.

Das Evangelium, das wir gelesen haben und das heute in allen katholischen Gottesdiensten vorgelesen wird, lehrt uns ja, dass nicht alles einfach angenommen oder einfach verworfen werden kann. So sehr Jesus das Verhalten der Pharisäer und Schriftgelehrten tadelt, so sehr mahnt er auch: «Tut und befolgt also alle, was sie euch sagen» (Mt 23,3). Hätte man dies zur Reformationszeit, auf beiden Seiten, deutlicher wahrgenommen, so wäre es vielleicht nie zur Kirchenspaltung gekommen.

Doch was ist denn nun das Neue und Positive, das die Reformation den Zürcher Katholiken gebracht hat? Zunächst und vor allem, dass es um eine echte Kirchenreform ging, um eine Reform, die sich an eine durchaus reformbedürftige katholische Kirche wandte.

Persönlich hatte ich einen etwas eigenartigen Zugang zur Reformationsgeschichte. Ich habe mich sozusagen durch die Hintertür, man könnte auch sagen: aus der Sicht der Basis, in sie eingeschlichen. Ich habe mich nämlich jahrelang mit den Schriften eines meiner Mitbrüder beschäftigt, des Savoyarden Peter Faber, der als erster Jesuit 1540 nach Deutschland gekommen ist, der bei den Religionsgesprächen in Worms und Regensburg zugegen war, und der dann mehrere Jahre in Speyer, Mainz und Köln als Seelsorge gewirkt hat. Aus seinen Erlebnisberichten und aus seiner Einschätzung wurde mir klar: Die Reformation war, vielleicht in erster Linie, ein Aufbruch in der Seelsorge. In einem Seelsorgevakuum, wo viele Bischöfe sich nicht um ihr Bistum und viele Pfarrer sich nicht um ihre Pfarrei kümmerten, wo die Messpriester kaum die kümmerlichste Ausbildung hatten und jedenfalls ganz unfähig waren zu predigen und das Volk zu belehren, während der gebildete Klerus sich für die Predigt zu gut hielt: in dieses Vakuum stiessen Luther und die ihm nachfolgenden Prediger vor und brachten dem Volk erst wieder die Grundbegriffe des Glaubens und die Kenntnis der Heiligen Schrift bei.

Peter Faber schreibt 1542 in einem Brief aus Deutschland: «Gäbe Gott, dass in jeder Stadt zwei oder drei Priester wären, die nicht im Konkubinat oder in anderen stadtbekannten Sünden lebten und die Eifer für die Seelsorge zeigten! Ich zweifle nicht, dass dieses einfache, schlichte Volk mit der Hilfe des Herrn bald wieder zur Kirche zurückkehren würde. Daraus könnt ihr sehen, dass das Volk hierzulande Opfer eines Betrugs wurde: nicht so sehr wegen des Lichts oder der scheinbaren Güter, die ihm die Lutheraner versprachen, sondern wegen des Versagens derer, die jene hätten belehren sollen, welche nic wirklich Christen waren.» Deutlicher könnte man die Reformbedürftigkeit der damaligen Kirche, nicht nur am Haupt, sondern auch an den Gliedern, kaum aussprechen. Und es ist das eindeutige Verdienst Luthers, Zwinglis und Calvins, eine echte Reform in Bewegung gebracht zu haben, nicht nur in ihren eigenen, neuen Kirchen, sondern sozusagen rückwirkend und mit Verspätung auch in der alten katholischen Kirche.

Heute kommt uns die Reformbedürftigkeit der Kirche, aller unserer Kirchen, vielleicht nicht mehr so schreiend zum Bewusstsein. Doch die Reformatoren haben uns gelehrt, dass die Kirche je und je der Reform bedarf, *Ecclesia semper reformanda*, weil wir immer wieder vom Wort des Evangeliums und vom Sendungsauftrag Jesu Christi in menschliche Bequemlichkeit und in rein menschliches Planen absinken.

Denn Kirchenreform, das kann niemals heissen, Anpassung an den Zeitgeist; es heisst immer nur das eine: zurück zum Evangelium. «Evangelisch-reformiert», so lautet der Ehrentitel Ihrer Kirche, um den ich Sie nur beneiden kann. Im Sinn des Evangeliums reformiert, das müssten eigentlich alle christlichen Kirchen sein.

Was aber ist eine Reform im Sinn des Evangeliums? Wir können es erläutern durch drei Schlagworte, die für die Theologie der Reformatoren als kennzeichnend gelten: *sola scriptura, sola fides, sola gratia* – allein die Schrift, allein der Glaube, allein die Gnade. Wenn wir dieses dreifache «allein» polemisch verstehen, so wie Luther es zweifellos gemeint hat, dann begründet es die Kirchenspaltung.

Wenn wir es jedoch hören als Nachdruck des Predigers, der seinen Zuhörern mehr als alles andere diese drei Dinge nahelegen will, dann gelten diese drei genauso für uns wie für Sie.

Sola scriptura: Vor allem und über allem die Schrift. Sie ist Quelle und Norm unseres Glaubens, aus ihr müssen wir leben; denn in ihr und durch sie spricht Gott zu uns. So lehrt es, vielleicht mit vierhundertjähriger Verspätung, katholischerseits das II. Vatikanische Konzil. Ich fürchte jedoch, dass es auch dem Konzil nicht gelungen ist, uns Katholiken jene unbedingte Liebe zur Schrift einzuimpfen, die Sie als Evangelisch-Reformierte auszeichnet oder auszeichnen sollte. So bleibt uns die gemeinsame Aufgabe, die Liebe zur Schrift, die Liebe zum Gotteswort und die Kenntnis dieses Gotteswortes mehr und mehr zu fördern und sie zum Angelpunkt unseres christlichen Lebens zu machen. Paulus hat es uns in der heutigen Lesung nahegelegt: «Wir danken Gott unablässig dafür, dass ihr das Wort Gottes, das ihr durch unsere Verkündigung empfangen habt, nicht als Menschenwort, sondern, was es in Wahrheit ist, als Wort Gottes angenommen habt; und jetzt ist in euch, den Gläubigen, wirksam» (1 Thess 2,13). Welchen besseren Wunsch könnten wir am Reformationssonntag aussprechen, als dass Gottes Wort in uns Gläubigen mehr und mehr wirksam werde? Wenn wir wirklich auf das Wort Gottes hören, dann sieht die Welt, wenigstens für uns, bald ganz anders aus.

Aus dem Hören folgt der Glaube, wie der Römerbrief sagt (Röm 10,17). Luther hat verdeutlicht: *sola fides,* der Glaube allein. Nur der Glaube, nicht die Werke machen gerecht; nur das vertrauensvolle Sich-Stützen auf Gott führt zum Ziel. Diese Mahnung ist heute vielleicht nötiger denn je. Die Werke, auf die wir vertrauen sind zwar nicht mehr Ablasskäufe und Wallfahrten, sondern Planung und Organisation, Psychologie, Soziologie und Kommunikationstechnik, Auf sie stützen wir uns in unserem kirchlichen «Betrieb» und merken nicht, dass bei diesen «Werken» der Glaube abhandenkommt.

Hinter der *sola fides* steht, drittens, bei Luther, und deutlicher noch bei Calvin, die Grundeinsicht, die Mitte ihrer Theologie: *sola gratia*. Auf Gottes Gnade allein kommt es an und nicht auf unsere Leistung. Das ist ein hartes Wort für uns, die wir in einer Leistungsgesellschaft leben und uns an ein Leistungschristentum gewöhnt haben. Es ist ein Wort, das unseren Blick unerbittlich und unausweichlich auf das Eine Notwendige lenkt: auf Gott und auf seine unverdiente, unverdienbare Liebe zu uns, auf Jesus Christus und auf ein Kreuz und seine Auferstehung, und auf den Heiligen Geist.

Für diese Glaubenssicht haben mir persönlich nicht zuletzt drei Autoren aus der lutherischen Tradition viel gegeben. Der Name des ersten mag erstaunen: Hegel. Er las mit einer Konsequenz, die ihm bisher keiner nachzumachen wagte, die ganze Weltgeschichte im Licht von Kreuz und Auferstehung und suchte, in der Nachfolge Luthers, im Kreuz unserer säkularisierten und atheistischen Gegenwart die Rose des göttlichen Heilsplans zu entdecken. Dass ihm dabei die Rose der Gnade zur Rose der dialektischen Vernunft verkam, ist Hegels geschichtliche Tragik.

Mein zweiter lutherischer Autor, Kierkegaard, hat Hegel deswegen zeitlebens bekämpft. An Kierkegaards Werk und an seinem Leben kann man christliche Radikalität lernen, die bis zum Martyrium geht. Wie kaum ein Zweiter bringt er uns den Glauben Abrahams nahe, die Gottessohnschaft Jesu, und dass der Weg des Christentums ein Weg des Abstiegs und nicht des Aufstiegs ist.

Von diesem christlichen Radikalisten hat mein dritter Autor gelernt: Karl Barth. Karl Barth, der mit Prophetenstimme die Theologen davor warnte, Allotria zu treiben. Karl Barth, der uns damals auf der Dachterrasse meiner römischen Universität brüderlich mahnte, das Konzil habe in seiner Weltfreude vielleicht das Weltgericht vergessen. Karl Barth, dessen radikale Christozentrik einen Massstab setzt für jedes künftige kirchliche Denken.

Mit dem Dank an diese drei Autoren möchte meine Reformationspredigt auch ein Dank sein für das viele andere, das ich als Katholik aus reformatorischem Erbe empfangen durfte.

Zum Schluss aber bin ich Ihnen noch eine Erklärung schuldig. Ich werde bei dem nun folgenden evangelischen Abendmahl zwar dabeisein, aber nicht aktiv teilnehmen. Denn in unserem katholischen Verständnis lässt sich die Feier der Eucharistie nicht von der Kircheneinheit trennen. Welche Wirkung bringt die Eucharistie hervor, fragt Thomas von Aquin, und er antwortet: die Einheit der Kirche. Für uns Katholiken besteht die Einheit der Kirche letztlich und zutiefst in nicht mehr und nicht weniger als in der Möglichkeit, gemeinsam Eucharistie zu feiern. Solange unsere beiden Kirchen, trotz aller gegenseitigen Annäherung, noch voneinander getrennt bleiben, kann ich deshalb kein Zeichen setzen, das diese Trennung leugnen würde. So ist mein Dabeisein ohne Teilnahme ein Gebet, das den Schmerz über die Trennung zum Ausdruck bringt und das Gott zugleich flehentlich um Einheit bittet. Amen.

2. Der «Ökumenebrief» von 1997

Weshalb und wie der Ökumenebrief zustande kam

Die ökumenische Zusammenarbeit mit Kirchenratspräsident Ruedi Reich war von Anfang an freundschaftlich intensiv, und wir traten bei Gottesdiensten, Vorträgen, Podiumsdiskussionen so häufig gemeinsam auf, dass man uns schliesslich als «siamesische Zwillinge» bezeichnete. Dauerhafter, aber weniger sichtbar war der Einsatz für gemeinsame ökumenische Projekte, das Flughafenpfarramt, die Bahnhofkirche, das Verhältnis Kirche-Staat. Auf die Dauer aber wird von unserer Zusammenarbeit wohl vor allem der «Ökumenebrief» in Erinnerung bleiben, den wir zum Bettag 1997 an unsere beidseitigen Kirchgemeinden versandten. Er fand viel positives Echo, aber auch einigen Widerspruch, und er wurde zum Teil anders ausgelegt, als wir das beabsichtigt hatten. Deshalb nahm ich, als ich darum gebeten wurde, gerne die Gelegenheit wahr, den Anlass und die Absicht dieses Briefes klarzustellen.

Nach aussen hin bildete der «Ökumenebrief», den ich gemeinsam mit Kirchenratspräsident Ruedi Reich am Bettag 1997 veröffentlichte, den Höhepunkt meiner ökumenischen Beziehungen als Generalvikar in Zürich. Diese standen von Anfang an unter einem guten Stern. Kaum war ich in mein Büro im Hirschengraben eingezogen, stand schon der damalige Kirchenratspräsident Ernst Meili mit einem riesigen Blumenstrauss da, um mich willkommenzuheissen. Wenige Tage später gab es ein Interview mit Hanno Helbling, seines Zeichens Kirchenpfleger am Grossmünster, den ich von Rom her kannte. Seine brennendste Frage: «Welche Altstadtkirche wollen Sie als Bischofskirche in Anspruch nehmen?» Nach meiner erstaunten Antwort: «Keine» war alles in Ordnung. Im Oktober durfte ich dann an der Amtseinführung des neuen Kirchenratspräsidenten im Grossmünster teilnehmen. Als dabei das grosse, nizänische Glaubensbekenntnis gebetet wurde, war mir klar, dass wir uns sehr nahestanden und die Zusammenarbeit leicht sein würde.

Das heisst nicht, dass keine kniffligen Probleme zu lösen waren. Vielleicht das kniffligste ergab sich, als eine ökumenische Frauengruppe die Möglichkeit einer Doppelmitgliedschaft in der reformierten und in der katholischen Kirche forderten, damit konfessionsverschiedene Ehepaare und Familien gemeinsam zum Abendmahl beziehungsweise zur Kommunion gehen dürfen. Die Forderung wies auf ein echtes und schmerzhaftes Problem hin; eine Lösung aber war auf diesem Weg nicht möglich. Mit Ruedi Reich kam ich bald überein, gestützt auf ein Gutachten aus der Zürcher Theologischen Fakultät, dass eine Doppelmitgliedschaft zumindest in katholischem Verständnis undenkbar ist. Wir mussten jedoch auf das Anliegen antworten, das die Frauen uns unterbreitet hatten, und wir beschlossen, diese Antwort in einem grösseren Rahmen zu geben, in einem gemeinsamen öffentlichen Brief über das richtige ökumenische Verhalten.

In drei Punkten waren wir uns einig, und sie waren leicht zu formulieren. Zunächst: «dass unsere Kirchen viel mehr miteinander verbindet als trennt». Durch Herkunft, Glaube und Taufe sind wir uns sehr nahe. Daraus ergibt sich, zweitens, die Forderung nach ökumenischer Zusammenarbeit, vor allem auf dem Gebiet der Diakonie und der Seelsorge: «Kooperation ist die Norm, Alleingang die Abweichung.» Auf kantonaler Ebene gibt es dafür genügend Beispiele: Aids-Seelsorge, Flughafenpfarramt, Bahnhofkirche, Kirchengesetz. Die Frage bleibt, wie weit dies auch auf Gemeindeebene verwirklicht wird.

Schliesslich war, von der Anfrage her, ein Wort zu den konfessionsverschiedenen Ehen zu sagen. Auch da waren wir uns einig: Die konfessionelle Identität der Ehegatten, aber auch ihrer Kinder muss gewahrt bleiben. «Jedes Kind muss wissen, zu welcher Konfession es gehört.» Es gibt keine dritte «ökumenische» Konfession.

Der Knackpunkt des Briefes war die Frage der eucharistischen Gastfreundschaft; denn hier geht die Lehre unserer beiden Kirchen entschieden auseinander. Die reformierte Kirchenordnung sagt, dass alle, die am Gottesdienst teilnehmen, zum Abendmahl eingeladen sind; dieses wird allerdings viel seltener gefeiert als bei den Katholiken. Für die katholische Kirche dagegen ist der Empfang der Kommunion ein ausdrückliches Bekenntnis der Zugehörigkeit zu dieser katholischen Kirche. Wie sollten wir da eine gemeinsame Formulierung für zwei so verschiedene Auffassungen finden? In einem Punkt waren wir uns einig: Man darf nicht einfach gewohnheitsmässig oder «weil alle gehen» zum Abendmahl oder zur Kommunion hintreten. Auch und gerade Zwingli kennt die Pflicht zur vorhergehenden Gewissensprüfung im Sinne von 1 Kor 11,28–31. Weil der Empfang des Abendmahls/der Kommunion in jedem Fall eine persönliche Gewissensentscheidung ist, ergab sich daraus die für beide Seiten annehmbare Formulierung: Es «soll das Gewissen jedes und jeder Einzelnen respektiert werden, damit sie nach redlicher Selbstprüfung im Sinne ihrer Konfession am Mahl teilnehmen» oder eben nicht teilnehmen.

Dass manche daraus einfach eine Erlaubnis zur eucharistischen Gastfreundschaft machten, das steht auf einem anderen Blatt. Auch wurde wohl zu wenig wahrgenommen, dass der Brief, seiner ganzen Anlage nach, das ökumenische Miteinander nicht in erster Linie in gemeinsamen Gottesdiensten sieht. Aber das grösste Manko bleibt wohl, dass die ökumenische Seelsorgestelle für konfessionsverschiedene Ehepaare, über die wir bei der Vorbereitung des Briefes gesprochen haben, immer noch nicht eingerichtet ist.

Eucharistie und Kircheneinheit. Ein Nachwort zur Witiker Osternacht und zum Ökumenebrief

In Zürich-Witikon war es seit Langem Brauch, dass die beiden Nachbarpfarreien, die evangelisch-reformierte und die katholische, die Osternach gemeinsam feierten. 1999 wurde ich eingeladen, dieser gemeinsamen Feier vorzustehen. Von der Weihe des Osterfeuers bis zur Taufwasserweihe machten wir alles gemeinsam; doch dann beharrte ich darauf, dass wir uns für die Eucharistie- bzw. Abendmahlsfeier trennten. Daraufhin erhielt ich eine Menge von Zuschriften. In der Fronleichnamsnummer des Zürcher Pfarrblatts versuchte ich, auf diese Zuschriften zu antworten.

Fronleichnam! Für viele von uns weckt dieser Tag Jugenderinnerungen: Ein schulfreier Tag, während die Mitschüler in die Schule mussten. Eine feierliche Prozession, mit Grossaufgebot an Ministranten und Erstkommunikanten, mit Weihrauch, Traghimmel und Blumenstreuen. Nur zögerlich wagten wir uns mit so viel katholischer Pracht auf die Strasse hinaus. Wenn unsere Prozessionen auch nicht so prächtig waren wie in katholischen Gegenden, war dieser Tag für uns doch so etwas wie eine katholische Demonstration: Seht, wir sind auch da!

Wir hatten nicht Unrecht. Die im Spätmittelalter als Segensumgang und Volksfest entstandene Fronleichnamsprozession wurde zur Zeit der Gegenreformation mehr und mehr zu einem Bekenntnis zur Eucharistie und zur katholischen Identität. Zusammen mit den beiden anderen katholischen Festen, Maria Himmelfahrt und Allerheiligen, war Fronleichnam bei uns jahrzehntelang ein Markenzeichen für die katholischen Unterscheidungslehren: die Verehrung der Eucharistie, der Muttergottes und der Heiligen.

Entwicklung aufeinander zu

Inzwischen hat sich die Situation grundlegend gewandelt. Wir sind als Katholiken nicht mehr Bürger zweiter Klasse. Das Fronleichnamsfest wird kaum noch als grosses katholisches Fest wahrgenommen. Und die Eucharistie ist für die meisten Gläubigen nicht mehr das, was die Kirchen trennt, sondern etwas, das sie verbindet. Warum sollen wir nicht gemeinsam das Abendmahl feiern, wenn doch «das, was uns verbindet, mehr ist als das, was uns trennt»?

Auf katholischer wie auf reformierter Seite hat sich in den letzten Jahrzehnten eine konvergierende Entwicklung angebahnt. Katholischerseits ist seit dem Konzil der Kommunionempfang bei jeder Messe zur Selbstverständlichkeit geworden, auf die Gefahr hin, dass er zur Banalität verkommt. Reformierterseits zeigt sich die Tendenz, das früher ganz seltene und für einen kleinen Kreis von Eifrigen reservierte Abendmahl zunehmend häufiger und mit grösserer Beteiligung zu feiern. Die Unterschiede verwischen sich, und viele empfinden es unnatürlich, dass bei ökumenischen Gottesdiensten nicht auch das Abendmahl gemeinsam gefeiert wird.

Die vielen Zuschriften, die ich anlässlich der Osternachtfeier in Witikon erhalten habe, beweisen es. Sie sprechen Enttäuschung, Wut oder Besorgnis aus. Dabei sind wir im gemeinsamen Feiern so weit gegangen wie nur möglich. Nach der gemeinsamen Segnung des Osterfeuers und dem Gesang des Exsultet haben wir in der reformierten Kirche gemeinsam das Osterevangelium gehört, das Taufwasser geweiht, von dem dann ein Teil in die katholische Kirche getragen wurde, und mit dem gemeinsamen Beten des Apostolischen Glaubensbekenntnisses (eine grosse und noch umstrittene Neuerung für die reformierte Zürcher Landeskirche) unser Taufversprechen erneuert. Erst für die Eucharistie- bzw. Abendmahlsfeier haben wir uns getrennt, um uns nachher wieder zum Ostertrunk zusammenzufinden.

Die Eucharistie als Sakrament der Kircheneinheit

Wer hat nun recht? Jene, die in der Eucharistie ein Kennzeichen katholischer Identität sehen, oder jene, die Abendmahl und Eucharistie am liebsten immer gemeinsam feiern würden? In gewisser Hinsicht beide. Wer gemeinsam feiern möchte, sieht zu Recht, dass die Eucharistie das Zeichen, ja die Wirklichkeit der Kircheneinheit ist. «Ist der Kelch des Segens, über den wir den Segen sprechen, nicht Teilhabe am Blut Christi? Ist das Brot, das wir brechen, nicht Teilhabe am Leib Christi? Ein Brot ist es. Darum sind wir viele ein Leib; denn wir alle haben teil an dem einen Brot», so schreibt Paulus schon im Jahr 57 an die Korinther (1 Kor 10,16–17), übrigens die älteste Erwähnung der Eucharistie, die wir kennen. Das, was das Altarssakrament unsichtbar, aber nicht weniger wirklich bewirkt, ist die Einheit der Kirche, so lehrt es auch Thomas von Aquin, der die Hymnen zum Fronleichnamsfest gedichtet hat. Und das II. Vatikanische Konzil stimmt ihm zu: «Sooft das Kreuzesopfer, in dem Christus, unser Opferlamm dahingegeben wurde (1 Kor 5,7), auf dem Altar gefeiert wird, vollzieht sich das Werk unserer Erlösung. Zugleich wird durch das Sakrament des eucharistischen Brotes die Einheit der Gläubigen, die einen Leib in Christus bilden, dargestellt und verwirklicht (1 Kor 10,17)» (LG Nr. 3).

Die kirchentrennende Eucharistie

Gerade da beginnt nun tragischerweise auch die Trennung. Schon das Wort vom Kreuzesopfer auf dem Altar ist für protestantische Ohren ein Ärgernis. Und zudem verstehen die Katholiken, zusammen mit den Orthodoxen, die Gegenwart Christi im Sakrament, die den Anlass zum Fronleichnamsfest gegeben hat, und die kircheneinigende Wirkung des Sakraments in einem realistischen, seinsmässigen Sinn, der den Reformierten fremd ist. Umgekehrt können wir Katholiken nicht verstehen, wie leichtfertig bei und nach dem Abendmahl mit Brot und Wein bzw. dem Traubensaft umgegangen wird, so als ob sie nicht mehr als einen Symbolwert hätten, und wie die *Kirchenordnung* festlegen konnte, dass alle zum Abendmahl geladen sind, die am Gottesdienst teilnehmen, folglich möglicherweise auch Ungetaufte und Andersgläubige.

Tatsächlich hat sich schon zur Reformationszeit der Streit zwischen Luther und Zwingli am Verständnis des Abendmahls entzündet. Es hat Jahrhunderte der Trennung und Jahrzehnte geduldigen Dialogs gebraucht, bis 1973 mit der *Leuenberger Konkordie* die Abendmahlsgemeinschaft wenigstens unter den aus der Reformation hervorgegangenen Kirchen wieder möglich wurde. 1982 hat dann das so genannte *Lima-Papier* über Taufe, Eucharistie und Amt dieses gemeinsame Verständnis auf alle im

Weltkirchenrat vertretenen Gemeinschaften auszudehnen versucht. Der Dialog ist noch lange nicht abgeschlossen. Wie schon das II. Vatikanische Konzil gerade gegenüber den Kirchen der Reformation betont hat: «Deshalb sind die Lehre vom Abendmahl des Herrn, von den übrigen Sakramenten, von der Liturgie und von den Dienstämtern der Kirche notwendig Gegenstand des Dialogs» (UR Nr. 22).

Es gibt keine billige Ökumene

Dietrich Bonhoeffer, ein grosser lutherischer Theologe, hat das oft zitierte Wort geprägt: «Es gibt keine billige Gnade». Mit ebenso viel Recht wäre zu sagen: Es gibt keine billige Ökumene. Kircheneinheit lässt sich nicht einfach herbeiführen. Sie muss erbetet, erlitten und erduldet werden. Sie wird ein Geschenk Gottes sein, und gerade deshalb verlangt sie unser geduldiges und gehorsames Mitwirken. Manche werden sagen: Warum nehmen wir die Einheit nicht einfach voraus und feiern gemeinsam das Abendmahl? Eine gemeinsame Feier wäre jedoch ein falsches Zeichen, ein Vorspiegeln falscher Tatsachen. Wir würden so tun, als ob unsere Kirchen nicht mehr getrennt wären, und vergässen dabei unsere Aufgabe, an der Einheit zu arbeiten. Denn Kircheneinheit besagt viel mehr als nur ein freundschaftliches Miteinander-Auskommen; sie ist, bei aller verschiedenen Ausprägung, volle Übereinstimmung in allen wesentlichen Wahrheiten, und das nicht nur auf dem kleinsten gemeinsamen Nenner. So sehr wir uns praktisch immer näher kommen (was der Ökumenebrief befördern wollte), sind wir noch weit von dieser Glaubenseinheit entfernt. Die gegenwärtige Diskussion um das Apostolische Glaubensbekenntnis auf reformierter Seite ist nur ein Zeichen dafür, ebenso die Unmöglichkeit, in der Evangelisch/Römisch-katholischen Gesprächskommission der Schweiz (ERGK) eine Einigung in der Frage der eucharistischen Gastfreundschaft zu finden.

Das getrennte Feiern ist schmerzlich. In der Witiker Osternacht haben wohl alle diesen Schmerz gespürt. Es ist gut, dass wir den Schmerz spüren. Er hindert uns einzuschlafen. Er hilft uns einzusehen, dass noch ein langer Weg vor uns liegt, und er spornt uns an, diesen Weg zu gehen. Wenn wir eines Tages sagen können: Wir haben das gleiche Eucharistie- und Amtsverständnis, wir teilen auch in allen anderen wichtigen Punkten den gleichen Glauben, wir leben in einer Kirchengemeinschaft, wo wir alles gemeinsam haben und alles miteinander teilen, sogar die Kirchensteuern, dann kommt auch der Tag, wo wir miteinander die Eucharistie feiern können.

Eucharistische Gastfreundschaft?

Am Ende des Ökumenebriefs steht ein Wort zur eucharistischen Gastfreundschaft. Damit ist nicht das gemeinsame Feiern gemeint, sondern die Teilnahme Einzelner an der Eucharistie- bzw. der Abendmahlsfeier der anderen Konfession. Für die Reformierten ist diese Teilnahme problemlos, weil «Christus alle zum Mahl einlädt», woraus sich die für uns befremdliche Bestimmung der Kirchenordnung ergibt. Für die Katholiken und verschärft für die Orthodoxen stellt sich dagegen ein Problem. Der Empfang der Kommunion ist für uns immer auch ein Glaubensbekenntnis und damit das Bekenntnis unserer Zugehörigkeit zu eben dieser kirchlichen Gemeinschaft.

So wird auch die Zurückhaltung der Schweizer Bischöfe in ihrer Erklärung von 1986 verständlich. Sie sehen zwar unter gewissen Bedingungen die Möglichkeit, dass einzelne reformierte Gläubige die Kommunion empfangen, schliessen jedoch den Empfang des Abendmahls durch Katholiken kategorisch aus. Auch die gemeinsame Evangelisch/Römisch-katholische Gesprächskommission der Schweiz kam bisher zu keiner Einigung in dieser Frage. Am ehesten wäre eine Gastfreundschaft wohl für die konfessionell gemischten Ehen möglich, weil sie Tag für Tag das Einvernehmen mit der anderen Konfession leben.

3. Ablasspredigt in der Luther-Kirche

Bei der Vorbereitung des Jubiläumsjahres 2000 war nicht selten auch vom Jubiläumsablass die Rede, der in diesem Jahr den

Rompilgern gewährt werden sollte. Das war natürlich für unsere evangelischen Glaubensbrüder, auch für nicht wenige Katholiken, ein grosser Stein des Anstosses; denn die Reformation hat sich gerade am Ablasshandel entzündet. Um die Frage ökumenisch zu klären, hat mich der Pfarrer der Zürcher Martin-Luther-Kirche, Thomas Fischer, eingeladen, am 17. Sonntag nach Trinitatis (15. Oktober) 2000 seinen Gläubigen eine Predigt über unser katholisches Ablassverständnis zu halten. Sie gelang offenbar gut genug, dass ich etwas später auch zu einem Pfarreigespräch über die Gemeinsame Erklärung zur Rechtfertigungslehre eingeladen wurde. Dort musste ich erstaunt feststellen, dass viele Gemeindemitglieder diesen «articulus stantis et cadentis Ecclesiae», diese Glaubenswahrheit, mit der die Kirche steht oder fällt, überhaupt nicht kannten.

Liebe Brüder und Schwestern!

Herr Pfarrer Thomas Fischer hat mich eingeladen, Ihnen heute, gegen Ende des Jubiläumsjahres und kurz vor dem Jahrestag des Thesenanschlags Luthers, eine Predigt über den Ablass zu halten. Dieser Einladung komme ich sehr gerne nach. Die heutige Predigt wird nämlich erst die zweite Predigt über den Ablass sein, die ich in meinen mehr als vierzig Priesterjahren gehalten habe.

Meine erste und bisher einzige Ablasspredigt war die allererste Predigt, die ich als neugeweihter Priester gehalten habe. Ende Juli war ich zum Priester geweiht worden, und am ersten Augustsonntag sollte ich in einer kleinen Vorarlberger Gemeinde meine erste Gemeindepredigt halten. An jenem Sonntag konnte man den damals sehr beliebten Portiunkula-Ablass gewinnen, und als Sonntagsevangelium wurde das Gleichnis vom Pharisäer und vom Zöllner gelesen. So hatte ich eine nachdrückliche Predigt gegen die Selbstgerechtigkeit vorgesehen, und als Beispiel für die pharisäische Selbstgerechtigkeit wollte ich auf die Leute hinweisen, die sich etwas darauf zugutehielten, dass sie einen Ablass gewannen.

Als ich aber am Samstagnachmittag die Beichte hörte, was auch meine erste Beichterfahrung war, da fiel mir auf, dass ungewöhnlich viele Menschen zur Beichte kamen, auch solche, die schon seit Monaten, ja seit Jahren nicht mehr gebeichtet hatten. Sie kamen offensichtlich zur Beichte, um den Portiunkula-Ablass gewinnen zu können. In dieser Situation wäre es unklug und vom Standpunkt der Seelsorge aus unverantwortlich gewesen, vom Ablass geringschätzig zu predigen, da er doch so viele Menschen dazu brachte, sich an ihre Sünden zu erinnern und dafür Busse zu tun.

Ich musste also meine vorbereitete Predigt ändern. Was ich dann genau sagte, weiss ich nicht mehr. Nur an das eine erinnere ich mich: der Ablass rutschte jetzt von der Seite des Pharisäers auf die Seite des Zöllners. Da gehört er ja auch hin. Denn wer einen Ablass gewinnen will, anerkennt eben damit, dass er oder sie ein Sünder ist und Gottes Barmherzigkeit braucht; wer sich dessen bewusst ist, bemüht sich um Reue und Umkehr und bittet um Vergebung seiner Sünden.

Wer einen Ablass gewinnen will, ist wie die kananäische Frau im heutigen Sonntagsevangelium (Mt 15,21–28). Sie läuft Jesus nach, sie schreit und bestürmt ihn; sie braucht seine Hilfe. Sie braucht seine Hilfe für ihre Tochter, für ihr eigenes Fleisch und Blut, die sich in einem Heil-losen Zustand befindet. In diesem Zustand glaubt die Frau, mit unerschütterlichem Glauben, dass Jesus ihrer Tochter Heil und Heilung schenken kann. Die Frau bettelt, theologisch gesprochen, um die Gnade.

Nicht anders ist es mit dem Ablass: Er bringt uns zum Bewusstsein, dass wir Sünder sind und vor Gott in Schuld stehen. Darum bringt er uns auch dazu, dass wir Gott um seine Gnade anflehen. Wir tun das zunächst nicht im Ablass, sondern im Busssakrament. Nur im Busssakrament können Sünden vergeben werden, und ohne vorhergehende Sündenvergebung gibt es keinen Ablass. Luther hat das in seiner 76. Ablassthese ganz richtig gesehen, «dass der päpstliche Ablass auch nicht die geringste lässliche Sünde wegnehmen kann, was deren Schuld betrifft».

Das ist das zweite, was uns Katholiken den Ablass wertvoll macht: Der Ablass setzt den Empfang des Bussakraments voraus, des Bussakraments, das wiederum, wie Luther sagt, nur eine bussfertige Erneuerung der Taufe ist. Wer einen Ablass gewinnen will, muss darum zuerst Busse tun, er oder sie sich um Reue und Umkehr bemühen und durch die priesterliche Lossprechung von Gott die Versöhnung zugesprochen erhalten. Erst dann kann man sich ans Ablasswerk machen. Das hat mir meine damalige Beichterfahrung deutlich gemacht: die Verknüpfung von Ablass und Bereitschaft zur Versöhnung.

Bereitschaft zur Versöhnung zu wecken ist auch das Motiv, das den Papst zur Ausrufung eines Jubeljahres und des damit verbundenen Jubiläumsablasses bewegt hat. Jedes Heilige Jahr, sagt er, soll «ein Jahr der Umkehr, der Busse und der Versöhnung» sein. Es kann jedoch kein Jubeljahr ohne einen Jubiläumsablass geben; denn im Ablass besteht das eigentliche Wesen eines Jubeljahres. Im Jahr 1300 hat Bonifaz VIII. erstmals einen Jubiläumsablass verkündet. Er wollte damit den Ansturm der von einer eschatologischen Botschaft aufgewühlten Volksmassen nach Rom einigermassen auffangen und ihm Sinn und Richtung geben. Seither sind die Jubeljahre, und damit auch die Jubiläumsablässe, zu einer regelmässigen kirchlichen Einrichtung geworden.

Diese kirchlichen Jubeljahre sind den alttestamentlichen Jobeljahren (oder Halljahren) nachgebildet: Alle fünfzig Jahre sollte man in Israel ein Halljahr feiern, ein Jahr des Schuldenerlasses, ein Jahr, in dem jeder veräusserte Landbesitz seinen früheren Besitzern zurückgegeben wurde und in dem alle Sklaven ihre Freiheit wiedererlangten. Ob solche Halljahre in Israel je gefeiert wurden, ist zumindest umstritten. Sicher aber ist, dass der katholische Jubiläumsablass vor allem den Sinn hat, den Geist des Halljahres in unserer Zeit wieder aufleben zu lassen: Versöhnung und Umkehr, Befreiung aus der Knechtschaft der Sünde und Schuldenerlass, dieses Jahr ganz konkret mit der kirchlichen Forderung nach einem Schuldenerlass für die meistverschuldeten Länder der Dritten Welt.

Heute ist darum der Jubiläumsablass fast nur noch ein Aufhänger für die anderen Themen des Jubeljahres, im Jahr 2000 besonders für die Erinnerung an die Menschwerdung Gottes. Ja, ich möchte vermuten, dass die meisten Pilger, die heuer nach Rom oder zu den anderen Wallfahrtsorten kommen, kaum oder überhaupt nicht mehr an den Ablass denken. Sie kommen aus anderen Motiven, und sie feiern das Jubiläum, die 2000 Jahre nach Christi Geburt, mit ganz anderen Gottesdiensten. Der Ablass steht heute bestenfalls noch ganz am Rand unseres kirchlichen Bewusstseins und unserer kirchlichen Praxis.

Da muss ich Ihnen noch eine andere Begebenheit erzählen, die ich erst letzte Woche erlebt habe. Wir sprachen mit einer älteren Dame, die vor wenigen Monaten ihren geliebten Mann verloren hat und die immer noch voll Liebe an ihm hängt. Sie war beunruhigt, weil ihr eine offenbar nicht sehr erleuchtete Klosterfrau gesagt hat, ihr Mann müsse im Jenseits viel leiden, bevor er zur Anschauung Gottes gelangen könne. Da fragte sie der Dritte, der an unserem Gespräch beteiligt war, ein Laienkatechet: «Hast Du denn noch nie daran gedacht, für deinen Mann einen Jubiläumsablass zu gewinnen?» «Doch, antwortete Sie, ich habe mich schon mehr als einmal um diesen Ablass bemüht», und sie schien etwas beruhigter zu sein.

Die Frau stammte aus Sizilien, und ich fühlte mich in die Tage Luthers zurückversetzt. Da war sie wieder, die Frage, die Frage, die uns Nordeuropäer heute kaum mehr interessiert, die aber zu anderen Zeiten und für andere Völker brennend bleibt: die Frage nach dem gnädigen Gott, die Frage nach dem ewigen Heil. Diese Frage betrifft nicht so sehr die Sünden selbst als vielmehr die leidvollen Folgen der Sünde, die sogenannten Sündenstrafen. Und auf diese Frage gibt nun der Ablass gerade die richtige Antwort.

Der Ablass betrifft ja nicht die Sündenvergebung selbst. Wir haben gehört, dass ein Ablass erst gewonnen werden kann, wenn die Sündenschuld vergeben ist. Der Ablass betrifft nur die leidvollen Folgen der Sünden, die sogenannten Sündenstrafen. Diese Strafen können, so glauben wir Katholiken, zusammen mit dem Makkabäerbuch (2 Makk 12,43–45), ganz oder teilweise erlassen werden aufgrund der Fürbitte anderer, die für die Leidenden eintreten. Gerade so erweist sich im Ablass die Barmherzigkeit Gottes, der sich der Schwäche des Menschen annimmt und der auch noch das kleinste Zeichen gläubigen Vertrauens hoch anrechnet.

Kehren wir nochmals zur Geschichte der kananäischen Frau zurück. Sie läuft hinter Jesus her, sie braucht seine Hilfe. Sie braucht seine Hilfe nicht, damit ihr die Sünden vergeben werden; sie braucht seine Hilfe in einem Leid, dass ihrer Tochter und damit ihr selbst widerfahren ist. Jesus achtet nicht auf sie; denn es gibt für ihn ein scheinbar unüberwindliches Hindernis: Jesus ist nur zu den Kindern Israels gesandt und nicht zu den Kananäern, zu den Heiden. Da aber kommen Drittpersonen ins Spiel: die Jünger Jesu. Durch ihre Fürbitte helfen sie, das Hindernis zu überwinden. Sie bitten Jesus, er möge doch stehen bleiben und sich der Frau zuwenden. Erst dank dieser Fürbitte bekommt die Frau die Möglichkeit, ihr Anliegen Jesus vorzutragen und ihn mit ihrem unerschütterlichen Glauben zur Hilfe zu bewegen. Sie nimmt dabei ihre «Sündenstrafe», ihre «Exkommunikation», dass sie nicht zum jüdischen Volk gehört, demütig auf sich: das harte Worte von den Hunden, das heute vom Antirassismusgesetz geahndet würde. Und doch zweifelt sie keinen Augenblick an der Güte Gottes, die alle Hindernisse überwinden kann: denn «auch die Hündlein zehren ja von den Brosamen, die vom Tisch des Herren fallen». So erhält die Frau, was sie erbittet; ihr Glaube hat ihr geholfen.

Dass der Glaube sogar die von Gott in seinem Heilsplan gesetzten Grenzen überwinden kann, Grenzen, die letztlich immer eine Folge der Sünde sind, das hat uns heute auch Paulus in der Lesung aus dem Römerbrief gesagt: «Die Schrift sagt ja: Jeder, der an ihn glaubt, wird nicht zuschanden werden. Denn es ist kein Unterschied zwischen Jude und Grieche; denn einer und derselbe ist Herr über alle, der reich ist für alle die ihn anrufen. Denn: Jeder, der den Namen des Herrn anruft, wird gerettet werden» (Röm 10,11–13).

Zweierlei ist da gesagt: Der Glaube überwindet zwar alle Grenzen, und doch genügt der Glaube allein nicht; es muss ein Glaube sein, der sich äussert, der sich ins Werk setzt: Man muss, um gerettet zu werden, den Herrn auch anrufen, genauso, wie es die kananäische Frau getan hat. Oder, mit den Worten unserer Lesung: «Wenn du mit deinem Munde Jesus als den Herrn bekennst und mit dem Herzen glaubst, dass Gott ihn von den Toten auferweckt hat, wirst du gerettet werden» (Röm 10,9).

Damit aber stehen wir mitten auf dem Streitfeld zwischen Luther und den Katholiken. Heute dürfen wir wohl sagen, dass es in diesem Streit mehr um Akzentsetzungen als um kirchentrennende Unterschiede geht, wie auch die gemeinsame Erklärung über die Rechtfertigung zeigt. Es geht, auf beiden Seiten, darum, dass sich der Glaube ins Werk umsetzen muss. «In Jesus Christus vermag weder Beschneidung noch Vorhaut etwas», sagt Paulus an anderer Stelle, «sondern nur Glaube, der sich durch Liebe wirksam erweist» (Gal 5,6). So bekennen unsere beiden Kirchen einmütig: «Es gibt keine billige Gnade». Auch die ungeschuldetste, aus Gottes reinster Barmherzigkeit geschenkte Gnade erfordert immer noch eine Anstrengung seitens des Menschen. Luther ist da noch strenger als die Katholiken, wenn er gleich zu Anfang seiner Ablassthesen schreibt: «Da unser Herr und Meister Jesus Christus spricht: ‹Tut Busse› usw., hat er gewollt, dass das ganze Leben der Gläubigen Busse sein soll.» Und dann wieder als Schlussthese: «Man soll die Christen ermutigen, dass sie ihrem Haupt Christus durch Strafen, Tod und Hölle nachzufolgen trachten und dass sie lieber darauf trauen, durch viel Trübsal ins Himmelreich einzugehen, als sich in falscher Sicherheit zu beruhigen.»

Das war es ja gerade, was Luther den Ablasspredigern seiner Zeit vorwarf: dass sie die Gnade zu billig machten und den Eingang ins Himmelreich zu einfach. Mit diesem Vorwurf hatte er zu seiner Zeit keineswegs Unrecht, jedenfalls so wie die Ablasspredigt vom Volk aufgefasst wurde und kaum anders aufgefasst werden konnte, weil es damals in erster Linie um kirchliche Finanzinteressen ging.

Heute, das dürfen wir wohl sagen, sind diese Missbräuche und Missverständnisse abgeschafft. Und doch sehe ich noch immer einen Unterschied zwischen der Auffassung Luthers und der katholischen Gnadenlehre mit ihrem Verständnis des Ablasses. Denn es ging und geht katholischerseits tatsächlich darum, den Menschen den Eingang ins Himmelreich leichter zu machen.

Das erhellt einerseits die Geschichte des Ablasses. Luther war sich noch klar bewusst, dass der Ablass aus der altkirchlichen Busspraxis hervorgegangen ist. Er schreibt in seiner 12. These: «Früher wurden die kirchlichen Bussstrafen nicht nach, sondern vor der Absolution auferlegt, gleichsam als Prüfstein für die Aufrichtigkeit der Reue.» In der alten Kirche musste ein Sünder, der eine schwere Sünde begangen hatte, vor der kirchlichen Lossprechung und bevor er wieder zur Abendmahlsgemeinschaft zugelassen wurde, lange Zeit Busse tun, mindestens eine Fastenzeit lang, oft aber auch über Jahre hinweg. Es war eine grosse Erleichterung, als gegen Ende des ersten Jahrtausends erlaubt wurde, die entsprechenden Busswerke, beispielsweise eine Pilgerfahrt nach Rom oder nach Jerusalem, erst nach der kirchlichen Lossprechung zu verrichten; und es war nochmals eine Erleichterung, als die Päpste erklärten, jede Pilgerfahrt nach Rom oder nach Jerusalem und jede Teilnahme an einem Kreuzzug könne alle anderen geschuldeten Busswerke ersetzen. Damit war der Ablass geboren. Und es war schliesslich eine dritte, schrittweise Erleichterung, als der Ablass immer billiger zu haben war: durch eine fromme Geldspende oder gar nur durch das Verrichten einiger Gebete. Der Ablass, könnten wir sagen, ist ein immer weitergehendes Entgegenkommen gegenüber der Schwäche des Menschen; er ist ein kirchlich handgreiflicher Beweis der zuvorkommenden Gnade Gottes und seiner grenzenlosen Barmherzigkeit.

Und doch müssen wir auch das andere berücksichtigen. Die Kirche blieb sich stets bewusst, dass die Gnade nicht billig sein kann. Dass sie dennoch so viele Busswerke erlassen konnte, war ihr nur dadurch möglich, dass andere, Jesus Christus selbst und mit ihm die Heiligen, diese Busswerke stellvertretend auf sich genommen hatten. Heute würden wir, anstelle dieses quantitativen Aufrechnens von Busswerken, lieber von der Fürbitte Jesu und der Heiligen sprechen, so wie die Jünger im heutigen Evangelium für die kananäische Frau Fürbitte geleistet haben. Was unserem eigenen Bemühen abgeht, weil unser eigenes Bemühen immer ganz und gar ungenügend ist, obwohl im katholischen Verständnis, das Bemühen eines Getauften, eines in Christus Hineingeborenen vor Gott nie ganz wertlos sein kann. Was also unserem eigenen Bemühen fehlt, das kann durch die Fürbitte anderer wettgemacht werden. Das ist der Grundgedanke des Ablasses.

Folglich steht hinter unserem katholischen Verständnis des Ablasses eine dreifache Glaubensüberzeugung: Die Überzeugung von der unendlichen Barmherzigkeit Gottes, die immer noch grösser ist als alle unsere Schwächen. Sodann die Überzeugung, dass wir in der Gemeinschaft der Heiligen, wie wir sie im Apostolischen Glaubensbekenntnis bekennen, eine fürbittende Hilfe haben, die ausgleicht und ergänzt, was wir allein nicht vermögen. Und schliesslich, drittens, die Überzeugung, dass unter diesen beiden Voraussetzungen auch unser eigenes Tun und Wollen nicht ganz nutzlos sein kann für unser Heil. Genauso wie das Tun der kananäischen Frau, die mit ihrem Nachlaufen, ihrem Schreien und ihrer demütigen Antwort ihren unerschütterlichen Glauben an Jesus ausgedrückt und ins Werk gesetzt hat: «Frau, dein Glaube ist gross, dir geschehe wie du willst!»

Liebe Brüder und Schwestern! Der Ablass gehört zwar keineswegs zur Mitte und zu den Hauptpunkten unseres katholischen Glaubens und unserer kirchlichen Praxis; er steht eher ganz am Rand. Das zeigt sich schon im Konzil von Trient, wo ein Dekret über den Ablass erst als allerletztes Dekret, unmittelbar vor Schluss des Konzils, verabschiedet wurde und in dem das Konzil über den Ablass nichts Besseres zu sagen wusste, als dass man nicht behaupten dürfe, Ablässe seien unnütz oder es stehe nicht in der Macht der Kirche, Ablässe zu gewähren, und vor allem, dass, um Missbräuche zu vermeiden, alle unrechten Sammelaktionen für die Gewinnung von Ablässen abzuschaffen seien.

Und doch wäre es aus meiner Sicht schade, wenn die Geschichte des Ablasses und die Möglichkeit der Gewinnung von Ablässen ganz aus dem katholischen Glaubenshorizont verschwinden würden. Denn dahinter steht ein tiefes Bewusstsein von der göttlichen Barmherzigkeit und, wie Kirchenväter sagten, von der göttlichen «Philanthropie», seiner Menschenliebe, die uns Menschen so nimmt, wie wir sind, eben als Menschen. In diesem heilsökonomischen Sinn muss das katholische Ablassverständnis durchaus nicht kirchentrennend sein. Amen.

4. Die grössere Ökumene

Die christlichen Ostkirchen

Der ökumenische Alltag in Zürich bezog und bezieht sich vor allem auf die beiden grossen, staatlich anerkannten Kirchen, zu denen bei Gelegenheit auch noch die dritte, die christkatholische Kirche hinzutritt. Und doch reicht das ökumenische Spektrum, auch in Zürich, wesentlich weiter: Es umfasst auch die orthodoxen und die altorientalischen Kirchen. Die Ersteren sind auch in der Arbeitsgemeinschaft Christlicher Kirchen im Kanton Zürich (AGCKZ) vertreten und besitzen in der Stadt teils prächtige Kirchen. Mit einigen ihrer Geistlichen war ich auch freundschaftlich verbunden.

Die Altorientalen dagegen feiern ihre Gottesdienste zum Teil in unseren katholischen Kirchen, und sie haben sich, zusammen mit den Orthodoxen ihren eigenen Feiertag ausgesucht: Als sie nämlich erkannten, dass die Stadtpatrone Felix und Regula als Thebäer Ägypter und Kopten sein mussten, machten sie deren Feiertag, den 11. September, auf den sowohl das koptische Märtyrerfest wie das abessinische Neujahrsfest fallen, zu ihrem grossen Festtag: mit einer feierlichen Ikonenprozession vom Fraumünster zum Grossmünster, wo sie eine gemeinsame Vesper und dann mit Trommeln und Tanz das Neujahrsfest feiern. Eine in der ganzen Welt wohl einzigartige panorthodoxe und zugleich panorientalische ökumenische Feier.

Dieses Kirchenerleben hat sich bei mir kaum schriftlich niedergeschlagen, obwohl ich lange Jahre auch Präsident der «Catholica Unio Schweiz» war, einem Hilfswerk für die mit Rom verbundenen Ostkirchen, das ganz allgemein das Verständnis für den christlichen Osten fördern soll. Ich habe es bei meinem Amtsantritt so vorgestellt:

Ökumene wird heute grossgeschrieben. Die Pfarrgemeinden bemühen sich um gute Nachbarschaft mit ihren reformierten Schwesterngemeinden. Ökumenische Gottesdienste werden regelmässig gefeiert, und viele nehmen daran teil. Diakonische Werke werden in aller Regel gemeinsam geplant, finanziert und ausgeführt.

All dies ist gut und lobenswert, und es stellt einen grossen christlichen Fortschritt dar gegenüber den früheren konfessionellen Grabenkämpfen. Wir nähern uns so der Erfüllung des Abschiedsgebetes Jesu: «Dass alle eins seien», manchmal auch auf Abkürzungen, die sich früher oder später als Holzwege erweisen werden. Doch bei all diesem ökumenischen Eifer dürfen wir nicht vergessen, dass wir hier in der Schweiz weitgehend nur eine verkürzte Ökumene pflegen. Wir haben vor allem die Einheit zwischen der katholischen Kirche und den Kirchen aus der Reformation im Auge, die selbst wieder untereinander verschieden sind und ihre Einheit suchen müssen. Wir vergessen dabei, dass es einen dritten Partner gibt, der für uns Katholiken mindestens ebenso wichtig ist: die Kirchen des christlichen Ostens, die altorientalischen Kirchen und die Orthodoxie.

Diese uns zunächst fremd erscheinenden Kirchen stehen uns kirchlich viel näher als die Kirchen der Reformation. Sie haben die gleichen Sakramente wie wir und die gleiche bischöfliche Struktur. Es sind unsere Schwesterkirchen im strengen theologischen Sinn dieses Wortes. Manches an ihren Ausdrucksformen mag uns zunächst befremden: ihre Liturgie, ihre Spiritualität, ihre Ikonen. Doch gerade das Beispiel der Ikonen zeigt, wie diese Ausdrucksformen eine überkonfessionelle Anziehungskraft ausüben können. Und vor allem: Es gibt christliche Ostkirchen, die mit der römisch-katholischen Kirche in voller Kircheneinheit stehen. Sie leben in Einheit mit uns nach ihrer je eigenen Tradition. Sie feiern die gleiche Liturgie wie die von uns noch getrennten Ostkirchen, sie haben sogar ein ähnliches Kirchenrecht wie diese. Ihr Beispiel zeigt, dass Kircheneinheit keineswegs Einförmigkeit bedeuten muss. Sie sind ein Modellfall für eine künftige kirchliche Einheit in bleibender grosser Verschiedenheit.

Diese katholischen Ostkirchen verdienen deshalb unsere besondere Förderung. Die *Catholica Unio,* das Schweizerische katholische Ostkirchenwerk, bemüht sich nicht nur, das Verständnis für die Kirchen des Ostens zu fördern und zu wecken. Sie unterstützt, mit bescheidenen Mitteln, manche dieser Kirchen auch materiell, zumal diese ihren Glauben oft in politisch und finanziell schwierigen Situationen leben und bewahren müssen. Mit der Unterstützung der *Catholica Unio* leisten wir einen wichtigen Beitrag zur Förderung der Ökumene.

Das Judentum

Zur grösseren Ökumene gehört auch das Judentum, das in Zürich mit seinen drei Glaubensrichtungen gut vertreten ist. Das II. Vatikanische Konzil hat es zwar, aus politischen Gründen, unter die nichtchristlichen Religionen eingereiht; doch zu den Juden stehen wir in einem ganz anderen und engeren Verhältnis als zu jeder anderen Religion. Sie sind unsere Vorfahren und Geschwister, und wir können das Verhältnis zu ihnen mit gutem Recht ökumenisch nennen.

Schon in Rom hatte ich einige Erfahrung mit jüdischem Leben machen können. Ich begleitete eine der Neokatechumenalen Gemeinschaften, die unter anderem jüdische Lebenserfahrungen christlich umzusetzen suchen, und ich war auch Gast bei einer jüdischen Familie zum Sabbatmahl. In Zürich ergaben sich leider nur wenige ökumenische Begegnungen, bei einigen Gedenkfeiern und bei der Eröffnung der renovierten Synagoge, des Zürcher Lehrhauses und einer Ausstellung über jüdisch Leben. Nach meiner Zeit als Generalvikar durfte ich dann für einige Jahre im Stiftungsrat des Lehrhauses Einsitz nehmen. Damals wurde klar, dass sich der Dialog Judentum-Christentum in einen Trialog Judentum-Christentum-Islam wandeln musste.

Zur Eröffnung des Zürcher Lehrhauses

«Du sollst Vater und Mutter ehren, auf dass es dir wohlergehe und du lange lebest auf Erden», so habe ich als Kind im Katechismus gelernt. Es ist ein Wort aus der Tora, das für uns Christen genauso verpflichtend ist wie für das Volk Israel, zu dem es gesprochen wurde. «Vater und Mutter», die zu ehren sind, das sind nicht nur unsere leiblichen Vorfahren, sondern ebenso auch die geistigen. Als Christen können wir nie vergessen, dass «die Schrift» und «die Väter», wie Paulus im Römerbrief sagt (Röm 9,5), auch für uns die Schrift und die Väter sind. Wir können nur Christen sein, wenn wir sie kennen, ehren und lieben, und

das heisst selbstverständlich auch: uns mit ihnen auseinandersetzen. Darum bin ich als katholischer Bischof in Zürich hocherfreut, das nun auch in unserer Stadt ein jüdisch-christliches Lehrhaus besteht. Und ich danke allen, auch im Namen der Römisch-katholischen Zentralkommission, die zur Gründung dieses Zürcher Lehrhauses beigetragen haben. Es wird Kenntnis, Ehrfurcht und Liebe zur Schrift und zu den Vätern aus jüdischem Verständnis und aus jüdischer Tradition vermitteln. So wird es, hoffe ich, zum Ansporn und zur Hilfe für den unabdingbaren jüdisch-christlichen Dialog.

Unabdingbar ist dieser Dialog für uns Katholiken aus der Natur der Sache und aus unserem gläubigen Selbstverständnis; er ist uns zudem vom II. Vatikanischen Konzil ausdrücklich zur Aufgabe gemacht worden. Ich denke da nicht nur an die Konzilserklärung *Nostra aetate,* wo es heisst: «Deshalb kann die Kirche auch nicht vergessen, dass sie durch jenes Volk, mit dem Gott aus unsagbarem Erbarmen den Alten Bund geschlossen hat, die Offenbarung des Alten Testaments empfing und genährt wird von der Wurzel des guten Ölbaums, in den die Heiden als wilde Schösslinge eingepflanzt sind (vgl. Röm 11,17–20). Denn die Kirche glaubt, das Christus, unser Friede, Juden und Heiden durch das Kreuz versöhnt und beide in sich vereinigt hat (vgl. Eph 2,14–16).» Dann heisst es weiter, und damit ist das Zürcher Lehrhaus sozusagen vorgezeichnet: «Da also das Christen und Juden gemeinsame geistliche Erbe so reich ist, will die Heilige

Synode die gegenseitige Kenntnis und Achtung fördern, die vor allem die Frucht biblischer und theologischer Studien sowie des brüderlichen Gespräches ist» (NA Nr. 4).

Der Bezug der Kirche zum Judentum wird jedoch vom Konzil noch viel grundlegender ausgesagt, wenn es die Kirche in erster Linie als das «Volk Gottes» bezeichnet (LG). Mit diesem biblischen Ausdruck (1 Petr 2,1) wird die Kirche in direkte Nachfolge zum Volk Israel gesetzt.

Leider hat diese Nachfolge im Lauf der Geschichte auch zu Konkurrenz geführt, die in blutige Verfolgungen ausarten konnte. Heute schämen wir uns dessen und bitten Israel, unseren älteren Bruder, um geschwisterliche Vergebung. Es kommt jetzt darauf an, das Konkurrenzverhältnis in gläubiges Verstehen umzuwandeln. In gläubiges Verstehen sage ich, nicht nur in menschliche Toleranz. Im Glauben müssen wir Christen anerkennen, dass das Bestehen des Volkes Israel durch so viele Jahrhunderte und Verfolgungen hindurch, mehr als je ein anderes Volk, für uns ein Geheimnis darstellt, dessen verborgenen Sinn es zu ergründen gilt und das an uns theologische Anfragen stellt. Wir werden wieder und wieder die erleuchteten Kapitel 9–11 aus dem Römerbrief meditieren müssen, so wie auch vieles andere, das in unserem Neuen Testament steht. Ich hoffe, dass das Lehrhaus uns auch dabei behilflich sein wird.

Die Meditation über das Verhältnis Judentum-Christentum kann nur ökumenisch geschehen; denn sie ist für alle christlichen Konfessionen gleich grundlegend. Aber jede Konfession hat nach ihrer eigenen Tradition eigene Gesichtspunkte in diese Meditation einzubringen, die sie bereichern und vertiefen. Wenn ich nur an das denke, was ich seinerzeit von der evangelischen Exegese des Ersten Testaments gelernt habe! So ist das Zürcher Lehrhaus mit Recht ein ökumenisches Unternehmen, und wir Katholiken werden uns bemühen, nach Kräften dazu beizutragen.

Ich hoffe sehr, dass das Studium des gemeinsamen geistlichen Erbes von Juden und Christen, das so reich und kostbar ist, unsere gegenseitige Kenntnis, Achtung und Liebe fördert. Und ich bin dankbar, dass das Zürcher Lehrhaus zur Erfüllung dieser Aufgabe beiträgt. Möge Gottes Segen allen, die darin lehren und lernen, in Fülle beschieden sein!

Ausstellung «Schweizer Juden»

Gestatten Sie mir zur Vernissage der Ausstellung «Schweizer Juden» ein paar persönliche Erinnerungen. Als ich in die erste oder zweite Klasse der Primarschule ging (es war lange vor dem Zweiten Weltkrieg), sagte mir einmal ein jüdischer Mitschüler, der den katholischen Gottesdienst besucht hatte: «Ihr Katholiken seid uns Juden ähnlicher als den Protestanten». Er meinte damit die Ausstattung des Gotteshauses und die Gestaltung des Gottesdienstes. Diese Bemerkung hat mir damals viel zu denken gegeben; wie Sie sehen, erinnere ich mich noch heute an sie. Doch erst viel später kam ich zur Erkenntnis, dass diese kindliche Beobachtung wohl etwas Richtiges gesehen hat. Wir leben in unserem katholischen Glauben nicht nur aus der schriftlichen Tradition des Ersten Testaments, das jeden Sonntag im Gottesdienst verlesen werden sollte, was in der Deutschschweiz leider nicht immer der Fall ist; wir leben auch, und fast noch mehr, aus vielerlei liturgischen Traditionen, die ihre jüdischen Wurzeln nicht verleugnen können.

Man kann ohne Übertreibung sagen, dass die nachkonziliare Erneuerungsbewegung ihre belebende Kraft zu einem guten Teil aus einer Rückbesinnung auf diese jüdischen Wurzeln unseres Glaubens geschöpft hat. Die Pessachfeiern für Christen und die Bedeutung, die die Pilgerreisen nach Israel oder, wie wir sagen, in das Heilige Land in unseren Tagen gewonnen haben, sind nur zwei Anzeichen dafür. Darum ist es für uns wichtig, ja, ich möchte sagen: wesentlich, dass lebendige Zeugen dieser jüdischen Tradition mitten unter uns leben und dass sie ihre jüdische Eigenart aufrechterhalten können. In dieser Hinsicht stehen jene «wenigen, denen die Religion viel bedeutet» (um die Broschüre zur Ausstellung zu zitieren), uns Katholiken besonders nahe.

Dass die jüdische Eigenart der «vielen, denen die Religion wenig bedeutet», gelegentlich zu unfreundlichen Witzeleien führt, ist für die Betroffenen zweifellos hart. Und doch, meine ich, sollte man das nicht allzu tragisch nehmen, sondern es eher als eine Spielart von

Kommunikation verstehen, wie sie auch zwischen Geschwistern oder zwischen Angehörigen verschiedener Kantone vorkommt. Doch verwerflich, ja verbrecherisch wird es, wenn man die eigene Identität nur durch Ablehnung, Verachtung, Vertreibung und geradezu Vernichtung des Fremden bewahren zu können glaubt. In dieser Hinsicht müssen wir alle, wir Christen und wir Schweizer, unser ernstgemeintes, ehrliches «Mea culpa» sprechen, und wir müssen alles daransetzen, dass diese Selbstidentifikation durch Ablehnung des Andern in unserem privaten, vor allem aber in unserem öffentlichen Leben nie mehr zum Zuge kommt.

Das führt mich zu einer letzten Bemerkung. Nicht nur aus religiös-kirchlicher, sondern auch in kulturell-wirtschaftlicher Sicht gehört das Zusammenleben und Zusammenarbeiten mit Mitbürgern jüdischen Glaubens zu unserer unverzichtbaren schweizerischen und zürcherischen Tradition. Mein Vater hatte als Rechtsanwalt nicht wenige jüdische Kollegen, die er sehr hochschätzte; und als er während des Krieges Präsident des Zürcher Anwaltsverbands war, hat er grossen Wert daraufgelegt, bei keiner Beerdigung eines jüdischen Kollegen zu fehlen. Ihre Tradition, liebe jüdische Mitbürger, bringt in unser schweizerisches Leben Werte ein, die wir sonst vermissen würden. Das eben will die Ausstellung zeigen.

5. Ein christlich-brüderlicher Freund: Kirchenratspräsident Ruedi Reich

Kirche erleben kann man nur an Menschen. Kirchliche Strukturen nimmt man wahr, und man kann ihre theologische Begründung denkend nachvollziehen. Doch nur Menschen, die sich lebendig und überzeugend mit der Kirche identifizieren, lassen uns das Kirche-Sein erleben. Deshalb scheint es richtig, dieses Mosaik meines kirchlichen Erlebens zu vervollständigen mit dem Nachruf auf einen Zürcher Freund, bei dem und mit dem ich wie bei kaum einem anderen Kirche erlebt hatte. Er war geradezu seine Kirche, und er hat sie bei Gelegenheit auch glaubwürdig zu verteidigen gewusst.

Unter den zahlreichen Begegnungen meiner Amtszeit als Generalvikar in Zürich waren die Begegnungen mit Ruedi Reich fast die häufigsten und jedenfalls die erfreulichsten. Und zugleich die Ertragreichsten. Das Vordergründigste an unserer ökumenischen Gemeinsamkeit waren die Gottesdienste, die ich zusammen mit Ruedi Reich regelmässig feiern durfte. Die Vorbereitung dazu wurde uns schon fast zur Routine. Dazu kamen dann immer mehr gemeinsame Auftritte bei Diskussionen und in der Kirchenpresse, was uns mit der Zeit den Spitznamen «siamesische Zwillinge» einbrachte. Den Höhepunkt dieser unserer öffentlichen Gemeinsamkeit bildete der «Ökumenebrief» zum Bettag 1997.

Noch wichtiger als diese privaten Treffen zur Vorbereitung eines gemeinsamen Auftritts waren die kirchenamtlichen Begegnungen, meist bei einem gemeinsamen Mittagsmahl. Es waren Begegnungen zu dritt, weil der Amtsvollmacht des Kirchenratspräsidenten katholischerseits erst das Zweigespann von Generalvikar und Präsident der Zentralkommission entsprach. Es waren fruchtbare Begegnungen. Sie erlaubten, möglichen Konfliktstoff auszuräumen und ökumenische Projekte zu verwirklichen. In diesen Begegnungen wurde die Atmosphäre geschaffen für das neue Kirchengesetz von 2010, das ökumenische Hauptwerk Ruedi Reichs.

Am schönsten und bereicherndsten für mich waren jedoch die ganz persönlichen Gespräche mit Ruedi Reich unter vier Augen. Nach dem geschäftlichen Teil einer Gottesdienstvorbereitung oder der Klärung anstehender Fragen gab es manchmal Gelegenheit zu einem solchen freundschaftlichen Gespräch. Dann liess mich Ruedi, sonst ebenso zurückhaltend in persönlichen Mitteilungen wie ich, einen Blick in sein persönliches Leben und Glauben tun. Einmal erzählte er mir die Anekdote von der ersten ökumenischen Belehrung, die er von seinem Vater erhielt. Dieser war Direktor der Strafanstalt Regensdorf und Alfred Teobaldi, mein Vorgänger als Generalvikar, der katholische Anstaltsseelsorger. Am Sonntag nach dem Gottesdienst war dieser öfters bei Reichs zum Mittagessen eingeladen, und man sprach dann ganz selbstverständlich ein Tischgebet. Neugierig fragte der kleine Ruedi einmal den Vater: «Was ist eigentlich der Unterschied zwischen dem Herrn Teobaldi und unserem Pfarrer?» Er bekam zur Antwort: «Pass am nächsten Sonntag genau auf. Bei unserm Pfarrer ist der Kragenknopf vorn und bei Herrn Teobaldi hinten. Das ist der Unterschied.» Hoffen wir, dass es mit der Zeit wirklich keine anderen Unterschiede mehr gibt.

In diesen Gesprächen lernte ich so nach und nach die tief in ihrem Glauben verwurzelte und seelsorgerlich für alle Menschen offene Persönlichkeit Ruedi Reichs kennen. Gerne wies er, auch in seinen immer tiefgründigen Predigten, auf die 1500 Jahre gemeinsamer Kirchengeschichte hin, deren Last und Segen wir gemeinsam zu tragen haben, und darauf, dass die Reformatoren keine neue Kirche gründen wollten. In Übereinstimmung mit der alten Kirche schätzte und verehrte er Maria und manche Heilige. Und doch war er alles andere als ein verkappter Katholik. Er bekannte sich oft zu seinen evangelisch-reformierten Wurzeln, zitierte gerne Zwingli und noch lieber Bullinger, und unterstrich bei Gelegenheit, ohne jede Polemik, seine eigene reformierte Sichtweise. Sie bringt er auch in seinen kostbaren Bekenntnisbüchern *Glauben, Zweifeln, Handeln* und *Ermutigung zum Glauben* zum Ausdruck. Sie bleiben sein geistliches Testament.

Theologisch und spirituell war Ruedi Reich von Taizé und Karl Barth geprägt. Das machte mir das grundlegende Einverständnis mit ihm leicht, und es erlaubte auch ihm, selbst in schmerzlichen Fragen für uns Katholiken Verständnis aufzubringen. Sogar das vielfach unverstandene Schreiben *Dominus Iesus* wusste er zu verteidigen, indem er sagte: «Dominus Iesus, Jesus ist der Herr: das ist doch unser gemeinsamer Glaube, auf dem wir aufbauen.»

Denn der tragende Mittelpunkt seines Lebens war in der Tat Jesus Christus, der Herr, der Herr auch jeder christlichen Kirche. Reich war überzeugt, Glied der «einen, heiligen, katholischen und apostolischen Kirche» zu sein, was er im Artikel 3 der neuen Kirchenordnung festschreiben liess. Das erahnte ich schon bei seiner Amtseinsetzung im Grossmünster, als er uns das «grosse» nizänische Glaubensbekenntnis sprechen liess. Mit diesem christozentrischen Kirchenverständnis, das noch ausgeprägter war als unsere gemeinsamen biblischen, namentlich paulinischen Vorgaben, war ein breiter Boden gelegt für ein brüderlich-ökumenisches Verstehen und für eine fruchtbare ökumenische Zusammenarbeit.

Ruedi Reichs Einsatz für die Ökumene war somit kein aufgesetztes Obendrein zu seinen vordringlicheren Aufgaben als Kirchenratspräsident; er entsprang seinem tiefsten Verständnis des christlichen Glaubens. Fraglose Verwurzelung in der eigenen konfessionellen Tradition zugleich mit verständnisvoller Anerkennung anderer Positionen und mit dem lebendigem Bewusstsein des gemeinsamen christlichen Erbes: Das ist zweifellos die beste, ja die notwendige Voraussetzung für ökumenische Zusammenarbeit. Zusammenarbeit ist mehr als nur theologischer Dialog und als gemeinsame Gottesdienste, die sich allzu leicht arrangieren lassen. Sie schafft gemeinsame Werke zum Wohl der Menschen. Ökumenische Dialoge oder gar Streitgespräche habe ich mit Ruedi Reich kaum je geführt, ausser etwa im Vorübergehen oder übereck bei gemeinsamen öffentlichen Auftritten. Was uns zusammenführte, war die seelsorgliche Verantwortung für die Menschen. Aus dieser Verantwortung entsprangen die Projekte, die wir in jenen Jahren verwirklichen konnten.

Für diese Projekte ist die katholische Kirche im Kanton Zürich Ruedi Reich wie kaum einem andern zu grossem und bleibendem Dank verpflichtet. Die Werke, die das Gesicht unserer Kirche in den letzten Jahren geprägt haben, wären ohne seine Initiative und ohne seine verständnisvolle Mithilfe kaum zustande gekommen. Es genügt, sie aufzuzählen: Flughafenseelsorge, Bahnhofkirche, Neuordnung des Religionsunterrichts, Schwesterngemeinschaft in Rheinau, Kirche in der Sihlcity und zuletzt und vor allem das neue Zürcher Kirchengesetz. Dieses, weitgehend sein Werk, für das er sich jahrelang eingesetzt hat, stellt die Katholiken den Reformierten völlig gleich, obwohl es der reformierten Kirche beträchtliche finanzielle Einbussen und nicht geringe Schwierigkeiten für eine neue Kirchenordnung einbringt. Wohl um dieses Gesetz samt Kirchenordnung noch unter Dach zu bringen, ist Ruedi Reich trotz Krankheit und Schmerzen in seinem Amt geblieben, bis im Jahr 2010 der Rücktritt unvermeidlich wurde.

Der wunde Punkt, schon im Ökumenebrief, blieb für Ruedi Reich die eucharistische Gastfreundschaft. Hier deckte sich zu seinem grossen Schmerz das katholische Kirchenverständnis nicht mit seinem reformierten. Bei seiner ausgesprochenen Abendmahlsfrömmigkeit war dieses Nicht-teilnehmen-Dürfen wohl sein grösster geistlicher Schmerz, vergleichbar mit den körperlichen Schmerzen seiner schweren Krankheit. Es ist der aufstachelnde Schmerz der leider immer noch fortdauernden Kirchentrennung. Allzu gerne und ohne theologische Bedenken hätte ich ihm, wie der Papst Frère Roger Schutz, die Kommunion gereicht. Doch wir waren beide nicht nur Vertreter, sondern geradezu Vorsteher zweier immer noch getrennter Teilkirchen, und das verpflichtete mich, wie er auch verstand, kein unwahres Zeichen zu setzen. Jetzt aber dürfen wir hoffen und beten, dass auch dieser tiefste ökumenische Schmerz für Ruedi Reich beim himmlischen Gastmahl für immer zu Ende ist.

Denn nicht unerwartet, aber doch früher als wir dachten und in grosser Trauer, hat uns die Nachricht von seinem Heimgang getroffen. Sein jahrelanger schwerer Leidensweg, den er mit ebenso viel Ergebung wie mit zähem Lebenswillen gegangen ist, hat damit sein Ende gefunden, in der Herrlichkeit des auferstandenen Christus, wie wir betend hoffen. Das überfüllte Grossmünster bei seiner Abschiedsfeier zeigte, wie geachtet und geliebt er von vielen Menschen verschiedenster Konfession war.

Bibliografische Angaben zu den im Buch zitierten Schriften

Konzilsdokumente (in chronologischer Ordnung)

Johannes XIII.: Ansprache «Gaudet Mater Ecclesia» zu Konzilsbeginn, deutsch in: Kaufmann, Ludwig/Klein, Nikolaus (Hg.): Johannes XXIII. Prophetie im Vermächtnis, Freiburg i. Üe./Brig 1990, 116–150.

SC: *Sacrosanctum Concilium,* Dogmatische Konstitution über die heilige Liturgie, 4. Dezember 1963.

IM: *Inter mirifica,* Dekret über die sozialen Kommunikationsmittel, 4. Dezember 1963.

LG: *Lumen gentium,* Dogmatische Konstitution über die Kirche, 21. November 1964.

UR: *Unitatis redintegratio,* Dekret über den Ökumenismus, 21. November 1964.

CD: *Christus Dominus,* Dekret über die Hirtenaufgabe der Bischöfe, 28. Oktober 1965.

NA: *Nostra aetate,* Erklärung über das Verhältnis der Kirche zu den nichtchristlichen Religionen, 28. Oktober 1965.

DV: *Dei Verbum*, Dogmatische Konstitution über die göttliche Offenbarung, 18. November 1965.

GS: *Gaudium et spes*, Pastoralkonstitution über die Kirche in der Welt von heute, 7. Dezember 1965.

PO: *Presbyterorum ordinis*, Dekret über Leben und Dienst der Priester, 7. Dezember 1965.

DH: *Dignitatis humanae*, Erklärung über die Religionsfreiheit, 7. Dezember 1965.

Päpstliche Dokumente, Enzykliken

Leo XIII.: *Providentissimus Deus*, über das Studium der Heiligen Schrift, 18. November 1893.

Pius X.: *Pascendi Dominici gregis*, über die Irrtümer des Modernismus, 8. September 1907.

Pius XII.: *Mystici Corporis*, über die Kirche, 29. Januar 1941.

Pius XII.: *Divino afflante Spiritu*, über die Heilige Schrift, 30. September 1943.
Pius XII.: *Mediator Dei*, über die Liturgie, 20. November 1947.
Pius XII.: *Humani generis*, über Gefahren in Philosophie und Theologie, 12. August 1950.
Paul VI.: *Humanae vitae (=HV)*, über verantwortete Elternschaft, 23. Juli 1968.
Johannes Paul II.: *Ex corde Ecclesiae*, Apostolische Konstitution über die katholischen Universitäten, 15. August 1990.
Johannes Paul II.: *Veritatis splendor (= VS)*, über einige grundlegende Fragen der kirchlichen Morallehre, 6. August 1993.

Johannes Paul II.: *Fides et ratio*, über das Verhältnis von Glaube und Vernunft, 14. September 1998.

Kirchliche Dokumente

Sanctum Officium (Glaubenskongregation): Dekret *Lamentabili*, über Irrtümer der Modernisten, 3. Juli 1907.
Päpstlicher Rat für die sozialen Kommunikationsmittel: Pastoralinstruktion «Aetatis novae» über die Sozialkommunikation zum 20. Jahrestag von *Communio et progressio*, 22. Februar 1992.
Päpstliche Bibelkommission: Die Interpretation der Bibel in der Kirche, 15. April 1993.
Päpstlicher Rat zur Förderung der Einheit der Christen/Lutherischer Weltbund: Gemeinsame Erklärung zur Rechtfertigungslehre, 31. Oktober 1999.
Schweizer Bischofskonferenz: Pastoralplan für Kommunikation und Medien der katholischen Kirche in der Schweiz, Oktober 1999.
Schweizer Bischofskonferenz/Evangelischer Kirchenbund: Wort der Kirchen. Miteinander in die Zukunft 2002.

Wissenschaftliche Publikationen

Algermissen, Konrad: Artikel Kongregationalisten, in: LThK² VI, (1961) 441–442.
Altermatt, Urs: Der Weg der Schweizer Katholiken ins Ghetto, Freiburg i. Üe. ³1995.

Altermatt, Urs: Katholizismus und Moderne, Zürich ²1991.
Balthasar, Hans Urs von: Augustinus. Das Antlitz der Kirche, Einsiedeln 1942.
Balthasar, Hans Urs von: Der Laie und der Ordensstand, Einsiedeln 1948.
Balthasar, Hans Urs von: Karl Barth. Darstellung und Deutung seiner Theologie, Olten 1951.
Balthasar, Hans Urs von: Schleifung der Bastionen. Von der Kirche in dieser Zeit, Einsiedeln 1952.
Blondel, Maurice: L'Action. Essai d'une critique de la vie et d'une science de la pratique, Paris 1893, ³1973; deutsch: Die Aktion. Versuch einer Kritik des Lebens und einer Wissenschaft der Praktik, Freiburg i. Br. 1965 (Neuübersetzung, Freiburg i. Br./München 2018).
Blondel, Maurice: Histoire et dogme. Les lacunes philosophiques de l'exégèse moderne (1904), in: Les premiers écrits de M. Blondel, Paris 1956, 149–228; deutsch: Raffelt, Albert (Hg.)/Verweyen, Hansjürgen (Übers.; Komm.): Geschichte und Dogma, Regensburg 2011, 25–119.
Blondel, Maurice («Testis»): La semaine sociale et le monophorisme, Paris 1910; Nachdruck in: Une alliance contre nature: catholicisme et intégrisme. La Semaine sociale de Bordeaux 1910, Brüssel 2000.
Bouillard, Henri: Karl Barth, 3 Bde., Paris 1957.
Congar, Yves: Vraie et fausse réforme dans l'Eglise, Paris 1950.
Congar, Yves: Jalons pour une théologie du laïcat, Paris 1954; deutsch: Der Laie. Entwurf einer Theologie des Laientums, Stuttgart 1956.
Congar, Yves: Pour une Église servante et pauvre, Paris 1963; deutsch: Für eine dienende und arme Kirche, Mainz 1965.
Congar, Yves: Un catholicisme rajeuni et ouvert, Bilan et perspectives, in: Informations Catholiques Internationales, 1. Jan. 1966, 13.
Chenu, Marie-Dominique: Pour une théologie du travail, Paris 1955.
Cullmann, Oscar: Christus und die Zeit. Eine urchristliche Zeit- und Geschichtsauffassung, Zollikon 1946.

DANIÉLOU, JEAN: Essai sur le mystère de l'Histoire, Paris 1953; deutsch: Vom Geheimnis der Geschichte, Stuttgart 1956.

DENZIGER, HEINRICH/HÜNERMANN, PETER: Enchridion symbolorum, definitionum et declarationum de rebus fidei et morum. Kompendium der Glaubensbekenntnisse und kirchlichen Lehrentscheidungen, lateinisch und deutsch, Freiburg i. Br. [42]2007.

DEJAIFVE, GEORGES: Sobornost ou Papauté?, in: Nouvelle Revue Théologique 74 (1952) 355–371, 466–484.

DUBACH, ALFRED: Jede(r) ein Sonderfall? Religion in der Schweiz: Ergebnisse einer Repräsentativumfrage, Zürich 1993.

DULLES, ALLAN: The Church is communications, Rom 1972.

FABER, PETER: Memoriale. Das geistliche Tagebuch des ersten Jesuiten in Deutschland, Einsiedeln 1963.

GARRIGOU-LAGRANGE, RÉGINALD: La Nouvelle Théologie où va-t-elle?, in: Angelicum 23 (1946) 126–145.

GUARDINI, ROMANO: Vom Sinn der Kirche, Mainz 1929.

GUTZWILLER, JÖRG: Sanfte Macht. Hildegard Gutzwiller, eine mutige Christin, die Juden rettete, Freiburg i. Üe. 1998.

GRESHAKE, GISBERT: Artikel Anthropologie, II. Systematisch-theologisch, in: LThK[3] I, (1993) 726–729.

JUNGMANN, JOSEF ANDREAS: Missarum sollemnia. Eine genetische Erklärung der römischen Messe, Bde. I–II, Wien 1948.

KITTEL, GERHARD: Theologisches Wörterbuch zum Neuen Testament (ThWNT), I–X, Stuttgart 1933–1979. [Zu meiner Studienzeit waren nur die Bände I–VI erschienen.]

KOCH, KURT: Staatskirchenrechtliche Systeme und katholische Ekklesiologie, in: SKZ 168 (2000) 541–542, 544–555.

LABOURDETTE, MARIE-MICHEL/NICOLAS, MICHEL/BRUCKBERGER, RAIMOND LÉOPOLD: Dialogue Théologique. Pièces du débat entre la «Revue thomiste» d'une part et les RR. PP. De Lubac, Daniélou, Fessard, von Balthasar SJ, d'autre part, Saint Maximin 1947.

LUBAC, HENRI DE: Surnaturel. Etudes historiques, Paris 1946. Die ersten Kapitel wiederveröffentlicht in: Augustinisme et théologie moderne, Paris 1965; deutsch: Die Freiheit der Gnade. I. Das Erbe Augustins, Einsiedeln 1971.

LUBAC, HENRI DE: Corpus mysticum. L'Eucharistie et l'Eglise au moyen âge, Paris [2]1949; deutsch: Corpus mysticum. Kirche und Eucharistie im Mittelalter, Einsiedeln [2]1995.

Lubac, Henri de: Meine Schriften im Rückblick, Einsiedeln/Freiburg i. Br. 1996, 59 f, 87 f, 189 f, 220–232.

Lyonnet, Stanislas: L'elaborazione dei capitoli IV e V della «dei Verbum», in: Latourelle, René: Vaticano II. Bilancio e prospettive, vol. I, Assisi 1987, 152–192.

Maréchal, Joseph: Le point de départ de la métaphysique. Leçons sur le développement historique et théorique du problème de la connaissance, I–V., Löwen/Paris 1923–1947, insbesondere V: Le thomisme devant la philosophie critique.

Maréchal, Joseph: Etudes sur la psychologie des mystiques, vol. I–II., Brüssel/Paris 1924–1937.

Martini, Carlo Maria: «Effatà, Apriti». Lettera per il programma pastorale «Comunicare», Mailand 1990.

Martini, Carlo Maria: Il lembo del mamtello. per un incontro tra Chiesa e Mass Media. Lettera pastorale per l'anno 1991–1992, Mailand 1991.

Martini, Carlo Maria: Caminare sulla seta. La comunicazione nel ministero pastorale, Mailand 1991.

Martini, Carlo Maria: Parliamo di televisione in famiglia, Mailand 1991.

Martini, Carlo Maria/Eco, Umberto: Woran glaubt, wer nicht glaubt?, Wien 1998.

Martini, Carlo Maria/Sporschill, Georg: Jerusalemer Nachtgespräche. Über das Risiko des Glaubens, Freiburg i. Br. 2008.

Martini, Carlo Maria: Il vescovo, Turin 2011.

Michaels, A., in: Jahresbericht der christlich-jüdischen Arbeitsgemeinschaft der Schweiz 1994, 23.

Modena, Damiano (Hg.): Carlo Maria Martini. Wenn das Wort verstummt, München 2014.

Mondésert, Claude: Lire les Pères de l'Eglise, dans «Sources chrétiennes», Paris 1988.

Muck, Otto: Die transzendentale Methode in der scholastischen Philosophie der Gegenwart, Innsbruck 1964.

Müller, Max: Existenzphilosophie im geistigen Leben der Gegenwart, Heidelberg 1949.

Neufeld, Karlheinz: Christliche Erfahrung und theologische Reflexion, in: Stimmen der Zeit 193 (1975) 270–272.

Rahner, Karl: Worte ins Schweigen, Innsbruck 1938.

Rahner, Karl/Rahner, Hugo: Gebete der Einkehr, Innsbruck 1938; Worte ins Schweigen und Gebete der Einkehr jetzt in: dies.: Gebete des Lebens. Freiburg i. Br. 1984.

Rahner, Karl: Hörer des Wortes. Zur Grundlegung einer Religionsphilosophie, München 1941; jetzt in: ders.: Sämtliche Werke, Bd. 4. Hörer des Wortes. Schriften zur Religionsphilosophie und zur Grundlegung der Theologie, Freiburg i. Br. u.a. 1997, 1–294.

Rahner, Karl: Die vielen Messen und das eine Opfer. Eine Untersuchung über die rechte Norm der Messhäufigkeit, Freiburg i. Br. 1951; Nachdruck in der Reihe Quaestiones disputatae 31 (1966).

Rahner, Karl: Artikel Selbstmitteilung Gottes, in: LThK^{2} IX, 627.

Rahner, Karl: Grundkurs des Glaubens. Einführung in den Begriff des Christentums, Freiburg i. Br. 1976; wiederaufgelegt in: Sämtliche Werke, Bd. 26. Grundkurs des Glaubens. Studien zum Begriff des Christentums, Freiburg i. Br. 1999, 1–445.

Rahner, Karl: Das grosse Kirchenjahr. Geistliche Texte. Hg. von Raffelt, Alber,. Freiburg i. Br. 1987.

Rauber, Karl-Josef: Das Verhältnis von Kirche und Staat, in: SKZ 162 (1994), Nr. 6, 81–83.

Reich, Ruedi: Glauben, Zweifeln, Handeln. Predigten und Gespräche, Zürich 2004.

Reich, Ruedi: Ermutigung zum Glauben. Gedanken und Erinnerungen, Zürich 2011.

Reich, Ruedi/Henrici, Peter: Brief zur ökumenischen Zusammenarbeit. «Kooperation ist Norm – Alleingang ist Abweichung», in: SKZ 165 (1997), Nr. 39, 578–579.

Romeo, Astorri: L'enciclica «Divino afflante Spiritu» e le ‹opiniones novae›, in: Divinitas 4 (1960) 387–456.

Rondet, Henri: Eléments pour une théologie du travail, in: Nouvelle Revue Théologique 77 (1955) 27–48, 123–143.

Thils Gustav: Théologie des réalités terrestres, vol. I–II, Löwen 1946–1949.

Nachweis allfälliger Erstveröffentlichungen

Das Heranreifen des Konzils, aus: Das Heranreifen des Konzils in der Vorkonzilstheologie, in: WASSILOWSKY, GÜNTHER (Hg.): Zweites Vatikanum – Vergessene Anstösse, gegenwärtige Fortschreibungen, Freiburg i. Br. 2004, 55–70; in veränderter Fassung.

Wie ich das Konzil erlebt habe: Vortrag im Collegium Germanicum et Hungaricum, Rom, 28. November 2012; unveröffentlicht.

Was brachte das II. Vatikanische Konzil Neues?, aus: 50 Jahre konziliare Erneuerung: Was war am Konzil neu? (Kleine Texte aus dem Kloster Reute, Heft 1) (Franziskanerinnen von Reute), Bad Waldsee 2008.

Das andere Rom: in: forum. Pfarrblatt der katholischen Kirche im Kanton Zürich Nr. 6, 5. Februar 1995, 18.

P. Richard Gutzwiller SJ; unveröffentlicht.

Der Privatsekretär Pius' XII., aus: Unscheinbare Heilige. P. Robert Leiber SJ, in: forum. Pfarrblatt der katholischen Kirche im Kanton Zürich, Nr. 44, 1. November 1998, 5.

Theologe und Seelsorger [Zum Gedenken an den 90. Geburtstag und den 10. Todestag von Karl Rahner SJ], in: forum. Pfarrblatt der katholischen Kirche im Kanton Zürich Nr. 14, 3. April 1994, 8.

Vitale Feuerstelle [Nachruf auf Chiara Lubich], in: forum. Pfarrblatt der katholischen Kirche im Kanton Zürich Nr. 8, 3. April 2008, 6.

Carlo Maria Martini: aus: Kardinal Martini, Jesuit, Diener des Wortes Gottes und Bischof, in: SKZ 181 (2013), Nr. 5, 68–70.

Erinnerungen an Papst Paul VI.; unveröffentlicht.

Meine Begegnungen mit Papst Johannes Paul II.; unveröffentlicht.

Versuch eines nachkonziliaren Kirchenbildes, basierend auf der Serie Kirche ist nicht Selbstzweck, in: forum. Pfarrblatt der katholischen Kirche im Kanton Zürich, Nr. 16, 16. April 1995 – Nr. 52, 24. Dezember 1995.

Gibt es einen katholischen Fundamentalismus?, aus: Was heisst und wie erkennt man Fundamentalismus?, in: Internationale katholische Zeitschrift Communio 30 (2001) 497–506.

Kirche und Kommunikation, aus: Vorlesungen an der Ottobeurer Studienwoche, August 1995; Zur Debatte 31,6, 10–12; teilweise unveröffentlicht.

Die Geburt der Universität aus dem Geist der Kirche: Semestereröffnung Universität Freiburg, 25. Februar 1999; unveröffentlicht.

Die katholische Kirche als alternatives Führungsmodell: Festvortrag Diplomfeier ETH Zürich, 29. Juni 2001; unveröffentlicht.

Religion und Selbstverantwortung: Vortrag Club of Zurich, 25. März 2014; unveröffentlicht.

Die Zukunft der Kirche in der Schweiz, aus: Civitas Schriftenreihe Nr. 2, Baden 1994, 39–44.

Kirche und Staat in der Schweiz, aus: SKZ 172 (2004), Nr. 10, 177–180.

Zur Partnerschaft zwischen Kirche und Staat, aus: Standpunkt. Kirche hat Öffentlichkeitsauftrag, in: forum. Pfarrblatt der katholischen Kirche im Kanton Zürich, Nr. 11, 12. März 1995, 18; in dieser Form unveröffentlicht.

Volkskirche als Schicksal, in: Henrici, Peter/Reich, Ruedi: Kirchen im «postkonfessionellen Zeitalter», in: Grenzerfahrungen. Jahrbuch der Neuen Helvetischen Gesellschaft 1997/1998, 203–213, hier 207–211 [Henrici, Peter: II. Aus katholischer Sicht].

Missverhältnisse in kirchlicher Kommunikation, aus: Gemmingen, Eberhard von (Hg.): Eine Frage der Wellenlänge. Radio Vatikan und die Kommunikation zwischen dem Vatikan und der Kirche im deutschen Sprachraum. Frankfurt a. M. 2002, 23–31; in veränderter Fassung.

Predigt zum Reformationssonntag, aus: Kirchenbote lokal. Kirchgemeinde Zürich-Witikon, 15. November 1996.

Warum und wie der Ökumenebrief zustande kam, aus: Borter, Alfred/Fink, Urban/Stierlin, Max/Zihlmann, René: Katholiken im Kanton Zürich. Eingewandert, anerkannt, gefordert. Zürich 2014, 216–217.

Eucharistie und Kircheneinheit, aus: forum. Pfarblatt der katholischen Kirche im Kanton Zürich, Nr. 11, 30. Mai/6. Juni 1999, 20.

Ablasspredigt in der Luther-Kirche, aus: Lutherischer Gemeindebrief. Evangelisch-lutherische Kirche Zürich, Dezember 2000, 8–12.

Die grössere Ökumene, aus: Catholica Unio. Schweizerisches Catholisches Ostkirchenwerk, Rundbrief 3/2004; auch in: Lamed. Zeitschrift für Kirche und Judentum, April 2001, 17; teilweise unveröffentlicht.

Ein christlich-brüderlicher Freund, aus: forum. Pfarrblatt der katholischen Kirche im Kanton Zürich Nr. 18, 30. August 2012, 28–29; in dieser Form unveröffentlicht.

Fotonachweis

Titelfoto Christoph Wider/Forum; **1** Fakultät Saint-Albert-de-Louvain, Eegenhoven-Leuven; **2** © 1800 KNA, www.kna-bild.de; **3** Herbert List © Hanns Reich Verlag, Irschenhausen; **4, 8, 9** Korrespondenzblatt Pontificium Collegium Germanicum et Hungaricum, Rom; **5+6** Archiv Hans Urs von Balthasar, Basel; **7** Privatarchiv Bruno Heim, Stadtarchiv Olten; **10** Gian Carlo Olcuire; **11** Leonhard von Matt; **12** Massimiliano Correa, Pontificia Università Gregoriana, Rom; **13** Franz Kälin, Einsiedeln; **14, 19, 24** Ulrich Nusko/Forum; **15** Sergio Gobbo; **17, 18, 21, 25** Katholische Kirche im Kanton Zürich; **23** Christian Murer; **26** Claudia Baumgartner, Provinzarchiv Schweizer Jesuiten; **27** © Frederic Meyer, Kontrast, Zürich; **28** Anton Scheiwiller, Dietikon; **30** Bistum Mainz/Blum; **16, 29, 31, 32** © Arturo Mari /Servizio Foto dell'Osservatore Romano (VATICAN MEDIA); **33+34** Spirituelle Weggemeinschaft, Haus der Stille, Rheinau; **35** Forum. Pfarrblatt der katholischen Kirche im Kanton Zürich; **36** Theologische Hochschule Chur; **20, 22, 37, 38, 39, Urkunde** zVg.

Herausgeber und Verlag waren bemüht, alle nötigen Abdruckrechte einzuholen. Sie bitten, nicht erhebbare Rechte ggf. beim Theologischen Verlag Zürich zu melden.

Glossar

ACLI Associazioni Cristiane Lavoratori Italiani, Christliche Vereinigung der italienischen Arbeitnehmer.

Aggiornamento («Update») war das Programm Johannes' XXIII. für das Konzil: «Durch angemessene Erneuerung [...] im Blick auf die neuen Verhältnisse des modernen Lebens [...] die sichere und beständige Lehre [...] so zu erfassen und auszulegen, wie unsere Zeit es verlangt», um die Aufgabe der

Kirche im Dienst der Menschen besser erfüllen zu können.

«Denzinger-Theologie» nennt Karl Rahner jene Schultheologie, die sich vorwiegend oder ausschliesslich auf Aussagen des kirchlichen Lehramts abstützt, unter Missachtung wichtiger biblischer Aussagen sowie der Breite der kirchlichen Tradition. Im «Denzinger» legte der Theologe Heinrich Denzinger (1819–1883) 1854 erstmals eine leicht zugängliche und immer wieder neu aufgelegte und bearbeitete Sammlung der wichtigsten Aussagen des Lehramts vor (s. Bibliografie).

FUCI Federazione Universitaria Cattolica Italiana, der älteste Verband Italiens von katholischen Studierenden, in dem immer auch bekannte Geistliche und christliche Politiker vertreten waren.

Häresie Eine Lehre, die im Widerspruch zur Lehre der christlichen Kirche steht und beansprucht, selbst die Wahrheit richtiger zum Ausdruck zu bringen als die allgemeingültige Lehrauffassung.

Historisch-kritische Methode Eine im 18. und 19. Jahrhundert entwickelte Methode zum angemesseneren Verständnis historischer, auch biblischer Texte, durch Berücksichtigung der damaligen Situation und ihrer ursprünglichen Aussageabsicht.

Josephinismus Die vom österreichischen Kaiser Joseph II. (1714–1790) im Sinne seiner Mutter Maria Theresia durchgeführte straffe staatliche Durchregulierung aller kirchlichen Belange. Sie sollte die Kirche in die Botmässigkeit des Staates bringen, um seine Untertanen besser beherrschen zu können.

Maréchal-Schule Philosophen und Theologen, die nach dem Beispiel Joseph Maréchals (1878–1944; s. Bibliografie) die Erkenntnislehre Thomas von Aquins mit der transzendentalen Methode Kants auslegten. Ihre Grundeinsicht war die natürliche Ausrichtung des menschlichen Geistes auf Gott. Dazu gehören Karl Rahner, Johann Baptist Lotz, Max Müller, Otto Muck, André Hayen u.a.

Monophorismus («Einbahn-Denken») ist ein 1909 von Maurice Blondel (1861–1949) erfundener Kunstausdruck, der auf den gemeinsamen Denkfehler sowohl der Modernisten wie der Antimodernisten hinweisen soll.

Nouvelle Théologie Eine 1947 von Réginald Garrigou-Lagrange OP in polemischer Absicht eingeführte Bezeichnung für die Bemühungen französischer Jesuiten (Lyon-Fourvière) und Dominikaner (St. Maximin) um eine Verlebendigung und Vertiefung des theologischen Denkens im Rückgriff auf die Kirchenväter und auf ein besser verstandenes Mittelalter.

Osservatore Romano Tageszeitung des Vatikans mit vielen offiziellen Verlautbarungen.

Primus inter pares («Erster unter Gleichen») Ein Gleichgestellter und Gleichberechtigter, dem jedoch mindestens der Vorsitz über alle andern zukommt.

Säkularinstitut Ein «Weltinstitut» oder eine «Weltgemeinschaft» ist neben der Ordensgemeinschaft die zweite Form für ein Institut des geweihten Lebens mit den Gelübden von Armut, Keuschheit und Gehorsam. Im Unterschied zu den Ordensgemeinschaften leben die Mitglieder von Säkularinstituten überwiegend in der Welt, nicht im Kloster. Papst Pius XII. regelte erstmals 1947 die Form der Säkularinstitute kirchenrechtlich.

Scholastik/scholastische Disputation Zunächst die mittelalterliche, «schulmässige», in strenge Formen gefasste Methode der philosophischen und theologischen Wissensvermittlung, sodann die Beibehaltung dieser strengen Formen im kirchlichen Lehrbetrieb auch in der Neuzeit. Dazu gehörten jederzeit auch Disputationen (schulmässige «Streitgespräche») nach strengen

Regeln von Rede und Gegenrede. Dass dabei die Gefahr eines blossen Formalismus bestand, ist unbestreitbar.

Semper idem Es kann übersetzt heissen: «immer derselbe», also Christus, aber auch «immer dasselbe», d. h. das unveränderbare Glaubensgut. Dies war der Wahlspruch des letzten Präfekten des Heiligen Uffiz, Alfredo Kardinal Ottaviani, der unter Absehung der ganzen Dogmenentwicklung von einem statischen Glauben ausging.

Sentenzenmeister Petrus Lombardus (1098/1100–1160) hat Einzelaussagen («Sentenzen») der Kirchenväter und Kirchenlehrer zu bestimmten theologischen Themen systematisch zusammengestellt zu einem Gesamtlehrbuch der Theologie in vier Büchern. Dieses blieb vom 13.–16. Jahrhundert das massgebliche Lehrbuch in (fast) allen Theologischen Fakultäten.

Sources chretiennes («Christliche Quellen») Eine bis heute fortgeführte Sammlung zweisprachiger Ausgaben von Texten der Kirchenväter und alter christlicher Schriftsteller. Begründet 1943 von P. Victor Fontoynont SJ, war sie eine der Grundlagen für die «Nouvelle Théologie».

Substitut («Stellvertreter») Der Leiter der ersten (Allgemeinen) Abteilung des päpstlichen Staatsekretariats, der dem Präfekten unmittelbar unterstellt und sein Stellvertreter ist. Als Pius XII. keinen Präfekten mehr ernannte, leitete der Substitut das Staatssekretariat.

Trivium und Quadrivium («Wegkreuzung von drei» und «von vier Wegen») Die sieben in der «Artistenfakultät» (der späteren Philosophischen Fakultät) zu lehrenden und zu lernenden Wissenschaften: Grammatik, Rhetorik, Dialektik und Arithmetik, Geometrie, Musik, Astronomie. Ihre Kenntnis war die Voraussetzung für die Aufnahme in eine der drei «höheren» Fakultäten, namentlich für das Theologiestudium.

Via antiqua und via moderna («alte» und «zeitgemässe Methode») Als mit Wilhelm von Ockham (um 1286–1349) in der Franziskanerschule eine neue, nicht mehr am Aristotelismus orientierte, «zeitgemässe» Philosophie aufkam, die sich auf logische Untersuchung der menschlichen Denkinhalte stützte, wurde die traditionell aristotelische, am Sein orientierte Philosophie (etwa eines Albert des Grossen [1200–1280] und Thomas von Aquin [1225–1274]) als «alte» Methode abgetan. Die neue Methode beherrschte die Universitäten bis ins 16. Jahrhundert mehr und mehr und liegt fast der ganzen neuzeitlichen Philosophie zugrunde.

PERSONENREGISTER